电动汽车动力系统故障诊断与维修

主　编　黄经元　王　翠
副主编　汪洋青　杨　振
参　编　刘海龙（企业）

北京理工大学出版社
BEIJING INSTITUTE OF TECHNOLOGY PRESS

内 容 简 介

本书共包含5个项目，分别是：电动汽车认知、动力电池供电系统故障诊断与维修、充配电系统故障诊断与维修、驱动电机系统故障诊断与维修、热管理系统故障诊断与维修。为了满足信息化教学改革的需要，紧密结合汽车企业和行业的实际需求，根据项目教学方法的特点，将电动汽车动力系统的内容进行了重组。本书内容选取参照企业真实维修任务，从理论到活动单实际操作，层层递进，注重知识与能力的融合，重点突出学以致用，突出动手能力、岗位能力培养。

本书可以作为高等院校、高职院校、技工学校汽车相关专业的学生使用，也可以作为企业员工培训及相关从业人员的参考用书。

版权专有　侵权必究

图书在版编目（CIP）数据

电动汽车动力系统故障诊断与维修 / 黄经元，王翠主编. --北京：北京理工大学出版社，2023.3
ISBN 978-7-5763-2228-6

Ⅰ.①电… Ⅱ.①黄… ②王… Ⅲ.①电动汽车-动力系统-故障诊断②电动汽车-动力系统-车辆修理
Ⅳ.①U469.72

中国国家版本馆 CIP 数据核字（2023）第 058422 号

出版发行 /	北京理工大学出版社有限责任公司
社　　址 /	北京市海淀区中关村南大街5号
邮　　编 /	100081
电　　话 /	（010）68914775（总编室）
	（010）82562903（教材售后服务热线）
	（010）68944723（其他图书服务热线）
网　　址 /	http：//www.bitpress.com.cn
经　　销 /	全国各地新华书店
印　　刷 /	三河市天利华印刷装订有限公司
开　　本 /	787毫米×1092毫米　1/16
印　　张 /	18.75
字　　数 /	412千字
版　　次 /	2023年3月第1版　2023年3月第1次印刷
定　　价 /	89.00元

责任编辑 / 多海鹏
文案编辑 / 多海鹏
责任校对 / 周瑞红
责任印制 / 李志强

图书出现印装质量问题，请拨打售后服务热线，本社负责调换

前　言

深入贯彻落实党的二十大精神，坚持科技是第一生产力、人才是第一资源、创新是第一动力，聚焦高质量发展，创新育人模式，持续深化产教融合，努力把习近平总书记对职业教育"大有可为"的殷切期盼转化为"大有作为"的生动实践。

本书发挥"校企协同、产教融合"优势，紧跟新能源汽车产业发展，对接新能源汽车维修岗位"职业能力分析"中的专项技能，结合"1+X"职业技能认证标准和上汽通用五菱企业岗位资格标准，课程内容包含了电动汽车动力系统故障诊断与维修的基本技能，电动汽车动力系统故障的检测方法、检测手段、检测结果分析，电动汽车动力系统常见故障的维修等。同时，课程从职业培养目标的定位到培养方式，落实立德树人任务，遵循职业的特点，突出职业特色，将"岗课赛证"融为一体，为使用者学习营造一种立体、真实的学习环境和氛围，让使用者在学会电动汽车动力系统故障诊断与维修的同时，具备良好的职业行为规范和职业技术水平，能很快地适应工作岗位。为了方便教材的应用，还匹配了与教材实训任务完全对应的工作手册，大大提高了应用的可行性。

本书共介绍了五个项目：电动汽车认知、动力电池供电系统故障诊断与维修、充配电系统故障诊断与维修、驱动电机系统故障诊断与维修、热管理系统故障诊断与维修。每个项目介绍了相关系统的认知、原理、诊断和维修等内容，并结合企业真实案例、国赛案例、"1+X"职业技能鉴定案例等真实实训任务来锻炼与提升使用者的职业素养和专业技能。

本书是由从事学院教学工作的一线骨干教师、学科带头人、企业一线高级技师通过企业调研，对接新能源汽车维修岗位"职业能力分析"中的专项技能，研究总结新能源汽车运用与维修技术人才培养方案，并在企业、行业专家的参与指导下编写而成。本书由黄经元、王翠任主编，汪洋青、杨振任副主编，刘海龙参编。其中项目1中的任务1.1由黄经元编写,项目1中的任务1.2、任务1.3和项目2由汪洋青编写,项目3由杨振编写,项目4和项目5中的任务5.1、任务5.2由王翠编写,项目5中的任务5.3、任务5.4由刘海龙编写。在本书编写过程中参考了大量国内外相关著作和文献资料,在此向有关作者表示真诚的感谢。

由于编者水平有限,书中难免有疏漏之处,敬请读者批评指正。

编　者

目 录

项目 1 电动汽车认知 ································· 1

任务 1.1 电动汽车结构认知 ································· 2
1.1.1 电动汽车的发展与分类 ································· 2
1.1.2 电动汽车的组成 ································· 8
1.1.3 电动汽车常用术语 ································· 12

任务 1.2 电动汽车的使用 ································· 16
1.2.1 纯电动汽车的驱动形式 ································· 16
1.2.2 电动汽车的技术性能 ································· 18
1.2.3 纯电动汽车整车控制 ································· 21
1.2.4 电动汽车的使用 ································· 22

任务 1.3 电动汽车高压用电防护 ································· 28
1.3.1 高压危害 ································· 28
1.3.2 电动汽车网的触电原理与防护原理 ································· 30
1.3.3 安全防护设备 ································· 34
1.3.4 高压维修的注意事项 ································· 37
1.3.5 事故的紧急救援 ································· 40

项目 2 动力电池供电系统故障诊断与维修 ································· 43

任务 2.1 动力电池供电系统认知 ································· 44
2.1.1 动力电池供电系统的功能和组成 ································· 44
2.1.2 动力电池供电系统的基本原理 ································· 45

2.1.3　动力电池供电系统的基本原理 …………………………………………… 46

任务 2.2　动力电池模组故障检测与维修 ………………………………………………… 50
  2.2.1　动力电池的分类 …………………………………………………………… 50
  2.2.2　动力电池模组检修 ………………………………………………………… 56
  2.2.3　动力电池箱检查与维护 …………………………………………………… 58

任务 2.3　动力电池管理系统故障检测与维修 …………………………………………… 61
  2.3.1　动力电池管理系统的认知 ………………………………………………… 61
  2.3.2　主控管理单元检测与维修 ………………………………………………… 65
  2.3.3　辅助元器件检测与维修 …………………………………………………… 66

任务 2.4　动力电池供电系统综合故障诊断与维修 ……………………………………… 84
  2.4.1　诊断仪诊断 ………………………………………………………………… 84
  2.4.2　整车无法高压上电的诊断与维修 ………………………………………… 85
  2.4.3　电池包故障诊断与维修 …………………………………………………… 86
  2.4.4　动力电池的拆装 …………………………………………………………… 87
  2.4.5　紧急情况时的故障诊断与维修 …………………………………………… 87

项目 3　充配电系统故障诊断与维修 …………………………………………………… 89

任务 3.1　充配电系统认知 ………………………………………………………………… 90
  3.1.1　充配电系统认知 …………………………………………………………… 90
  3.1.2　电动汽车的充电方式 ……………………………………………………… 93
  3.1.3　电动汽车的充电模式 ……………………………………………………… 94
  3.1.4　常见的充电场景 …………………………………………………………… 95

任务 3.2　直流快充系统故障诊断与维修 ………………………………………………… 98
  3.2.1　直流快充系统组成 ………………………………………………………… 99
  3.2.2　直流充电控制导引电路与控制原理 ……………………………………… 102
  3.2.3　直流快充系统无法充电的诊断与维修 …………………………………… 105

任务 3.3　交流慢充系统故障诊断与维修 ………………………………………………… 107
  3.3.1　交流慢充系统组成 ………………………………………………………… 108
  3.3.2　交流充电控制导引电路与控制原理 ……………………………………… 117
  3.3.3　交流充电的上电和下电流程 ……………………………………………… 124
  3.3.4　交流慢充系统无法充电的排查思路 ……………………………………… 126

任务 3.4　低压电池充电系统故障诊断与维修 …………………………………………… 129
  3.4.1　低压电池充电系统的功能和组成 ………………………………………… 130
  3.4.2　低压电池充电系统的工作原理 …………………………………………… 131

3.4.3　低压蓄电池充电系统的故障诊断与维修 …………………………… 132

任务 3.5　DC/AC 系统故障诊断与维修 ……………………………………… 134
　3.5.1　DC/AC 系统的功能和组成 …………………………………………… 134
　3.5.2　DC/AC 系统的工作原理 ……………………………………………… 135
　3.5.3　DC/AC 系统的故障诊断与维修 ……………………………………… 136

项目 4　驱动电机系统故障诊断与维修 …………………………………… 138

任务 4.1　驱动电机系统认知 …………………………………………………… 139
　4.1.1　驱动电机系统的功能和组成 …………………………………………… 139
　4.1.2　驱动电机系统的发展 …………………………………………………… 142

任务 4.2　驱动电机系统部件的原理与诊断 …………………………………… 145
　4.2.1　驱动电机的原理与诊断 ………………………………………………… 145
　4.2.2　驱动电机控制模块-MCU 的原理与诊断 …………………………… 154
　4.2.3　驱动电机其他部件的原理与诊断 ……………………………………… 157
　4.2.4　整车控制模块（VCU）诊断与维修 ………………………………… 163

任务 4.3　驱动电机系统的故障诊断与维修 …………………………………… 171
　4.3.1　驱动电机系统的故障分析 ……………………………………………… 171
　4.3.2　驱动电机系统的故障诊断 ……………………………………………… 172

项目 5　热管理系统故障诊断与维修 ……………………………………… 176

任务 5.1　热管理系统认知 ……………………………………………………… 177
　5.1.1　热管理系统介绍 ………………………………………………………… 177
　5.1.2　热管理系统分类 ………………………………………………………… 178

任务 5.2　电机和电控散热系统的故障诊断与维修 …………………………… 182
　5.2.1　强制风冷式散热系统故障诊断与维修 ………………………………… 182
　5.2.2　液冷式散热系统故障诊断与维修 ……………………………………… 184

任务 5.3　动力电池散热系统的故障诊断与维修 ……………………………… 192
　5.3.1　动力电池散热系统概述 ………………………………………………… 192
　5.3.2　风冷式动力电池散热系统 ……………………………………………… 194
　5.3.3　液冷式动力散热系统 …………………………………………………… 195

任务 5.4　动力电池加热系统的故障诊断与维修 ……………………………… 199
　5.4.1　动力电池加热系统概述 ………………………………………………… 199
　5.4.2　动力电池加热系统的工作原理 ………………………………………… 201
　5.4.3　动力电池的加热系统故障诊断与维修 ………………………………… 201

工作手册 …………………………………………………………………………… 205

项目 1　电动汽车认知

在能源制约、环境污染等大背景下，国家将发展新能源作为改善环境、节约成本的重要举措。在这样的大环境下，我国的新能源汽车行业在近几年展现出良好的发展势头。新能源汽车的快速发展需要大批专业的维修技师从事新能源汽车的维修工作。编写本书的目的是帮助广大新能源专业的学员和从事电动汽车维修的技师能够快速地掌握电动汽车的技术特点，更好地修理电动汽车。

本项目主要介绍电动汽车的一些基础知识，包括电动汽车的发展、电动汽车的分类、电动汽车的使用方法以及电动汽车的组成等。

任务 1.1　电动汽车结构认知

学习目标

顺利完成本任务内容后，可以达到以下目标：

素质目标

（1）培养学生的文化自信、民族自信；
（2）树立节能环保理念；
（3）培养勤于学习、勇于探索的创新精神。

知识目标

（1）了解电动汽车的发展与分类；
（2）掌握电动汽车的组成；
（3）掌握电动汽车的常用术语。

能力目标

（1）能讲述电动汽车的发展与分类；
（2）能说出电动汽车各组成部分的名称；
（3）能正确使用电动汽车的常用术语。

1.1.1　电动汽车的发展与分类

一、新能源汽车发展历程

很多人会以为新能源汽车是近几年才蓬勃发展起来的一个产物，其实并不然，在现在常见的内燃机驱动汽车出现之前，驱动电机就已经被人装载于车辆上作为动力源了。

第一辆实用电动车辆上路时间是在 19 世纪，从那时起便出现了一大批设计古怪且天马行空的电动汽车，有些电动汽车的设计像是马车，有些又像是月球车，但正是因为它们，为现在的电动汽车发展铺平了道路。实际上，如果回顾一下汽车史你就会发现，在过去的一个多世纪以来，很多设计师都在尝试打造电动汽车，他们从来没有停止过追求电动汽车的梦想，早期的电动汽车如图 1-1-1 所示。

电动汽车的发展可大致分为三个阶段：蓬勃发展期、停滞期、再度发展期。

1. 蓬勃发展期

电动汽车的历史比现在最常见的内燃机驱动的汽车要早。直流电机之父、匈牙利的发明家、工程师阿纽什·耶德利克 Ányos Jedlik 最早于 1828 年在实验室试验了电磁转动的行动装置。

美国人托马斯·达文波特 Thomas Davenport 于 1834 年制造出第一辆直流电机驱动的电动车。1837 年，托马斯因此获得美国电机行业的第一个专利。

图 1-1-1 早期的电动汽车

在 1832 年至 1838 年之间，苏格兰人罗伯特·安德森 Robert Anderson 发明了电驱动的马车，这是一辆使用不能充电的初级电池驱动的车辆。

1838 年，苏格兰人罗伯特·戴维森 Robert Davidson 发明了电驱动的火车。今天在路面上行驶的有轨电车是 1840 年在英国出现的专利。

1859 年，法国伟大的物理学家、发明家噶斯顿·普朗特 Gaston Plante 发明了可充电的铅酸电池。随着蓄电池技术的发展，电动汽车于 19 世纪下半叶在欧美得到了较为广泛的运用。

1896 年，Hartford Electric Light 公司推出可更换电池的电动货车，买家只买下车辆，但不包括电池，然后在使用时再以每公里计交付充电及保养费。

在 19 世纪末 20 世纪初，电动汽车迎来了一个蓬勃发展的时期。1911 年《纽约时报》刊登的一篇关于电动汽车的报道中，人们是这样评价电动汽车的：它经济，不排放废气，是理想的交通工具。这个时期的汽车消费市场，电动汽车凭借着其无气味、噪声低、价格低等优势成了当时人们喜爱的一种交通工具。

2. 停滞期

随着内燃机技术的提升和人们对远距离行驶的要求，更高效、具备更远里程数的内燃机汽车得到了大众的喜爱。加之石油的不断发现和开采，汽油价格大幅度降低，内燃机汽车的使用成本随之下降。到 1920 年前后，汽车市场上电动汽车的份额逐渐被内燃机汽车所超过。1935 年，福特和他的福特汽车公司采用了一种更加高效的流水线规模化生产作业方式，内燃机汽车的制造成本瞬间降低，这给予了当时尚在苟延残喘的电动汽车致命一击。

在此之后，内燃机汽车的技术研发和行驶公里数不断发展。电动汽车就此沉寂数十年，只剩下少量的有轨电车和无轨电车还在路面上行驶，更多的电动汽车则是沦为一种短程代步工具，如在公园内和高尔夫球场的电瓶车。在这个阶段，电动汽车在电池、驱动这些技术层面上基本算是毫无发展甚至是被人遗忘。

3. 再度发展期

随着现代工业的高度发达和内燃机汽车的大规模发展，以及工业废气和汽车尾气的大量排放，使得人们不得不面对环境污染的困扰。随着化石资源的日渐枯竭，能源问题成为当今

3

世界发展面临的主要问题，交通发展与环境保护在21世纪将面临重大挑战，这是制约全球汽车工业发展的重大因素。据不完全统计，全球石油只够开采约40年，而天然气稍长，但也只有60年，煤炭只够开采约200年。目前全球主要化石资源分布在美国、加拿大、俄罗斯和中东地区，中国的资源相对贫乏。到2020年之后，全球石油需求与供给将出现巨大缺口。化石资源的枯竭迫在眉睫，寻找新的可替代能源是全世界发展的当务之急。中国的石油资源相对贫乏，大部分依赖进口，但国外的石油资源也濒临枯竭。

在我国，汽车尾气排放是城市污染的主要因素，各种汽车消耗的能源将占到石油总量的50%以上，届时对石油依存度将超过60%。而汽车所带来的空气污染和二氧化碳（CO_2）排放所引起的大气问题尤其严重。相关报道指出，全球20个空气污染最严重的城市中，中国占16个，汽车尾气是现在乃至未来几年空气污染的罪魁祸首。

在能源需求和环境保护的双重压力下，电动汽车重新成为世界各国尤其是发达国家发展的方向。发展电动汽车的提案重新进入了人们的视线，但收效甚微。到了20世纪90年代，各主要汽车制造商们才开始关注电动汽车的未来发展并且开始投入资金和技术在电动汽车领域。各大汽车制造商们相继发布了自家品牌的电动汽车。

在这个阶段，各地政府都认识到了发展电动汽车对环境保护所起到的重要作用，相继出台各类福利补贴制度来鼓励民众对电动汽车的消费。在美国，大多数电动车和插电式混动车会得到7 500美元的联邦税收抵免；在加州还会有额外的2 500美元电动车补贴或者1 500美元的插电混动车补贴。在中国，国家对新能源汽车实行普惠制，只要能符合国家的推荐目录要求，就可以得到国家补贴。2014年2月，北京市公布了新能源汽车目录，对个人及单位购买纯电动汽车进行补助，最高补助金额达近12万元，这些优惠措施大大促进了纯电动汽车进入寻常百姓家庭的步伐。电动汽车的环保性毋庸置疑，运行成本一般只有0.1元/km，也远远低于传统装备内燃机的汽车。在加速性能上，电动汽车的扭矩较大，加速能力已经达到令人称奇的地步。

我国对电动汽车发展也非常重视，在"十五"期间就确定了"三纵三横"的发展战略。"三纵"指混合动力汽车、纯电动汽车、燃料电池汽车；"三横"指多能源动力总成控制系统、电动机及其控制系统和电池及其管理系统。同时也取得了一大批电动汽车技术创新成果，比如，"十一五"期间，我们组织了863计划节能与新能源汽车重大项目，聚焦动力系统的技术平台和关键零部件的研发。经过两个"五年计划"的科技攻关及北京奥运会、上海世博会、深圳大运会和"十城千辆"等示范工程的实施，我国电动汽车从无到有，在关键零部件、整车集成，以及技术标准、测试技术、示范运行等方面取得了重大进展，逐步建立了电动汽车技术体系，获得专利3 000多项，颁布电动汽车国家和行业标准56项。但这些成果与电动汽车产业化发展要求差距还非常大。

据工信部发布数据显示，2020年我国新能源汽车产、销分别完成136.6万辆和136.7万辆，同比分别增长7.5%和10.9%。其中纯电动汽车产、销分别完成110.5万辆和111.5万辆，同比分别增长5.4%和11.6%；插电式混合动力汽车产、销分别完成26万辆和25.1万辆，同比分别增长18.5%和8.4%。2021年全国新能源汽车实现产量354.5万辆，同比增长159.52%；销量达352.1万辆，同比增长157.57%。根据《新能源汽车产业发展规划

（2021—2035 年）》，未来几年我国新能源汽车行业仍将保持高速发展态势，至 2025 年，新能源汽车新车销售量将达到汽车新车销售总量的 20% 左右，预计销量将突破 700 万辆。

国产新能源客车技术水准已达到世界领先，并已经销往全球 30 多个国家和地区。根据 2022 世界新能源汽车大会数据，截至 2021 年年底，全球新能源汽车累计销量突破 1 600 万辆，中国占比超 50%。2022 年上半年，全球新能源汽车销量超过 422 万辆，同比增长 66.3%，其中，中国新能源汽车销量达 260 万辆，占全球销量六成以上；市场渗透率超 21.6%，保有量突破 1 100 万辆。在国务院发布的"十三五"国家战略性新兴产业发展规划中，明确提出了新能源汽车等绿色低碳产业的战略地位。近几年，随着绿色环保理念的大力提倡，电动化已经逐渐成为汽车行业的一个新潮流。

随着环保、能源等问题的日趋严重，发展新能源汽车是全球乃至我国的必由之路，全球各个车企在新能源汽车技术开始布局发展。对于汽车工业发展相对比较晚的中国来说，为了快速提升汽车领域的制造技术，大力发展新能源汽车是中国开始走向汽车制造强国、实现弯道超车的不二选择。

二、新能源汽车产业发展趋势

1. 新能源汽车发展机遇

自 2016 年下半年开始，欧洲各国纷纷宣布禁售燃油车时间表，这在一定程度上也催生了汽车企业的新能源发展战略。具体如下：

（1）美国。美国加州空气资源委员会主席曾表示，加州可能将在 2030 年禁止传统燃油车上市销售。

（2）荷兰。荷兰劳工党（LabourPVdA）公开提案，要求从 2025 年开始禁止在荷兰本国销售传统的汽油和柴油汽车。

（3）挪威。挪威的四个主要政党一致同意从 2025 年起禁止燃油汽车销售，但这还不是最终的决定。

（4）德国。德国联邦参议院以多票通过了 2030 年后禁售传统内燃机汽车的提案。

（5）印度。印度能源部门在一篇博文中表示，计划在 2030 年禁售燃油汽车。

（6）法国。法国能源部长尼古拉斯·霍洛表示，法国计划从 2040 年开始，全面停止出售汽油车和柴油车。

（7）英国。英国政府宣布将于 2040 年起全面禁售汽油和柴油汽车，届时市场上只允许电动汽车等新能源环保车辆销售。

2018 年 4 月，国务院发布《关于支持海南全面深化改革开放的指导意见》，将在海南省推行新能源汽车和节能环保汽车，逐步禁售燃油汽车，预计在 2030 年全岛实现禁行禁售燃油汽车。

目前，全国各地纷纷加速推进新能源汽车发展。深圳市发文明确指出电动汽车等新能源车将全面替代轻型柴油车，虽然没有出台具体的时间表，但是未来也将公布相关的规划措施。随着越来越多的省市出台相关的政策，新能源汽车发展必将迎来新一轮的爆发期。

中央在海南率先推出禁售燃油车的时间表，从侧面反映出禁售燃油车的改革是以点带面，然后在全国逐步推行。

在车企方面，有些开始主动调转方向。

（1）长安汽车，在2017年10月份宣布，将于2025年开始，全面停止销售传统燃油车，实现全谱系产品的电气化。同时正式发布了"香格里拉计划"，该计划准备在2025年前，累计推出全新纯电动车产品21款、混合动力产品12款，目前正在大量扩招预计2万人的研发资源。

（2）吉利汽车2018年宣布，到2020年吉利所销售的汽车，必须90%为新能源汽车。

（3）比亚迪汽车本身就是新能源电池技术出生的车企，它比吉利还要快，都不用转型。

2021年3月，《中华人民共和国国民经济和社会发展第十四个五年规划和2035年远景目标纲要》（以下简称《规划纲要》）正式公布。《规划纲要》为下一阶段的自主品牌发展提供了新动力、新机遇，明确了新方向。首先，在"十三五"时期，汽车大市场出现波动，竞争加剧，叠加疫情带来的影响，自主品牌市场份额连续下降，形势一度十分严峻。但是，我们看到，自主品牌车企经受住了考验，吉利、长安、长城、上汽、比亚迪、一汽等企业的产品水平持续提升，总体实力逐渐提高；造车新势力中蔚来、小鹏、理想等企业发展势头也非常好，并在全球新能源汽车市场占据了一席之地。

2. 新能源汽车的发展前景及趋势

在各国将燃油车禁售提上日程后，各大汽车制造厂商积极主动转变发展战略，规划出新能源汽车的发展策略。

2017年年初，各国主要汽车生产厂商陆续发布了未来在新能源汽车领域的发展规划。其中，沃尔沃宣布，到2019年每辆车上都将装上电池；林肯、捷豹、路虎也宣布旗下的所有车型要全部进入电动化。针对燃油车和新能源车的战略安排，各家企业的应对策略和反应有所差异。外资主流车企均将新能源车视为重点发展方向，纷纷制定战略方针，尤以大众和丰田转型加速最为明显；大众和丰田过去分别恪守于节能技术和混动+燃料电池的技术路线，也纷纷于2016年下半年宣布加快向纯电路线的转型，其中大众促使了江淮大众的迅速落地，并抓紧布局了近20款新能源车型的陆续上市计划，丰田则投放了第一款PHEV并将纯电路线列为新能源的终极目标之一。

近年来，汽车行业面临百年未有之大变局，电动化和智能化浪潮风起云涌，新能源汽车和智能网联汽车得到高度关注。2021年两会期间，无论是《政府工作报告》，还是"十四五"规划和2035年远景目标纲要，均从不同角度、以不同篇幅，围绕新能源汽车这个焦点进行了专门阐述。《政府工作报告》与"十四五"规划和2035年远景目标纲要围绕着车辆续航、电池回收、供应链自主、配套新基建等方面，对新能源汽车与智能网联汽车提出了新的发展目标，中国汽车行业的新时代正距离我们越来越近。随之而来的电气化与智能化潮流，将会给汽车行业带来新的发展机遇和无限的想象空间。

新能源汽车从技术和发展方面来说，主要有以下发展趋势：

1）车型轻量化

轻量化是现阶段汽车实现节能减排的最有效措施之一，是汽车工业追求健康可持续发展的必然趋势。电动汽车由于需要增加电池、电机和电控系统，并且今后还要增加智能网联的相关设备，相比传统车重量要增加 5%～25%，根据测试结果来看，重量对于新能源汽车尤其是电动汽车更加敏感，对此，新能源汽车常通过轻量化手段来降低电池成本并提高续驶里程，降低能耗。

2）电动化

近年来，我国电动汽车行业呈现快速发展之势，电动化的普及已是大势所趋。中国从 2019 年开始导入新能源积分，强制要求汽车厂商生产销售 EV 汽车。中国政府的强势政策推动了全球 EV 的存在感。而欧洲市场的电动化，与包括大众在内的欧系巨头在中国市场的份额很高不无关系，对于中国，他们别无选择。

3）智能化、网联化

"智能化"是汽车产品升级的重要方向，智能模块成为汽车产品的重要组成。从近年发展来看，自动驾驶和车联网是汽车智能化的两个重要技术载体。新能源和自动驾驶的发展是相辅相成的，未来汽车势必会面向车联网、智能化和自动化方向发展。新能源采用电驱动，使车联网和自动驾驶技术更容易实现；而相对应的，新能源的发展势必会加快自动驾驶的发展。

4）共享化

电动车+互联网+自动驾驶与共享出行搭配，为再造城市交通体系展现了新的前景。多项研究表明，电动化、网联化、智能化的电动汽车将使共享出行的"人均公里成本"下降 40% 左右；未来自动驾驶的共享汽车可以自行移动到出行需求点，实现无缝接驳；人、车、路实时共享交通信息，使出行效率提高。随着新能源汽车市场的崛起，共享出行是新能源最好的归宿。

3. 新能源汽车目前面临的问题和挑战

汽车的未来是电动的，这一点是毫无疑问的。疑问在于：这个未来什么时候才能来。现在来说，电动汽车的最大问题在于其动力源——电池。现在最主流的技术仍旧是采用锂电池，但其单位质量的能量密度造成其续航能力很难满足日常使用，动则数小时的充电时间和传统汽车加油的速度相比，简直让人无法接受。也就是说，电动汽车的障碍在于电池容量和充电速度。

在中国，合资品牌的燃油汽车占据了主要的市场，国产品牌寥寥可数，由于历史原因中国在这方面并没有占得先机，而发展纯电动汽车是中国赶超世界汽车的捷径，也是中国赶超世界汽车强国的唯一出路。我国在电动汽车整车及零部件方面也取得了很多进展，目前电池等核心技术已处于国际第一梯队，中国汽车的发展能否进入世界先进行列，动力电池非常关键。

2017 年 2 月，工业和信息化部等四部委联合印发了《促进汽车动力电池产业发展行动方案》（以下简称《行动方案》），《行动方案》提出分三个阶段推进我国动力电池发展：2018 年，提升现有产品性价比，保障高品质电池供应；2020 年，基于现有技术改进的新一代锂离子动力电池实现大规模应用；2025 年，采用新化学原理的新体系电池，力争实现技术变革和开发测试。2020 年动力电池单体比能量要求达到 300 W·h/kg，力争实现 350 W·h/kg，系统比能量力争较现有水平提高一倍达到 260 W·h/kg，成本降至 1 元/（W·h）以下，2025 年动力电池单体比能量达 500 W·h/kg。如果能量密度为 300 W·h/kg 的电芯付诸量产，电动汽车性价比将进一步提升，能更快普及。

1.1.2 电动汽车的组成

按照常规的分类方法，电动汽车一般可以分为以下几种类型：

(1) 纯电动汽车 EV（Electric Vehicle）；
(2) 混合动力汽车 HEV（Hybrid Electric Vehicle）；
(3) 燃料电池汽车 FCEV（Fuel Cell Electric Vehicle）。

一、纯电动汽车（EV）

纯电动汽车：顾名思义就是主要采用电力驱动的汽车，纯电动汽车是新能源汽车发展的方向和趋势，现在各种新能源汽车的发展方向，可以说都是为了向纯电动方向转变，如图1-1-2所示。

纯电动汽车直接采用电机驱动，不同的车辆，驱动电机的安装位置不同。大部分电动汽车把驱动电机装在前机舱内，也有少部分直接以车轮作为四台驱动电机的转子。纯电动汽车本身不排放污染大气的有害

图1-1-2 纯电动汽车

气体，即使按所耗电量换算为发电厂的排放，除硫和微粒外，其他污染物也显著减少。由于电厂大多建于远离人口密集的城市，对人类伤害较少，而且电厂是固定不动的，集中排放，清除各种有害排放物较容易，并已有了相关技术。另外，由于电力可以从多种一次能源获得，如煤、核能、水力、风力、光、热等，这也解除了人们对石油资源日见枯竭的担心。

电动汽车还可以充分利用晚间用电低谷时富余的电力充电，使发电设备日夜都能充分利用，大大提高其经济效益。有关研究表明，同样的原油经过粗炼，送至电厂发电，经电源充入电池，再由电池驱动汽车，其能量利用效率比经过精炼变为汽油，再经汽油机驱动汽车高，因此有利于节约能源和减少二氧化碳的排量，正是这些优点，使电动汽车的研究和应用成为汽车工业的一个"热点"。

有专家认为，对于电动车而言，目前最大的障碍就是基础设施建设以及价格影响了产业化的进程，与混合动力相比，电动汽车更需要基础设施的配套，而这不是一家企业能解决的，需要各企业联合起来与当地政府部门一起建设，才会有大规模推广的机会。

1. 纯电动汽车的优点

(1) 零排放、噪声低。纯电动汽车使用电能，在行驶中无废气排出，不污染环境。

(2) 燃料成本低，电力价格比燃油价格便宜。纯电动汽车可在用电低谷时进行汽车充电，可以平抑电网的峰谷差，使发电设备得到充分利用。

(3) 车辆结构相对传统燃料汽车更简单。纯电动汽车使用单一的电能源，省去了发动机、变速器、油箱等复杂的系统，所以结构较简单。

(4) 更容易体验到迅猛的驾驶感觉。

(5) 政府鼓励政策多，包括部分限购城市免摇号上牌、免除车辆购置税及各级政府的补贴等。

2. 纯电动汽车的缺点

（1）动力系统的制造成本比传统燃料汽车高很多，导致车辆购买价格高。

（2）目前配套充电设施不完善，充电难。

（3）充电时间长，慢充一般需要 8 h 左右才能充满。

（4）电池的能量密度较低，充电后的续驶里程较短。

（5）电池成本高、损耗快，提高了车辆的使用成本。

二、混合动力汽车（HEV）

通常所说的混合动力汽车，一般是指油电混合动力汽车，即采用传统的内燃机（柴油机或汽油机）和驱动电机作为动力源的汽车，如图 1-1-3 所示。混合动力汽车可以在一定程度上解决纯电动汽车长途续航以及充电问题。

按照动力系统的结构，混合动力系统分为串联、并联、混联三种结构形式。

根据在混合动力系统中，电动机的输出功率在整个系统输出功率中占的比重，也就是常说的混合度的不同，混合动力系统又可以分为以下四种类型：轻度混合动力系统、中度混合动力系统、重度混合动力系统和插电式混合动力系统。

图 1-1-3 混合动力汽车

1. 串联式混合动力系统（见图 1-1-4）

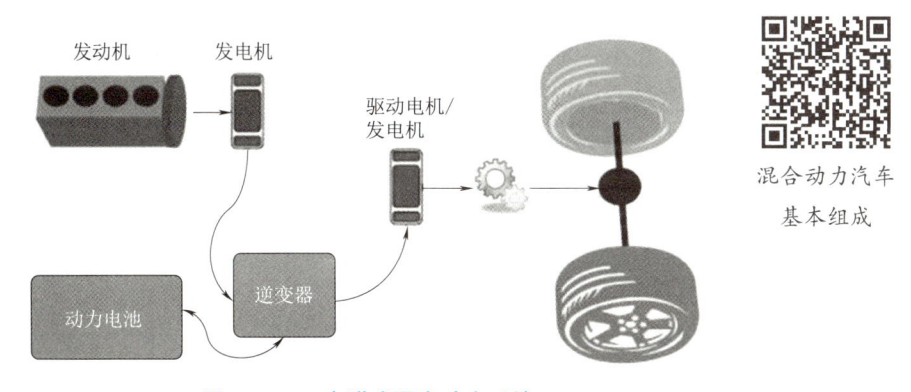

图 1-1-4 串联式混合动力系统

混合动力汽车基本组成

串联式混合动力系统由发动机、发电机和驱动电机三部分动力总成组成，它们之间用串联方式连接。

发动机只用来驱动发电机发电，电能通过控制器输送到电池或驱动电机，由驱动电机通过变速机构驱动汽车。

（1）小负荷时，电动机利用动力电池能量驱动车辆行驶。

（2）大负荷时，由发动机—发电机组驱动电机。

（3）低速、滑行、怠速工况时，由动力电池驱动电机。

(4) 当动力电池缺电时，由发动机—发电机组向动力电池充电。

串联式结构适用于城市内频繁起步和低速运行工况，可以将发动机调整在最佳工况点附近稳定运转，通过调整电池和驱动电机的输出来达到调整车速的目的，使发动机避免了怠速和低速运转的工况，从而提高了发动机的效率，减少了废气排放。它的缺点是能量几经转换（发动机—发电机—驱动电机），机械效率较低。

2. 并联式混合动力系统（见图1-1-5）

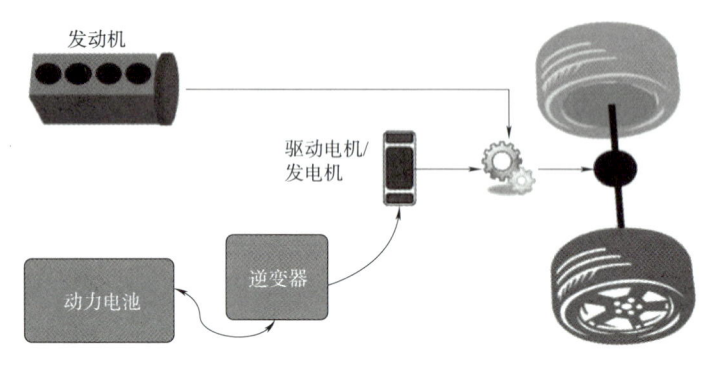

图1-1-5 并联式混合动力系统

并联式混合动力汽车的发动机和驱动电机共同驱动汽车，发动机与驱动电机分属两套系统，可以分别独立地向汽车传动系统提供扭矩，在不同的路面上既可以共同驱动又可以单独驱动。当汽车加速爬坡时，驱动电机和发动机能够同时向传动机构提供动力，一旦汽车车速达到巡航速度，汽车将仅仅依靠发动机维持该速度。驱动电机既可以作电动机又可以作发电机使用。

（1）优点。并联式混合动力汽车的成本最低，只需要增加驱动电机和动力电池即可；起步扭矩大，产生较强的推背感。

（2）缺点。发电机和驱动电机两者同时工作时间不长，高功率、高扭矩不能保持太久；在正常行驶状况下，只有发动机工作，其油耗不能节省太多，适合于低速行驶的城市道路。

由于没有单独的发电机，故发动机可以直接通过传动机构驱动车轮，这种装置更接近传统的汽车驱动系统，机械效率损耗与普通汽车差不多，目前应用比较广泛。

3. 混联式混合动力系统（见图1-1-6）

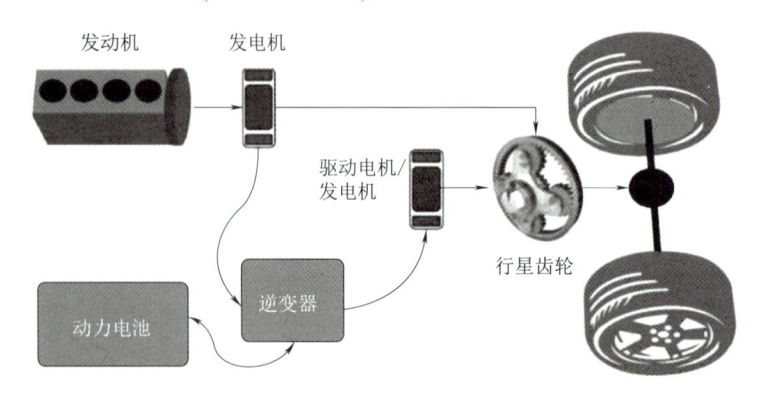

图1-1-6 混联式混合动力系统

混联式装置包含了串联式和并联式的特点，动力系统包括发动机、发电机和驱动电机，两个电机中的一个负责驱动，另一个在发电和驱动之间来回切换。当需要动力输出时，发动机和两个电机会同时工作，输出大扭矩；当需要动力小时，其中一个电机给动力电池充电。缺点：成本高，结构复杂。

根据助力装置不同，它又分为发动机为主和电机为主两种。以发动机为主的形式中，发动机作为主动力源，电机为辅助动力源；以电机为主的形式中，发动机作为辅助动力源，电机为主动力源。该结构的优点是控制方便，缺点是结构比较复杂。

4. 轻度混合动力系统

轻度混合动力系统的代表车型是通用的混合动力皮卡车。该混合动力系统采用了集成起动电机（也就是常说的 Integrated Starter Generator，简称 ISG 系统）。与微混合动力系统相比，轻混合动力系统除了能够实现用发电机控制发动机的起动和停止外，还能够实现以下功能：

（1）在减速和制动工况下，对部分能量进行吸收；

（2）在行驶过程中，发动机等速运转，发动机产生的能量可以在车轮的驱动需求和发电机的充电需求之间进行调节。

轻混合动力系统的混合度一般在 20% 以下。轻混常用 BSG 皮带传送起动/发电技术，通常节油 10% 以下，电机不直接参与驱动，主要用于起动和回收制动能量。

5. 中度混合动力系统

中度混合动力系统与轻度混合动力系统不同，中度混合动力系统采用的是高压电机。另外，中度混合动力系统还增加了一个功能，在汽车处于加速或者大负荷工况时，电动机能够辅助驱动车轮，补充发动机本身动力输出的不足，从而更好地提高整车的性能。这种系统的混合程度较高，可以达到 30% 左右，目前技术已经成熟，应用广泛。

6. 重度混合动力系统

重度混合动力系统。该系统采用了 272~650 V 的高压起动电机，混合程度更高。与中度混合动力系统相比，重度混合动力系统的混合度可以达到甚至超过 50%。技术的发展将使得重度混合动力系统逐渐成为混合动力技术的主要发展方向。采用重度混合动力的代表车型有丰田普锐斯。

7. 插电式混合动力系统

插电式混合动力增加了动力电池的充电功能，动力电池的容量更大，纯电模式的续航里程更长。其代表车型有雪佛兰沃蓝达（Volt）。

三、燃料电池汽车（FCEV）

燃料电池汽车是指以氢气、天然气、甲醇等为燃料，通过与氧气或者空气发生电化学反应产生电流，依靠电机驱动的汽车，如图 1-1-7 所示。其电池的能量是通过电化学反应，而不是经过燃烧，燃料电池的化学反应过程不会产生有害产物，因此燃料电池车辆是无污染汽车，燃料电池的能量转换效率比内燃机要高 2~3 倍，因此从能源的利用和环境保护方面，燃料电池汽车是一种理想的车辆。

燃料电池汽车可以算作电动汽车，但却可以在 5 min 内给电池灌满燃料，而不是等上几个小时来充满电；也可以是电动汽车，只不过"电池"是氢氧混合燃料电池。与普通化学电池相比，燃料电池可以补充燃料，通常是补充氢气，也可以补充天然气和甲醇。

燃料电池汽车的工作原理是，作为燃料的氢气在汽车搭载的燃料电池中，与大气中的氧气发生氧化还原化学反应，产生出电能来带动电动机工作，由电动机带动汽车中的机械传动结构，进而带动汽车的前桥（或后桥）等行走机械机构工作，从而驱动电动汽车前进。

图 1-1-7　燃料电池汽车

单个的燃料电池必须结合成燃料电池组，以便获得必需的动力，满足车辆使用的要求。近几年来，燃料电池技术已经取得了重大的进展。世界著名汽车制造厂，如戴姆勒-克莱斯勒、福特、丰田和通用汽车公司已经宣布，计划不久将燃料电池汽车投向市场。目前，燃料电池轿车的样车正在进行试验，以燃料电池为动力的运输大客车在北美的几个城市中正在进行示范项目。在开发燃料电池汽车的过程中仍然存在着技术性挑战，如燃料电池组的一体化和商业化。燃料电池和辅助部件制造厂都在朝着集成部件和减少部件成本的方向努力，并已取得了显著的进步。

1.1.3　电动汽车常用术语

一、额定电压

额定电压是指电气设备长时间正常工作时的最佳电压，额定电压也称为标称电压。当电气设备的工作电压高于额定电压时容易损坏设备，而低于额定电压时将不能正常工作（如灯泡发光不正常、电机不正常运转等）。

二、额定电流

额定电流是指用电设备在额定电压下，按照额定功率运行时的电流，也可定义为电气设备在额定环境条件（环境温度、日照、海拔、安装条件等）下可以长期连续工作的电流。用电器正常工作时的电流不应超过它的额定电流。

三、额定功率

额定功率是指用电器正常工作时的功率，它的值为用电器的额定电压乘以额定电流。若用电器的实际功率大于额定功率，则用电器可能会损坏；若实际功率小于额定功率，则用电器无法正常运行。

四、最大功率

功率的物理定义是指机器在单位时间里所做的功。功的数量一定，时间越短，功率值就越大。功率有两种单位：kW（千瓦）、hp（马力）。1 kW（千瓦）等于 1.36 hp（马力）。最大功率往往反映的是车辆的最高车速，用来描述汽车的动力性能。

五、最大扭矩

扭矩是表示机器性能的一个重要参数，扭矩越大，机器输出的力量越大，汽车的爬坡能力和加速性也越好。最大扭矩决定着汽车的提速性能，特别是低速时的加速性。扭矩的单位是 N·m。

六、额定容量

额定容量（Nominal Capacity）是指在一定条件下（放电率、温度、终止电压等）电池放电至截止电压时放出的电量。容量单位为 mA·h 或 A·h（1 A·h=1 000 mA·h）。

七、放电速率

放电速率是表示放电快慢的一种量度。1 C、2 C、0.2 C 表示电池放电速率的快慢，电池 1 h 放电完毕，称为 1 C 放电；5 h 放电完毕，则称为 1/5=0.2 C 放电。一般可以通过不同的放电电流来检测电池的容量。对于 24 A·h 电池来说，2 C 放电电流为 48 A，0.5 C 放电电流为 12 A。

八、容量密度

容量密度（Capacity Density）是指电池单位质量或体积所能释放的电量，一般用 mA·h/g 或 A·h/kg 表示（通常用于表示电极材料的容量）。

九、能量密度

电池能量密度是指电池的平均单位体积或质量所释放出的电能，称为重量比能量或体积比能量，一般用 Wh/L 或 Wh/kg 表示。一般在相同体积下，锂离子电池的能量密度是镍镉电池的 2.5 倍，是镍氢电池的 1.8 倍，因此在电池容量相等的情况下，锂离子电池就会比镍镉、镍氢电池的体积更小、重量更轻。目前，磷酸铁锂电池的单体能量密度为 150 W·h/kg 左右，按照我国动力电池的发展规划，2025 年电池能量密度达到 400 W·h/kg，2030 年电池能量密度达到 500 W·h/kg。

十、存储寿命

存储寿命（Shelf/Storage Life）是指电池在没有负荷的一定条件下进行放置，以达到性能劣化到规定程度时所能放置的时间。

十一、循环寿命

循环寿命（Cycle Life）是指在一定条件下，将充电电池进行反复充放电，当容量等电池性能达到规定的要求以下时所能发生的充放电次数。

十二、续航里程

续驶里程也可以称作续航能力，是指汽车等行驶工具在最大的燃料储备下可连续行驶的总里程。电动汽车的续驶里程是指电动汽车上动力电池以全充满状态开始到标准规定的试验结束时所走过的里程，它是电动汽车重要的经济性指标。

十三、SOC

SOC 是 State of Capacity 的简写，是电池的剩余电量比，等于电池的剩余电量/电池总电量。0% 代表电池完全没电了，100% 代表电池满电。

不像传统燃料汽车的油箱剩余油量比较容易的测量出来，电池的剩余容量无法直接被测量出来，而需要通过电压、电流等间接的相关信息由电池管理系统（BMS）软件的相关算法来估算，所以 SOC 的精度是困扰电池 BMS 行业人员的难题。

十四、SOP

SOP 是下一时刻比如下一个 2 s、10 s、30 s 以及持续的大电流时电池能够提供的最大的放电和被充电的功率。当然，这里面还应该考虑到持续的大电流对保险丝的影响。SOP 的精确估算可以最大限度地提高电池的利用效率。比如在制动时可以尽量多地吸收回馈的能量而不伤害电池；在加速时可以提供更大的功率获得更大的加速度而不伤害电池；同时也可以保证车辆在行驶过程中不会因为欠压或者过流保护而失去动力。对于低温、旧电池以及很低的 SOC 来说，精确的 SOP 估算尤其重要。例如对于一组均衡很好的电池包，在比较高的 SOC 时，彼此间 SOC 可能相差很小，比如 1%～2%。但当 SOC 很低时，会出现某个电芯电压急速下降的情况，这个电芯的电压甚至出现比其他电池电压低 1 V 多的情况。要保证每一个电芯电压始终不低于电池供应商给出的最低电压，SOP 必须精确地估算出下一时刻这个电压急速下降的电芯的最大输出功率，以限制电池的使用从而保护电池。估算 SOP 的核心是实时在线估算电池的每一个等效阻抗。

十五、SOH

SOH 是指电池的健康状态，它包括两部分：安时容量和功率的变化。一般认为：当安时容量衰减 20% 或者输出功率衰减 25% 时，电池的寿命就到了。但是，这并不是说车就不能开了。对于纯电动汽车（EV）来说，安时容量的估算更重要一些，因为它与续航里程有直接关系，而功率限制只是在低 SOC 时才重要。对于 HEV 或者 PHEV 来说，功率的变化更为重要，这是因为电池的安时容量比较小，可以提供的功率有限，尤其是在低温情况。对于 SOH 的要求也是既要高精度也要鲁棒性，而且没有鲁棒性的 SOH 是没有意义的，如精度低于 20% 就没有意义。SOH 的估算也是基于 SOC 的估算，所以 SOC 的算法是算法的核心。电池状态估算算法是 BMS 的核心，其他的都是为这个算法服务的。

十六、恒流充电 CC

恒流充电（Constant Current Charge）是指在恒定的电流下，给电池充电的过程。恒流充电一般设置终止电压，当电压到达该值时，充电过程结束。

十七、恒压充电 CV

恒压充电（Constant Voltage Charge）是指在恒定的电压下，给电池充电的过程。恒压充电一般设置终止电流，当电流小于该值时，充电过程结束。

课外拓展

浅谈发展新能源汽车的重要性

目前，能源和环境问题日益严重，大力发展新能源汽车是解决能源及环境问题的有效途径。新能源汽车产业是战略性新兴产业，除了纯电动汽车之外，还包括天然气汽车、低速汽车及车联网技术等。发展新能源汽车是推动节能减排的有效举措，纯电动汽车在运行过程中可以做到零污染，完全不排放污染大气的有害气体，即使按所耗电量换算为发电厂的排放，造成的污染也少于传统汽车，因为发电厂的能量转换率更高。

汽车工业的发展不仅给社会经济带来了机遇和活力，也给人们的日常出行带来了便利，汽车在改变着我们的生活，也在"恶意"改变着我们的环境……能源的过度消耗、消费及环境污染，已成为制约汽车工业甚至人类社会可持续发展的障碍。因此，汽车的节能和环保是目前急需解决的问题，现阶段安全性能高、能耗小、污染低及零排放新能源汽车，已是目前节能与环保研究的热点和方向，是高新技术应用的重要领域，是汽车工业可持续发展战略研究的重要组成部分。

现阶段较成熟的新能源汽车主要有纯电动汽车、混合动力汽车，这两类新能源汽车已较为人们所接受，并已进入实用阶段。混合动力汽车作为一种过渡产品，具有既不受充电桩的限制又可在短途中充分节能的特点。随着人们对环保意识的增强，纯电动汽车越来越多地在各大城市取代石油能源汽车，成为新一代的代步工具。但对于新能源汽车车而言，最大的障碍就是基础设施建设、价格及场地的制约等问题。与混合动力汽车相比，电动汽车更需要基础设施的配套，如在住宅小区、高速路服务区或是大型公共场所配备充电设施。这就需要企业与政府共同推广，出台相应措施推动新能源汽车快速平稳的发展。

道路拥堵和车辆不合理使用，加剧了能源消耗和环境污染，故改善公民出行意识，提高公共交通和绿色出行，也是推行新能源汽车使用的另一个方向及突破口，有助于实现节能减排。公交车主要运行于城市中心区域，且行车线路固定，车体空间大，适于推广新能源技术，有利于降低城市中心区的污染。

结合上述材料，谈一谈发展新能源汽车的必要性。

任务1.2　电动汽车的使用

学习目标

顺利完成本任务内容后,可以达到以下目标:

素质目标

(1) 养成良好的安全意识和规范操作意识;
(2) 培养学生的文化自信、民族自信;
(3) 能与他人进行有效的交流和沟通,具备较强的团队协作精神;
(4) 严格执行5S现场管理;
(5) 树立爱岗敬业理念,培养艰苦奋斗精神。

知识目标

(1) 了解新能源汽车高压安全的重要性;
(2) 掌握新能源汽车高压防护的注意事项和防护措施;
(3) 了解新能源汽车的充电方式与充电注意事项。

能力目标

(1) 能对新能源汽车进行驾驶操作;
(2) 能认识新能源汽车故障指示灯;
(3) 能对新能源汽车进行必要的应急处理。

1.2.1　纯电动汽车的驱动形式

纯电动汽车由于采用驱动电机作为动力的来源,所以其驱动形式与传动燃料汽车有很大的不同。纯电动汽车的驱动形式主要可以分为以下几种:
(1) 传统驱动布置形式;
(2) 驱动电机与驱动桥组合驱动布置形式;
(3) 驱动电机与驱动桥集成驱动布置形式;
(4) 轮边电机驱动布置形式;
(5) 轮毂电机驱动布置形式。

一、传统驱动布置形式

传统驱动布置形式与传统汽车的布置形式基本相同,通常是在传统汽车的基础上改装而成的，即把驱动电机放在原燃油发动机的位置（见图1-2-1），现在纯电动汽车很少采用这种布置形式。

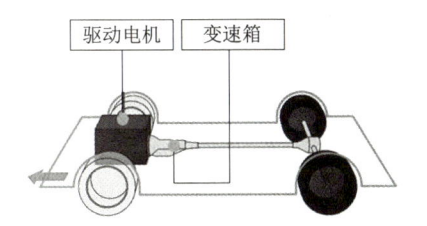

图 1-2-1　传统驱动布置形式

二、驱动电机与驱动桥组合驱动布置形式

驱动电机与驱动桥组合驱动布置形式把驱动电机、固定速比的减速器和差速器进行组合，布置在驱动桥旁，通过两个车轮的半轴来驱动车轮，如图1-2-2所示。此种布置形式的整个传动系统长度比较短，传动装置占用空间小，容易布置，可以进一步减小整车的质量，并且比传统驱动布置形式的传动效率高。驱动电机与驱动桥组合驱动布置形式按照驱动电机安装的位置可以分为驱动电机前置组合式驱动系统和驱动电机后置组合式驱动系统。

三、驱动电机与驱动桥集成驱动布置形式

把驱动电机、固定速比减速器和差速器集成为一个整体，并与驱动轴同轴，通过两根半轴驱动车轮，称为驱动电机与驱动桥集成驱动布置形式，如图1-2-3所示。驱动电机与驱动桥集成驱动布置形式也可以分为驱动电机前置和驱动电机后置两种形式。

图 1-2-2　驱动电机与驱动桥组合驱动布置形式　　　图 1-2-3　驱动电机与驱动桥集成驱动布置形式

四、轮边电动机驱动布置形式

轮边电动机驱动布置形式是一种双驱动电机驱动形式，由左右两台驱动电机直接通过固定速比减速器分别驱动两个车轮，驱动电机直接连接轮毂，两个车轮转动没有直接连接，这种电动机称为轮边电动机，如图1-2-4所示。

轮边电动机驱动布置形式中，每个电动机的转速可以独立的调节控制，通过电子差速器来解决左右半轴的差速问题，使得电动汽车更加灵活，在复杂的路况上可以获得更好的整车

17

动力性能。由于采用电子差速器，传动系统体积进一步减小，节省了空间，质量也进一步减轻，提高了传动效率。

五、轮毂电动机驱动布置形式

把驱动电机设计成饼状，直接安装在车轮的轮毂（轮辋）内，这种电动机称为轮毂电动机，如图1-2-5所示。电动机一端与车轮毂固定，另一端直接安装在悬架上，此种布置形式进一步缩短了电动机和车轮之间的机械传动距离，节省了空间。

图1-2-4　轮边电动机　　　　图1-2-5　轮毂电动机

1.2.2　电动汽车的技术性能

电动汽车的主要技术性能指标包括动力性、经济性、制动性、操纵稳定性、行驶平顺性和通过性等。

一、汽车的动力性

汽车的动力性指标主要由最高车速、加速能力和最大爬坡度来表示，是汽车使用性能中最基本和最重要的性能。影响电动汽车动力性的因素主要有驱动电机功率、变速器的传动比、主减速器的传动比、传动系统的机械效率、汽车流线型式、轮胎尺寸与形式、汽车运行条件等。

1. 最高车速（见图1-2-6）

最高车速是指在无风条件下，在路况良好的水平沥青或水泥路面上汽车所能达到的最大行驶速度，如图1-2-6所示。我国规定以1.6 km长的实验路段的最后500 m作为最高车速的测试区，共往返四次，取平均值。

2. 加速能力（见图1-2-7）

图1-2-6　最高车速

加速能力是指汽车在行驶中迅速提高速度的能力，通常用加速时间和加速距离来表示，如图1-2-7所示。加速能力包括两个方面，即原地起步加速性和超车加速性。现在厂商和媒体的描述中多采用原地起步加速性的参数。因为起步加速性和超车加速性的性能是同步的，故起步加速性性能良好的汽车超车加速性也一样良好。

加速能力有两种表示方式：

（1）车辆从静止跑到 1 000 m（或 400 m，或 1/4 mil）距离需要的秒数；

（2）车速从 0 加速到 100 km/h（80 km/h、100 km/h）所需要的秒数，时间越短越好。

这里要特别指出的是，加速性能的测试与驾驶员的驾车换挡技术和环境有密切的关系。驾驶员技术水平的不同，行驶路面的不同，甚至气候条件的不同，加速时间也会不同。车辆生产厂给出的参数往往是样车所能达到的最佳值，因此作为用户来说，这个参数仅能作为参考。

3. 爬坡能力（见图 1-2-8）

爬坡能力是指汽车在良好的路面上，以 1 挡（大部分纯电动汽车没有挡位，混合动力汽车有挡位）行驶所能爬行的最大坡度，如图 1-2-8 所示。对越野汽车来说，爬坡能力是一个相当重要的指标，一般要求能够爬不小于 60%（角度制 30°）的坡路；对载货汽车要求有 30% 左右的爬坡能力；轿车的车速较高，且经常在状况较好的道路上行驶，所以不强调轿车的爬坡能力，一般爬坡能力在 20% 左右。

图 1-2-7　加速能力

图 1-2-8　爬坡能力

二、汽车的经济性

电动汽车的经济性主要用单位行驶里程的耗电量来表示。我国目前使用行驶百公里消耗的电量来表示，即（kW·h）/100 km，如图 1-2-9 所示。

与燃油车的油耗标准值一样，电动车的设计里程是在平坦路面下匀速行驶的条件下达到的。但是在实际驾驶中，由于驾驶习惯和路面状况以及气温的不同，故不能达到设计里程的情况是很常见的，与电池品质没有直接关系。一般情况

图 1-2-9　电动汽车的经济性

下，受温度影响，冬季或多或少都会出现电量下降导致里程下降的问题，这属于正常现象，一般不影响日常用车，不属于质量缺陷问题。

三、汽车的制动性

汽车的制动性能主要从制动效能、制动抗热衰退性和制动时汽车的方向稳定性这三个方面来评价。图 1-2-10 所示为汽车制动盘。

图 1-2-10　汽车制动盘

1. 汽车的制动效能

汽车的制动效能是指汽车迅速降低行驶速度直至停车的能力。制动效能是制动性能最基本的评价指标，它是由一定初速度下的制动时间、制动距离和制动减速度来评定的。由于制动距离与行车安全有直接关系，因此，交通管理部门常按制动距离来制定安全法规。制动距离与制动踏板力以及路面附着条件有关。制动减速度反映了地面制动力，因此它与制动器制动力（车轮滚动时）及附着力（车轮抱死滑动时）有关。

2. 汽车的制动抗热衰退性

汽车的制动抗热衰退性是指汽车高速制动、短时间内多次重复制动或下长坡连续制动时制动效能的热稳定性。热衰退性与制动系统的构造有关，鼓式制动的热衰退性相比盘式制动要高，所以在连续制动时制动效果相对较差。

3. 汽车制动时的方向稳定性

汽车制动时的方向稳定性是指汽车在制动时，按指定轨迹行驶的能力，即不发生跑偏、侧滑或甩尾失去转向的能力。在试验时常规定一定宽度的试验通道（如 1.5 倍车宽），制动时方向稳定性合格的车辆在试验过程中不允许产生不可控制的效应使它离开这条通道。

四、汽车的操纵稳定性

汽车的操纵稳定性包含着互相联系的两部分内容，一是操纵性，二是稳定性，如图 1-2-11 所示。操纵性是指汽车能及时准确地按驾驶员的转向指令转向；稳定性则是指汽车受到外界干扰后，能自行恢复正常行驶的方向，而不发生侧滑、倾覆、失控等现象。

汽车的操纵稳定性与转向系统、行驶系统以及制动系统的设计和使用有关。四轮定位、车轮和轮胎、悬架转向器、转向传动机构、制动鼓以及制动盘都会对汽车的操纵稳定性产生影响。

图 1-2-11　汽车的操纵稳定性

五、汽车行驶的平顺性

汽车行驶平顺性是指汽车在一般行驶速度范围内行驶时,避免因汽车在行驶过程中所产生的振动和冲击,使人感到不舒服、疲劳,甚至损害健康,或者使货物损坏的性能,如图 1-2-12 所示。由于平顺性主要是根据乘员的舒适程度来评价的,所以又称为乘坐舒适性,它是现代高速汽车的主要性能之一,在评价时分为主观评价和客观评价两种。

汽车在行驶中,由于路面不平,会使汽车产生振动,当这种振动达到一定程度时,将对驾驶员及旅客的乘坐舒适性或所运送货物的完整无损产生十分不利的影响。当人们在行走时,身体的重心在不断的振动,但由于人体已适应步行平均速度的振动频率,所以并没有引起人体不舒适的感觉。据研究表明,振动频率在 60~85 次/min 的范围内,对人体是最舒适的;如振动频率低于 50 次/min,就会产生"晕"的现象;如振动频率高于 130 次/min 以上,则会产生突然冲击的感觉。如果汽车车身的振动频率在人的步行振动频率范围之内,则不会引起驾驶员和乘客不舒适的感觉。

图 1-2-12 汽车行驶的平顺性

六、汽车的通过性

汽车的通过性是指汽车在一定的承载质量下能以足够的平均经济车速顺利地通过坏路或无路区域,并能克服各种障碍物的能力。汽车的用途不同,对通过性的要求也不一样。行驶在城市铺设路面的汽车,对通过性要求并不突出,但对农用车或军用车辆,就要求有良好的通过性,因为这类车辆所行驶的路面条件复杂且较恶劣,如图 1-2-13 所示。

图 1-2-13 汽车的通过性

影响汽车通过性的因素主要有最小离地间隙、接近角、离去角和转弯半径等。

1.2.3 纯电动汽车整车控制

纯电动汽车,不同的模块负责不同功能的控制,车辆行驶时需要各个模块共同参与,才能步调协调,并在最优化的状态下行驶。为了让车辆各个模块协调工作,纯电动汽车的整车控制方案一般采用分层控制方式,即整车控制模块(VCU)作为第一层,其他控制模块为第二层,各控制模块之间通过 CAN 网络进行信息交互,共同实现整车的功能控制。整车控制模块作为整车控制的大脑中心,各个模块以其为中心进行控制,如图 1-2-14 所示。

整车控制模块(VCU)是纯电动汽车的大脑,作为纯电动汽车上全部电气元件的运行平

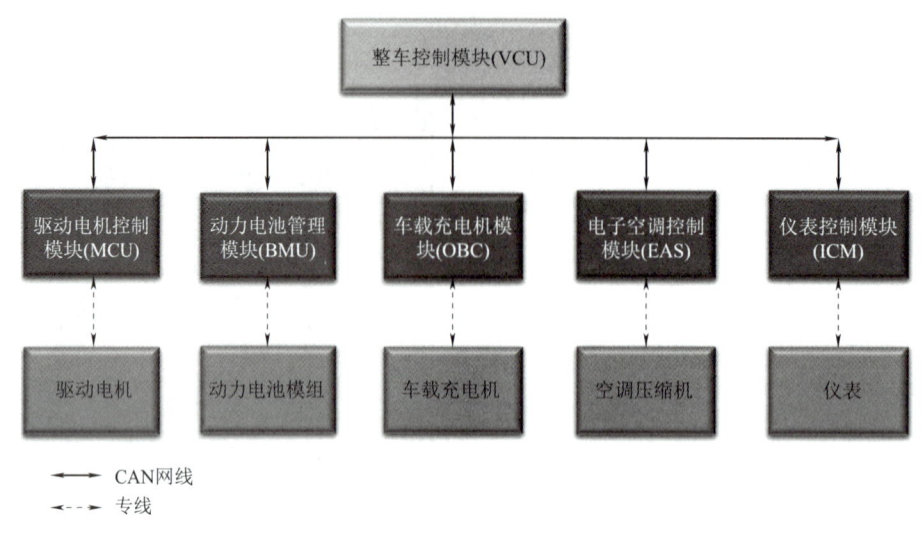

图 1-2-14　纯电动汽车的整车控制方案

台，它的性能优劣直接影响其他电气元件性能的发挥，是整车性能好坏的决定性因素之一。

VCU 的控制策略主要包括整车状态的获取、整车工作模式控制以及整车高压和辅助系统控制等几个方面。

1.2.4　电动汽车的使用

由于消耗能源不同，故纯电动汽车和传统燃料汽车在使用方面是有一些不同的。这里主要介绍纯电动汽车的充电、驾驶以及仪表等方面的内容。

一、充电

动力电池的电量随着运行消耗会越来越少，进而影响汽车的续航里程，当电量较低时，需通过外界电网及时为车辆动力电池补充电量，即通过一个供电装置将电网的电引向车辆来进行充电。现阶段，电动汽车充电方式主要为接触式充电，其可分为交流（AC）慢充和直流（DC）快充两种，如图 1-2-15 所示。

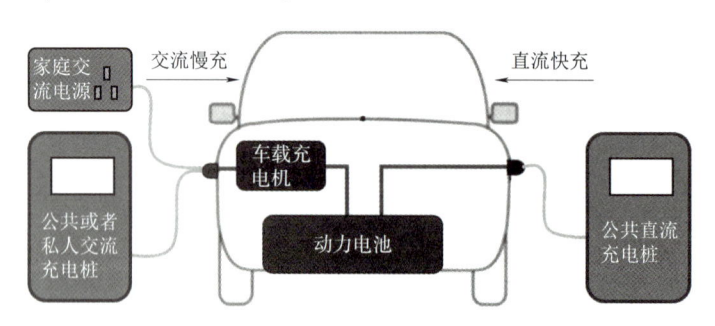

图 1-2-15　电动汽车充电方式

交流慢充要求每辆电动汽车都有一个车载充电机（OBC），主要用于家庭居住区或者是工作单位等场景，电源为交流电，充电功率和充电电流小，充电时间较长。

直流快充主要应用于高速公路、公共设施等场景，充电时不通过车载充电机，直接给动力电池直流充电，充电功率和充电电流一般较大，充电时间短，一般要求半个小时到一个小时内能充满80%的电量。

1. 常见的充电装置

1）便携式交流供电装置

便携式交流供电装置通常是指随车附带的便携式交流供电装置，其可直接连接普通家用插座充电，又称充电枪、充电宝等，如图1-2-16所示。

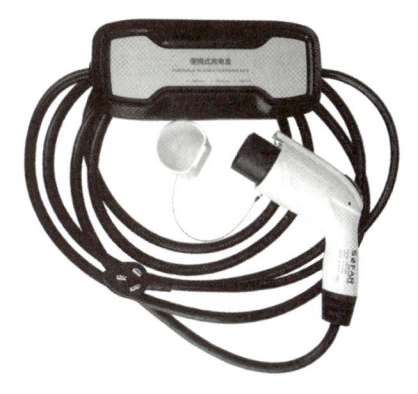

这是一种非常方便的充电方式，只要能找到插座就可以充电，优点是方便快捷，缺点是充电速度比较慢。一般来说，普通家用插座的电压为交流220 V，电流不大于13 A，也就是说，使用便携充电装置为一辆续航里程200 km、电池容量30.4 kW·h的纯电动汽车充满电需要

图1-2-16 便携式交流供电装置

20 h，为一辆续航300 km、电池容量57 kW·h的纯电动汽车充满电需要近40 h。便携充电只能作为其他充电方式的一种补充，方便用户随时补电。

2）家用充电桩式供电装置

家用充电桩是最常见的一种供电装置，又称交流充电桩，如图1-2-17所示。一般私人用户购买电动汽车都会附赠一个家用充电桩。当然，在城市中光有充电桩是不够的，还需要有车位并且物业同意安装。

在充电速度方面，由于每个厂商提供的充电桩式的供电装置规格都不一样，所以充电速度也不尽相同，功率一般为几千瓦到几十千瓦不等。不同型号的家用充电桩虽然输出功率有差异，但是都能保证一晚上将电动汽车的电池充满，基本可以满足普通用户的需求。

3）公共充电桩式供电装置

家用充电桩虽然不错，但还有很多用户由于没有固定车位或是物业不配合，无法安装家用充电桩。对他们来说，公共充电桩就成了唯一的选择，如图1-2-18所示。

图1-2-17 家用充电桩式供电装置 　　　　图1-2-18 公共充电桩式供电装置

公共充电桩式供电装置一般由国家电网、南方电网这类电力企业建设并维护经营。在今后，随着电动汽车产业的成熟，也会有不少民营资本进入这一领域。

公共充电桩供电装置一般分为直流快充供电装置和交流慢充供电装置。

（1）直流快充。

直流快充供电装置充电非常迅速，一般来说1~2 h就能将一辆电动汽车的电池从0充到80%。以常见的国家电网快充桩为例，其输入的交流电压为380 V，输出电流可以达到80 A以上，如图1-2-19所示。

（2）交流慢充。

由于成本等方面有优势，故交流慢充供电装置的数量较多。

虽然直流快充桩充电速度更快，但是受用电负荷和建桩成本的限制，在一个充电站里，直流快充桩的数量肯定是占少数的。为了利用有限的资源为更多人提供充电服务，必须补充一些交流慢充桩。

以常见的国家电网慢充桩为例，其电源为220 V或380 V，电流小于63 A，为一辆电动汽车充满电所耗费的时间为5~10 h，比较适合夜间或是上班时充电，如图1-2-20所示。

图1-2-19　国家电网快充桩　　　图1-2-20　国家电网慢充桩

2. 充电方法

1）充电口的打开

如图1-2-21所示，充电口一般有以下三种打开方式：

（1）直接按开；

（2）通过机械拉索控制打开；

（3）通过开关或者遥控器控制电动机或者电磁阀打开。

2）充电口的区分

根据车辆的配置不同，有的车辆可能只有慢充口，而有的车辆则同时具有慢充和快充两个充电口。目前在国际

图1-2-21　充电口的打开

上还没有统一的充电口标准,不同国家的充电口存在一定的区别。我国纯电动车的慢充口端子类似梅花形,共有 7 个插孔;快充口共有 9 个插孔,如图 1-2-22 所示。

注意:对于供电装置的线缆是两段式的,充电线缆的连接顺序:先将线缆连接到供电装置上,再将连接器连接到车辆充电接口上。

3) 充电状态的识别

供电装置连接器连接到车辆充电接口后,通过充电装置上的显示屏和车辆组合仪表显示来确认开始充电,如图 1-2-23 所示。

注意:在充电时需要关闭点火开关。

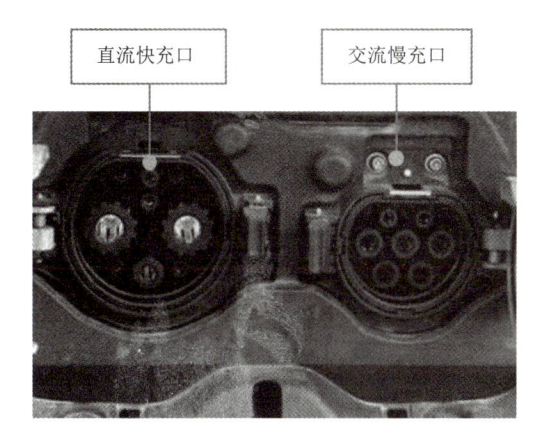

图 1-2-22 充电口

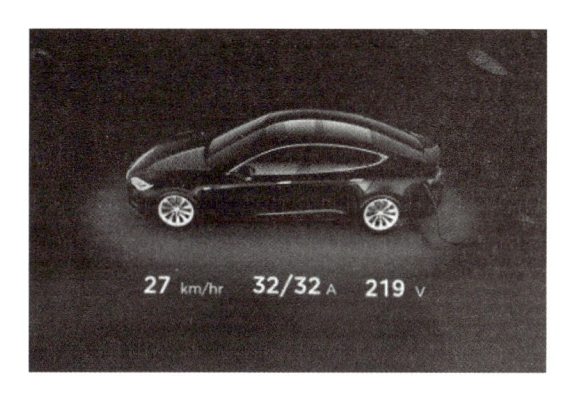

图 1-2-23 充电状态的显示

二、驾驶

纯电动汽车的驾驶方式和传统燃料汽车的驾驶方式有一定的区别,下面我们来了解一下纯电动汽车的驾驶方法,如图 1-2-24 所示。

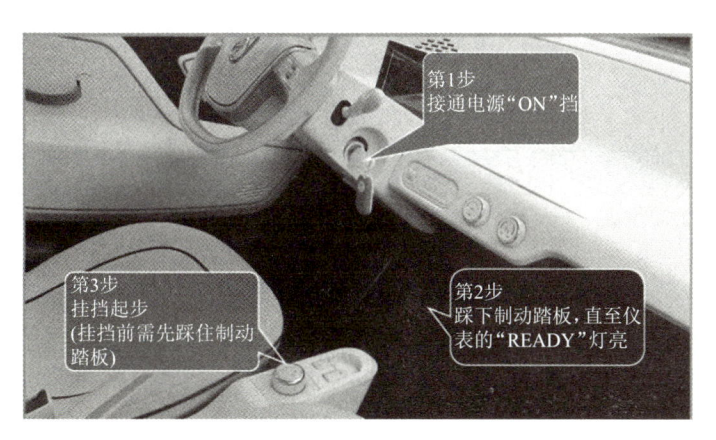

图 1-2-24 纯电动汽车的驾驶流程

纯电动汽车的驾驶流程如下:

(1) 点火开关置 "ON" 或 "ST"。

(2) 踩下制动踏板,等待仪表 "REDAY" 灯或 "OK" 挡灯闪烁之后保持点亮。

(3) 选择挡位。

(4) 松开驻车制动。

(5) 释放制动踏板。

(6) 踩下加速踏板。

备注： 一键启动式纯电动汽车的驾驶流程与点火开关手动操作的驾驶流程极其类似。

三、仪表功能介绍

电动汽车仪表由各种仪表、指示灯、警告灯以及液晶显示组成，为驾驶员提供所需的汽车运行参数信息。

不同品牌的车辆，仪表指示会有所差别，但基本的形状及功能类似。图 1-2-25 所示为北汽某款车型的仪表信息，各装置的名称及功能见表 1-2-1。

图 1-2-25 电动汽车仪表

表 1-2-1 电动汽车仪表装置的名称及功能

序号	名称	功能
1	动力电池温度表	共分 5 个 LED，由下至上依次点亮表示动力电池温度
2	充电线连接指示灯	点亮表示充电线连接
3	动力电池故障报警灯	表示动力电池故障
4	动力电机故障灯	电机过热或电机控制系统故障时点亮
5	绝缘故障报警灯	表示发生了绝缘故障
6	高压断开报警灯	表示高压系统没有工作
7	系统故障灯	当发生动力系统故障或通信故障时点亮
8	READY 指示灯	表示车辆可以行驶
9	ECO 指示灯	表示车辆在比较经济节能的车况下行驶
10	动力电机转速表	表示当前动力电机转速

续表

序号	名称	功能
11	驻车制动指示灯	表示驻车制动杆拉起
12	12 V 蓄电池充电指示灯	表示 12 V 蓄电池充电故障或者蓄电池电压低
13	剩余电量表	表示动力电池当前剩余电量
14	乘员远离车辆报警灯	当车辆有着火隐患时点亮,警告车辆乘员迅速远离车辆
15	制动系统故障报警灯	当发生制动真空泵故障,或者制动液位低时点亮
16	车速表	指示当前车速
17	小计里程	表示 12 V 蓄电池充电故障或者蓄电池电压低
18	总计里程	指示当前动力电池的剩余电量
19	续航里程	显示车辆当前的续航里程
20	电流表	显示车辆当前的充放电电流,正值为放电,负值为充电或制动能量回收
21	挡位	显示当前挡位
22	充电提醒灯	电量过低时点亮

课外拓展

宁德时代是中国在汽车电气化的先锋

宁德时代新能源科技股份有限公司成立于 2011 年,是国内率先具备国际竞争力的动力电池制造商之一,专注于新能源汽车动力电池系统、储能系统的研发、生产和销售,致力于为全球新能源应用提供一流解决方案,其核心技术包括在动力和储能电池领域,以及材料、电芯、电池系统、电池回收二次利用等全产业链研发及制造能力。2017 年该公司动力锂电池出货量全球遥遥领先,达到 11.84 GW·h,已与国内多家主流车企建立合作关系,并成功在全球市场上占据一席之地,也成为国内率先进入国际顶尖车企供应链的锂离子动力电池制造商。

2018 年 6 月 11 日,深交所公告,宁德时代新能源科技股份有限公司人民币普通股股票创业板上市。

2019 年,宁德时代上榜《财富》中国 500 强,位列第 290 位。2019 年 6 月 11 日,宁德时代入选"2019 福布斯中国最具创新力企业榜"。2019 年 10 月 23 日,2019《财富》未来 50 强榜单公布,宁德时代新能源科技股份有限公司排名第 4。2019 年 12 月,宁德时代新能源科技股份有限公司入选 2019 中国品牌强国盛典榜样 100 品牌。

读完上面的案例,你对中国新能源汽车的发展有何感想。

任务 1.3　电动汽车高压用电防护

学习目标

顺利完成本任务内容后，可以达到以下目标：

素质目标

（1）养成良好的安全意识和规范操作意识；
（2）能与他人进行有效的交流和沟通，具备较强的团队协作精神；
（3）能严格执行 5S 现场管理。

知识目标

（1）了解新能源汽车高压用电防护的重要性；
（2）掌握新能源汽车高压防护的注意事项和防护措施；
（3）掌握事故紧急救援的处理方法。

能力目标

（1）能够说出电动汽车的触电原理及防护措施；
（2）能够说出电动汽车高压安全防护设备的类型和作用；
（3）能够说出电动汽车高压维修的注意事项；
（4）能够说出事故紧急救援的处理方法。

1.3.1　高压危害

电动汽车的电压基本都在 100 V 以上，有的车型甚至达到了 800 V，远远超过了人体的安全电压。高压电具有一定的危险性，如果接触到电气设施的带电部分，电流会通过人体，人们就可能受到伤害，所以在维修新能源汽车时要进行有效的防护。下面介绍高压电的危害以及防护措施。

人体内的所有液体都是电解质，即它们都能导电，例如汗液、唾液、血液和细胞液等。高压电对人体的伤害主要分为以下几种：

（1）接触电击伤害，电流通过人体（人体成为导体）；
（2）电弧效应（炫目/眼花、烧伤）；
（3）二次效应（例如触电后从脚手架跌落）。

高压电对人体最直接的伤害是电流伤害，如果 350 mA 电流流经人体的时间超过 400 ms，则可能会出现心脏心室纤维性颤动和临时性心脏骤停。心脏心室纤维性颤动会停止心脏的泵血功能，从而导致死亡风险。

电弧效果是由短路引起的。电焊过程中也会出现电弧，电弧效应会导致烧伤、火灾、压力波、金属熔化，等等。另外电弧效应还会导致炫目、眼花或眼睛闪光烧伤等。

一、接触电击伤害

高压电对人体最直接的伤害是电流伤害。人体内的所有液体都是电解质，例如汗液、唾液、血液和细胞液等都能导电，所以在电压达到一定程度后人体会成为导电体。电流对人体的伤害包括电能本身、电能转换为热能对人体的烧灼以及电能转换为光能后对人体的影响等。流过人体的电流过大会危害延髓呼吸中枢，引起呼吸中枢的抑制、麻痹甚至呼吸停止。流经人体的电流过大还会导致心室纤维性颤动，从而影响心脏的泵血功能，进而导致死亡。另外电能转换为热能后还会烧伤人体皮肤、肌肉、骨髓等。接触电击伤害示意图如图 1-3-1 所示。

一般认为电压在 36 V 以下是安全的。作用于人体的电压、电流的大小及电流的持续时间、电流的频率、电流通

图 1-3-1 接触电击伤害

过人体的途径、人体自身的状况等多种因素决定了电对人体的伤害程度，而且各因素之间，特别是电流大小与作用时间之间有着密切的关系。通过人体的电流越大，人体生理反应越明显、感觉越强烈，引起心室震颤需要的时间越短，致命的危害越大。

触电的影响与电流的相互关系见表 1-3-1。

表 1-3-1 触电的影响与电流的相互关系

触电的影响	直流/A —		交流/A 60/Hz	
	男	女	男	女
可以感觉到（最小感知电流）	0.005 2	0.003 5	0.001 1	0.000 7
无痛冲击，肌肉自由	0.009	0.006	0.001 8	0.001 2
有痛的冲击，肌肉自由（水解电流）	0.062	0.041	0.009	0.006
有痛的冲击，分离极限（馈电电流）	0.074	0.05	0.016	0.010 5
疼痛剧烈的冲击，肌肉僵硬，呼吸困难	0.09	0.06	0.023	0.015
心室颤动的可能性（通电时间 0.03 s）	1.3	1.3	1.0	1.0

水解电流是指由于通电电流而感到疼痛，但可以忍受，对于生命没有危险的极限电流。馈电电流没有生命危险但会引起通电的肌肉痉挛，通常指神经麻木而且自己无法脱离电源的

情况。心室颤动为心脏不能正常收缩，从而无法将血液输送到全身的现象，引起死亡的危险性很高。

根据欧姆定律计算，如果人体的电阻为 5 000 Ω，直流电压为 12 V，则流经人体的电流为 0.002 4 A，小于表 1-3-1 中人能感觉到的最小电流，所以人体接触 12 V 电源是安全的。如果直流电压为 310 V，则流经人体的电流为 0.062 A，已经达到了表 1-3-1 中水解电流的水平，所以人体接触高压点是很危险的。

欧姆定律	低电压	高电压
电流(I)= $\dfrac{电压(V)}{电阻(R)}$	0.002 4 A = $\dfrac{12\ V}{5\ 000\ \Omega}$	0.062 A = $\dfrac{310\ V}{5\ 000\ \Omega}$

注：人体的电阻 5 000 Ω 是指身体上有水或身体湿的情况。

二、电弧伤害

当高压电接通或断开的瞬间会产生电弧，如果不进行正确的防护，电弧会给人带来烧伤、火灾、炫目、眼花等伤害。

电动汽车的电压较高，目前电动汽车的最高电压可以达到 800 V，如此高的电压在电路接通或断开时很容易产生电弧，因此，在维修电动汽车时必须进行电弧伤害的防护。

为了避免高压电弧的伤害，在执行高压电路带电断开或供电时要佩戴绝缘手套，同时需佩戴防护眼镜。

电弧伤害示意图如图 1-3-2 所示。

图 1-3-2　电弧伤害

三、二次效应

二次效应指的是人由于触电而导致的附加伤害，例如人触电后从高处跌落等。

1.3.2　电动汽车网的触电原理与防护原理

电动汽车与传统的汽车相比，其主要特点为使用高压动力电池作为动力源，电压通常为 100~800 V，远远高于人体可承受的安全电压，因此，在执行电动汽车维修时要注意做好高压电源的安全防护。

一、电动汽车高压电路特点

汽车的低压电路一般采用单线制，用车身作为用电设备共用的负极，电源经过用电设备后到车身搭铁，回到蓄电池的负极，如图 1-3-3 所示。

电动汽车为了安全的需要，动力电池输出的高压线束采用双线制，负极没有通过车身搭铁，而是直接回到动力电池模组的负极，如图 1-3-4 所示。

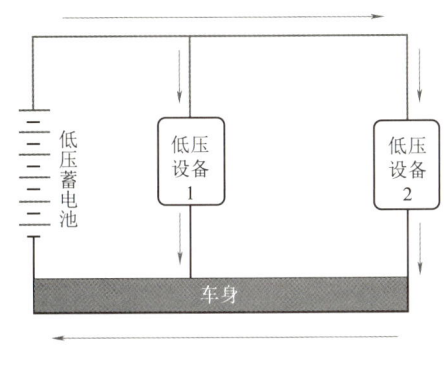

图 1-3-3　低压电路

图 1-3-4　高压电路

如果动力电池的负极也是类似于低压电路依靠车身作为负极的回路，车身搭铁点出现接触不良会导致搭铁点存在高于人体安全电压的高压电，所以电动汽车的高压电不能像低压系统一样把车身作为公共搭铁点。

二、电动汽车触电原理

触电的一个必须条件是人体成了电流回路中的一部分，例如人体直接接触动力电池的正负极。

如图 1-3-5 所示，若双手同时触摸动力电池的正极和负极，电流就会通过人体构成回路，导致电击事故的发生。

当动力电池的正极与车身短路时，如果人体同时接触车身和动力电池的负极，则会导致触电事故的发生。同理，当动力电池的负极与车身短路时，如果人体同时接触车身和动力电池的正极，也会导致触电事故的发生。

所以在接触高压线路或部件时，必须按照要求佩戴绝缘手套。

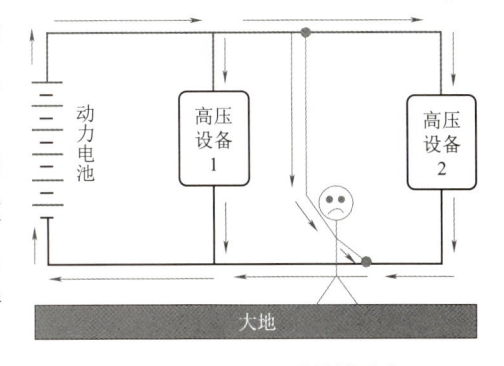

图 1-3-5　双手同时触摸动力电池的正、负极

动力电池电流工作回路与大地无关，不存在电流经人体和大地构成回路造成触电的可能性，所以在一般情况下，人站在大地上接触单根电动汽车高压线是不会触电的，如图 1-3-6 所示。

注意：断开手动维修开关（或断开动力电池插头）后，因高压用电设备的电容会有剩余电量，可能还会导致高压电击的发生，所以断开手动维修开关后还需等待 5 min 以上，等待电容放电完毕，这样可确保高压线路及部件不存在高压电。

电动汽车与民用交流电触电的原理不同，如果人站在大地上接触到民用交流电的一根火线，火线经人体和大地构成回路，就会造成触电事故，如图 1-3-7 所示。

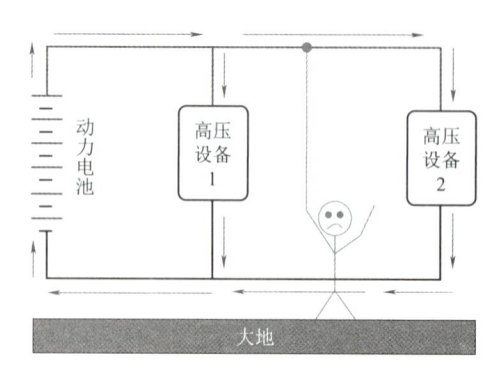

图 1-3-6　接触单根电动汽车高压线

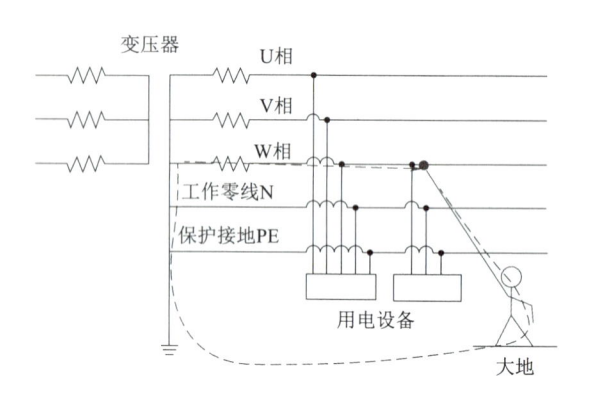

图 1-3-7　民用交流电触电原理

三、电动汽车防触电措施

电动汽车为了防止高压接触触电的发生，防护设计如下。

1. 高压导线

高压线束采用橙色（见图 1-3-8），提醒操作人员为高压线束，操作时需按照高压用电防护进行操作。同时高压导线都采用绝缘层包裹。

高压连接器的金属导线采用深埋式，目的是防止人体轻易地触碰到金属导体，如图 1-3-9 所示。

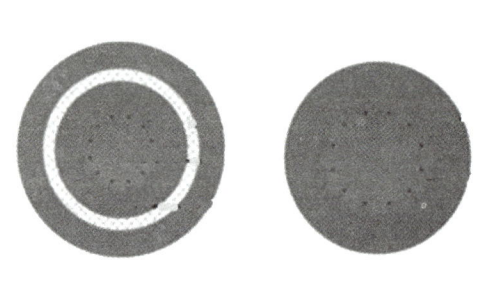

图 1-3-8　高压导线　　　　图 1-3-9　高压连接器

2. 高压元件等电位线

当电动汽车高压系统出现一次故障时，如图 1-3-10 所示，如果电源对地（壳体或车身）短路，此时由于电源与大地之间并无回路关系，人接触了壳体，从人到电源负极之间没有形成回路，所以没有电流经过人体，人依然是安全的。

当车辆出现二次故障时，如图 1-3-11 所示，如果第一个故障是电源正极对壳体短路，第二个故障是电源负极对壳体短路，则此时维修人员一手接触到了第一个壳体，另一只手接触到第二个壳体，人体会流过相当大的电流，导致严重的后果甚至死亡。虽然这种故障发生的概率很低，但万一发生，就会造成致命伤害。

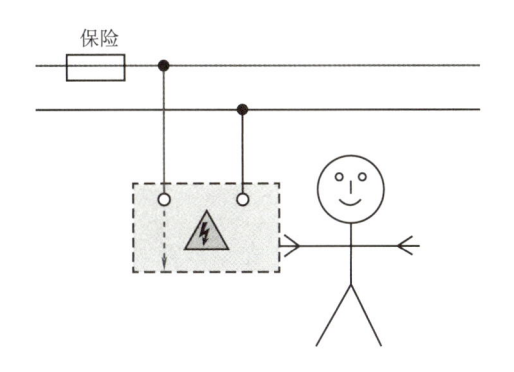

图 1-3-10　高压系统出现一次故障示意图

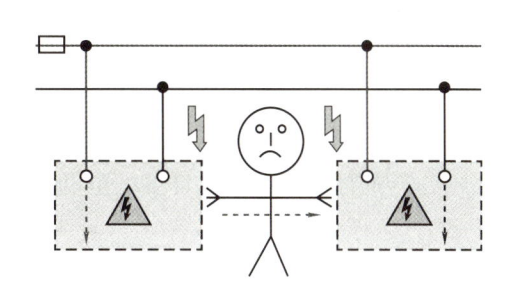

图 1-3-11　高压系统出现二次故障示意图

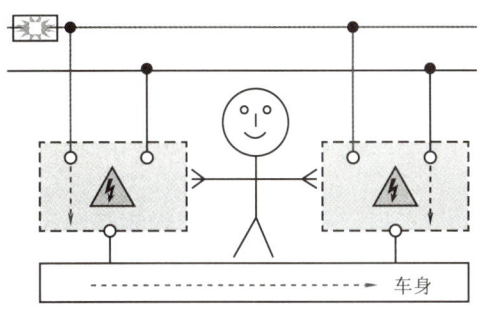

图 1-3-12　等电位线示意图

如何避免上述情况发生呢？如果在每个高压部件的壳体都连接一个可靠的导线到车身上，即使车辆发生了二次故障，由于连接了共同的车身导线，电流就会直接通过而不会流过人的身体，这样就有效地保护了人体。而此种连接保证了每个高压部件的壳体具有相同的电位，所以称为等电位线，如图 1-3-12 所示。

在此种情况下，高压电路会因电流过大，导致高压电路的保险丝熔断而起到保护作用。

在维修过程中，每一次更换高压部件，安装时都要对等电位线进行紧固，紧固后建议对等电位线的对地电阻进行测量，以确认等电位线是否安装牢固。图 1-3-13 所示为电机控制器外壳到车身的等电位线。

等电位线对车身的电阻值要小于 0.04 Ω（不同车型的标准可能存在区别），如图 1-3-14 所示。

图 1-3-13　等电位线

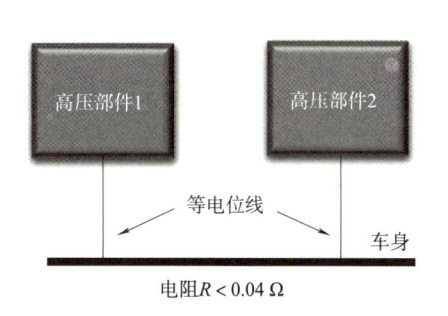

图 1-3-14　等电位线对车身的电阻

33

3. 绝缘监测

电动汽车安装了很多高压部件，比如驱动电动机控制模块、动力电池、电动压缩机等，这些高压部件都会涉及绝缘问题，并且电动汽车工作环境复杂，振动、温度、湿度以及部件老化等都会使整车绝缘性能下降。当整车绝缘下降时，漏电电流就会增大，在漏电电流达到一定值时，就会危及乘客安全以及整车电气系统的正常运行。因此，实时监测电动车辆高压部件的绝缘性能，确保车辆在绝缘状态下运行，对保证乘客人身安全以及车辆安全运行具有重要意义。

国内、外的标准法规都有详细的电动汽车绝缘阻抗的测量方法介绍以及相关规范说明，标准中对于绝缘性能评估都有一个评判关键指标——绝缘强度（Ω/V），在国标 GB/T 18384.3—2015《电动汽车安全要求 第 3 部分 人员触电防护》中规定：在最大工作电压下，直流电路绝缘电阻的最小值应至少大于 100 Ω/V，交流电路绝缘电阻的最小值应至少大于 500 Ω/V。

电动汽车的绝缘监控系统可持续监控整个高压系统的绝缘电阻，从而确定是否发生故障。如果在高压系统中检测到绝缘故障，则系统会进行报警或断开高压电源，如图 1-3-15 所示。

4. 高压线路完整性监测（高压互锁）

为了防止高压线断开导致触电事故的发生，在电动汽车运行过程中，整车控制模块和电池管理单元会持续监测整个系统高压线束的连接情况，当线路断开时，控制系统会报警，同时禁止高压上电，以防止触电事故的发生，如图 1-3-16 所示。

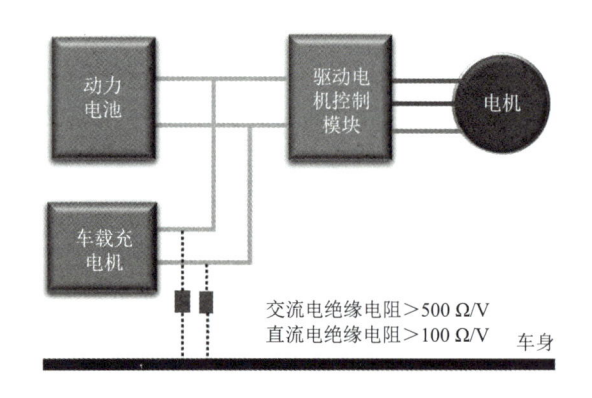

图 1-3-15 等电位线对车身的电阻　　　　图 1-3-16 高压互锁

注意：在实际维修过程中，为了保证人身安全，在不能确定高压用电设备壳体是否带电的情况下，接触高压部件前必须戴绝缘手套。通常在维修高压部件时，必须进行高压下电，然后再进行高压部件的维修作业。

1.3.3 安全防护设备

由于电动汽车存在高于安全电压的危险，故维修操作时应借助一定的防护设备和工具，以保护操作人员的安全，如图 1-3-17 所示。

一、绝缘手套

绝缘手套具有保护双手免遭触电伤害的作用，绝缘手套使用乳胶橡胶制成，能承受500 V以上的电压，如图1-3-18所示。绝缘手套使用时应避免被尖锐物品刺穿，并且每次使用前需要检查手套的密封性能。

（1）绝缘手套在使用前，应进行外观检查，查看橡胶是否完好，以及表面有无针孔、疵点、裂纹、砂眼、杂质、修剪损伤、夹紧痕迹等。如有粘胶破损或漏气现象，应禁止使用。

（2）绝缘手套在使用前应检查绝缘手套是否存在漏电的可能，检查方法为，从绝缘手套的入口处开始检查，正常情况下手套的末端应该充满气体而出现鼓胀不漏气的现象，且能维持鼓胀，说明手套末端绝缘良好。如果出现漏气，则说明手套出现开裂，应该废弃手套。

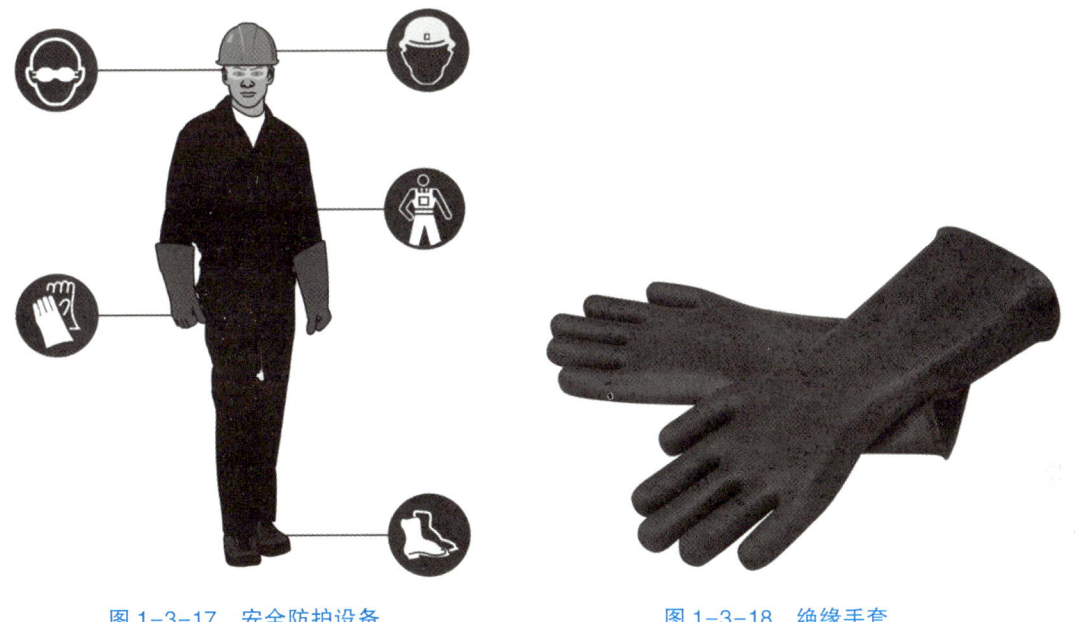

图1-3-17　安全防护设备　　　　　图1-3-18　绝缘手套

注意：当未确定高压元器件是否带电或在高压元器件带电检查作业时，必须戴上绝缘手套。

二、绝缘鞋

绝缘鞋可以降低坠物对脚部的伤害，也可减轻尖锐物品对脚底部的伤害，在维修电动汽车高压系统时还可以防止脚部触电，如图1-3-19所示。

三、绝缘帽

绝缘帽的作用是当操作人员在交流高压现场作业时，防止高压电通过头部接触导致的触电事故的发生，如图1-3-20所示。因户外高压电大多是裸露的金属导线，所以在裸露高压导线的工作环境，需要戴绝缘帽来保护人体。

图 1-3-19　绝缘鞋

图 1-3-20　绝缘帽

四、护目镜

防护镜可以避免触电或撞击时对眼睛或脸部造成伤害，同时也能防止飞行物体对眼睛的伤害，如图 1-3-21 所示。防护眼镜应使用防冲击玻璃或塑料镜片、加固的镜框和边护。在维修电动汽车时，护目镜还可以起到防护电弧的作用。

存放护目镜时，镜片应以不易被刮伤、手不易碰触、不易被污染的方向妥善保管为原则。镜片应随时保持清洁，手指不可碰触，以免影响视线。

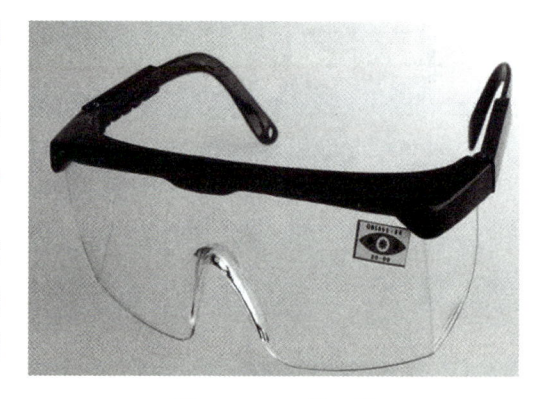

图 1-3-21　护目镜

五、绝缘服

如图 1-3-22 所示，绝缘服常应用于以下场景：

（1）在户外交流电工作环境操作时，防止人体同时接触火线与零线、火线与火线、火线与大地而导致触电事故的发生。

（2）在维修电动汽车时，绝缘服可以防止人体同时接触两个高压部件的外壳而导致的触电伤害。

注意：

（1）穿戴绝缘服时，也应该确保绝缘服干燥，且没有破损。

（2）穿戴时应该按照正确的方式进行穿戴。

六、高压作业警示标志

在高压电维修作业过程中，为了防止无关人员进入现场而导致触电事故发生，需要在车辆上或维修作业现场悬挂警示标志（见图 1-3-23），在适当时候还需要安装警示隔离带进行隔离。

图 1-3-22　绝缘服　　　　　　　　　图 1-3-23　高压作业警示标志

1.3.4　高压维修的注意事项

一、高压下电流程

在维修电动汽车某些部件时，为了安全，有时需要事先进行高压电的下电操作。通常按照以下流程进行高压电的下电操作：

（1）点火开关置于"OFF"后，分离 12 V 辅助蓄电池负极导线。
（2）等待 5 min 以上，使电容器放电完成。
（3）使用绝缘手套等个人保护装置。
（4）拆卸手动维修开关（如果没有手动维修开关，则断开动力电池高压导线）。
（5）检查驱动电机控制模块内部电容器是否放电完成（测量驱动电机控制模块端子间电压，低于 30 V）。
（6）高压下电结束。

注意：断开手动维修开关后，因驱动电机控制模块内部的电容存在剩余电量，可能会导致高压电击的发生，所以在断开手动维修开关后还需等待 5 min 以上，使电容放电完毕后才能进行高压部件的维修，这样可确保高压线路及部件不存在高压电。

图 1-3-24 所示为宝骏 E100 手动维修开关。

宝骏 E200、E300、N300LEV 以及 E50 没有手动维修开关，需要拔下动力电池的插头，如图 1-3-25 所示。

二、电动汽车高压维修注意事项

因电动汽车动力系统采用直流高压电源，以及控制逻辑相对传统车辆不同，故在进行车辆维修过程中应严格遵守本安全注意事项，避免发生意外事故。

图 1-3-24　宝骏 E100 手动维修开关　　　　　　图 1-3-25　动力电池插头

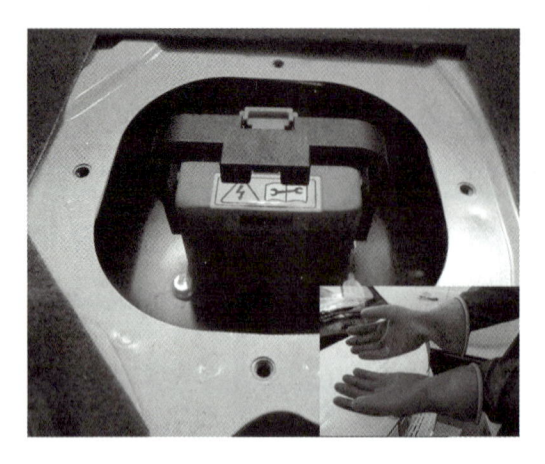

1. 维修注意事项

（1）维修电动汽车时必须有安全监护人，并戴好符合电压要求的绝缘手套（500 V 以上），取下服装和身体上的金属物品。

（2）车辆维修环境必须处于干燥状态，车辆周围与地面禁止有水或其他液体。

（3）执行高压系统相关部件作业前，必须分离辅助蓄电池负极端子，并拆卸高压电源安全插头，等待 5 min 以上，确保高压电容充分放电后才可以操作。

（4）所有高电压部件都贴着"高电压"预防措施警告标签，高压导线是橙色，接触这些部件时要格外小心。

（5）明确高压系统维修工作人员，维修时防止其他无关工作人员触摸车辆。

（6）若高压系统维修不能在短时间内完成，则不维修时需在高压系统部件上粘贴"高压危险"标签。

（7）如果车辆严重受损，如动力电池变形、破损或裂开时，未穿戴绝缘防护装备不能触碰车辆。

（8）因混合动力系统控制逻辑变化，如对发动机运转部分及周边相关部件检测时点火开关禁止处于"READY"状态，以防止发动机意外起动造成伤害。

（9）虽然点火开关处于"READY"状态时发动机没有运转，但是挡杆挂到"D"或"R"位置后车辆能够行驶，如需要挂挡时应注意车辆点火开关的状态，并使用三角木和驻车制动固定车辆。

（10）因电动汽车系统应用了超强磁场的部件，如需要近距离接触电动汽车牵引电动机或发电机前，需取下随身携带的银行卡、手表、手机等易受磁场影响的物品。

（11）使用兆欧表检测时必须严格按照维修手册要求进行操作，禁止使用兆欧表对模块正负电源端同时进行检测，避免兆欧表的高电压对模块造成损坏。

（12）使用数字式万用表对高压电路的电压进行测量时，要佩戴安全防护设备。

（13）针对电动汽车的特点，维修技师必须具备特殊工种上岗资格证书。

7. 充电注意事项

（1）不能用湿的手操作充电器。

（2）要把充电连接器正确连接到车辆充电口，并且必须确认锁止状态。

（3）充电中不能随意拆卸充电连接器。

（4）周期性检查充电线束护套、充电连接器等安全状态。

（5）下雨天或整理整顿时，要注意充电装置不能流入雨水。

（6）实施充电前安全检查、充电后周边整理整顿。

三、高压用电设备安全防护等级分类

根据国标规定，IP 防护等级用数字表示，不同的数字代表的防护等级不同。如防护等级 IP54，IP 为标记字母，数字 5 为第一标记数字，4 为第二标记数字。第一标记数字表示接触保护和外来物保护等级，第二标记数字表示防水保护等级。高压用电设备常用的防护等级有 IP23、IP44、IP54、IP55、IP56、IP65 等，电动汽车动力电池的防护等级一般为 IP67。

1. 防护等级第一位数字及定义（见表 1-3-2）

表 1-3-2　防护等级第一位数字及定义

第一位	简称	定义
0	无防护	没有专门的防护
1	防护大于 50 mm 的固体异物	能防止直径大于 50 mm 的固体异物进入壳体
2	防护大于 12 mm 的固体异物	能防止直径大于 12 mm 的固体异物进入壳体
3	防护大于 2.5 mm 的固体异物	能防止直径大于 2.5 mm 的固体异物进入壳体
4	防护大于 1 mm 的固体异物	能防止直径大于 1 mm 的固体异物进入壳体
5	防护灰尘	不能完全阻止灰尘进入壳体，但灰尘进入的数量不足以影响电器的正常运行
6	灰尘封闭	能防止灰尘进入壳体

2. 防护等级第二位数字及定义（见表 1-3-3）

表 1-3-3　防护等级第二位数字及定义

第二位	简称	定义
0	无防护	没有专门的防护
1	防垂直方向滴水	垂直方向滴水应无有害影响
2	防 15°滴水	当外壳的各垂直面在 15°范围内倾斜时，滴水应无有害影响
3	防淋水	各垂直面在 60°范围内淋水，无有害影响
4	防溅水	向外壳各方向溅水无有害影响

续表

第二位	简称	定义
5	防喷水	向外壳各方向喷水无有害影响
6	防强烈喷水	向外壳各方向强烈喷水无有害影响
7	防短时浸水	浸入规定压力的水中经规定时间后，外壳进水量不致达有害程度
8	防持续潜水	按生产厂和用户双方同意的条件（应比特征数字为7时严酷），持续潜水后外壳进水量不致达到有害程度

1.3.5 事故的紧急救援

遵循高压电安全操作规定，正确使用有效的防护用品，可以尽可能地避免人体触电的危险情况发生。然而在电动汽车维修作业中，当有意外发生后，需要马上进行应急处理。

一、人员触电应急处理

1. 脱离电源

发生了触电事故，切不可惊慌失措，要立即使触电者脱离电源。

2. 现场救护（见图 1-3-26）

（1）若触电者呼吸和心跳均未停止，此时应使触电者就地躺平，安静休息，不要让触电者走动，以减轻心脏负担，并严密观察其呼吸和心跳的变化。

（2）若触电者心跳停止、呼吸尚存，则应对触电者做胸外按压。

（3）若触电者呼吸停止、心跳尚存，则应对触电者做人工呼吸。操作时，捏住鼻翼，采用口对口的方式向被施救人员吹气，单次吹气为1 s，成人每次5~6 s吹气1次，10~12 次/min，每次吹气要保证足量的气体进入并使胸廓隆起。

（4）若触电者呼吸和心跳均停止，则应立即按心肺复苏方法进行抢救。

图 1-3-26 现场救护示意图

3. 注意事项

（1）动作一定要快，尽量缩短触电者的带电时间。

（2）切不可用手或金属和潮湿的导电物体直接触碰触电者的身体或与触电者接触的电线，以免引起抢救人员自身触电。

（3）解脱电源的动作要用力适当，防止因用力过猛而使带电电线击伤在场的其他人员。

（4）在帮助触电者脱离电源时，应注意防止触电者被摔伤。

（5）进行人工呼吸或胸外按压抢救时，不得轻易中断。

二、车辆损坏或进水的应急处理

注意：如果不遵守这些警告事项，会发生触电事故，导致严重伤害甚至身亡。

（1）如果因车辆严重损坏在车辆室内或外部看见暴露在外的高电压线束或导线，现场救援人员应采取适当预防措施，并穿戴个人绝缘防护用具。

（2）车辆浸水时，不要试图拆卸安全插头。

（3）在车辆浸水的紧急救援情况中，如果车辆没有严重损坏，无论车辆在水中还是在干的地面上，都可以安全碰触车身或车架。

（4）如果车辆浸没水中或部分浸水，则把车辆从水中移出，并排出车辆内的水。车辆从水中移出后，必须切断高电压系统电流和关闭车辆系统。

三、灭火操作

如果插电式混合动力汽车动力电池组已经被火灾吞没，或者存在被火灾吞没的危险，基于下列原因，执行灭火操作时必须谨慎。

1. 操作方法

（1）在锂离子聚合物蓄电池内配备有在150 ℃（300 ℉）高温下喷溅、燃烧和产生火花的凝胶电解液，根据火焰燃烧效应，迅速燃烧，所以在灭火时，应采用电气火灾专用ABC灭火器进行灭火，并使用大量的水流冷却动力电池。

（2）动力电池在熄火之后，可能会死灰复燃或迟后重新起火。

注意：在离开事故车辆之前，使用热成像仪进行检测，确保动力电池已经完全冷却。必须告知下一批现场救援人员动力电池具有重燃的危险性。在火灾、浸水或碰撞等事故后拆卸下来的动力电池，必须存放在通风良好和在周围15 m范围内没有强烈光线的阴凉干燥和广阔的地方。

（3）正在燃烧或过热的蓄电池会释放出有毒气体，这些有毒气体包括氟化氢、一氧化碳和二氧化碳。因此，必须穿戴通过认证的全面罩自给式呼吸器和全套防护用具。

（4）即使动力电池组没有被火焰吞没，在接近车辆时仍要非常小心。

2. 灭火器的使用

（1）动力电池没有被火焰吞没的小火灾：使用电气火灾专用ABC灭火器进行灭火。

（2）动力电池已经被火焰吞没的火灾，或者动力电池受热起火的火灾：使用大量的水流冷却动力电池，进行灭火。禁止使用小量的水流进行灭火。现场消防人员应及时向车辆喷射高压水流。

3. 个人防护

动力电池内的电解质为烈性刺激物和致敏物，为了预防这些烈性刺激物和致敏物接触皮肤，必须穿戴专门设计防护这些危险物的正压自给式呼吸器和其他个人防护用具。如果没有正确穿戴自给式呼吸器和其他个人防护用具，则会导致严重人身伤害甚至死亡。

（1）熄灭车辆周围的全部火焰、火花和烟雾散尽。

（2）电解液会刺激皮肤，应注意防护。

（3）禁止接触和踩上泄漏的电解液。

（4）如果发生电解液泄漏事件，应穿戴适当的防酸个人防护用具，并用沙土、干织物等清理泄漏的电解液，且必须对电解液泄漏区域充分进行通风。

（5）电解液会刺激眼睛，如果电解液进入到眼睛内，必须立即用大量的清水清洗眼睛 15 min 以上，并立即就医。

（6）电解液会刺激皮肤，如果电解液接触皮肤，则必须立即用清水和肥皂清洗干净。

（7）当电解液或其烟气遇到水时，会发生氧化反应产生氧化物蒸汽，飘在空气中，此蒸汽会刺激皮肤和眼睛。如果皮肤和眼睛接触此蒸汽，必须立即用大量的清水清洗，并立即就医。

（8）如果吸入电解液烟气，会导致呼吸困难和急性中毒。如果吸入了电解液烟气，必须立即呼吸新鲜空气并用水清洗口腔，然后立即就医。

课外拓展

徒手拆解电池，有绝缘器具却不用，部分新能源汽修从业人员缺少系统技能培训隐患大！

现如今，越来越多人选择购买新能源汽车作为代步车，但大家是否关注过维修售后？事实上，与燃油车相比，新能源车的内部结构大不相同，并且更重要的是维修新能源汽车存在高压触电的隐患，而电工作业属于特种作业，按照规定需要取得电工证。但在记者的走访调查中，发现只有少部分车企要求维修人员要有电工证。

令人担忧的是，记者屡屡发现徒手拆解新能源汽车电池，不使用绝缘器具的情况，而这些都可能给维修人员带来触电的风险，在记者的提醒下，一些人员还是不以为然。实际上一旦发生触电，轻则被灼伤，严重的很可能会失去生命，并且市面上很大一部分的新能源汽车维修人员都是从传统燃油车维修转变过来的，只要经过厂家培训即可上岗，这也使得他们对于新能源汽车维修没有系统的认知，遇到问题还需要依赖厂家的技术。

结合上述的现象，谈谈新能源汽车高压用电防护的重要性。

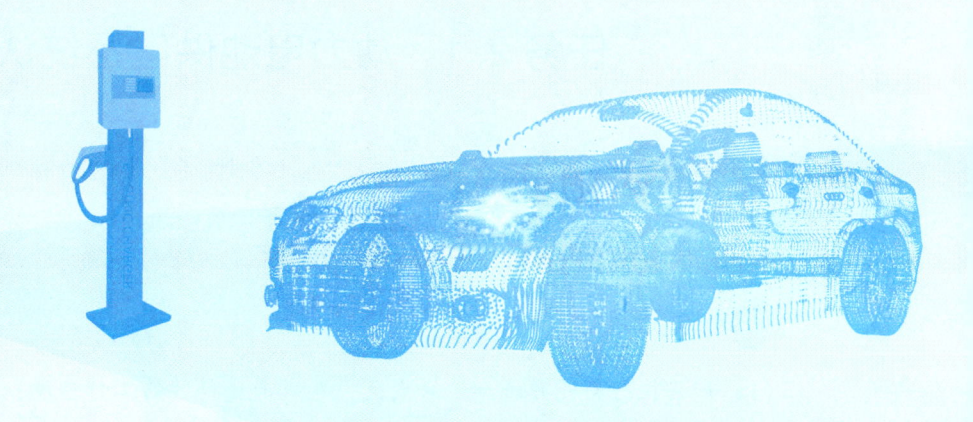

项目2 动力电池供电系统故障诊断与维修

　　动力电池对于纯电动汽车而言,犹如传统燃料汽车的汽油和柴油,是车辆的重要和唯一的能量来源。作为纯电动汽车的基础、核心部件,动力电池技术的发展决定着纯电动汽车的未来。开发高能量密度的动力电池是新能源汽车发展的重点任务和目标。

　　本项目主要对动力电池系统的功能、组成、工作原理以及诊断维修进行介绍。

任务2.1 动力电池供电系统认知

学习目标

顺利完成本任务内容后,可以达到以下目标。

素质目标

(1) 严格执行新能源汽车检修规范,养成严谨科学的工作态度;
(2) 培养团队协作精神;
(3) 培养勤于学习、勇于探索的创新精神。

知识目标

(1) 了解动力电池供电系统的功能;
(2) 熟悉动力电池供电系统的组成;
(3) 掌握动力电池供电系统的基本原理。

能力目标

(1) 能讲述动力电池供电系统的功能;
(2) 能说出动力电池供电系统的组成;
(3) 能解释动力电池供电系统的基本原理。

2.1.1 动力电池供电系统的功能和组成

新能源汽车
动力电池功用

动力电池供电系统的功能是给电动汽车的电机驱动系统以及车身其他高压和低压电气元件提供能量。动力电池供电系统的设计不仅要满足整车的动力要求,同时还要考虑电池系统自身的安全及管理设计等方面的要求。动力电池供电系统的功能如下。

一、为全车高压用电设备供电

动力电池供电系统的主要功能是为全车高低压用电设备提供电源。图2-1-1所示为E300车型动力电池供电系统的电气架构。

(1) 通过高压配电箱给暖风加热器、电动空调压缩机、DC/AC转换器、DC/DC转换器供电。
(2) 直接为驱动电机控制器(MCU)供电,作为驱动电机的动力源。

二、对动力电池的运行环境进行安全监测

当动力电池过压、欠压、过流、过高温和过低温时,需要进行保护,同时还要进行SOC

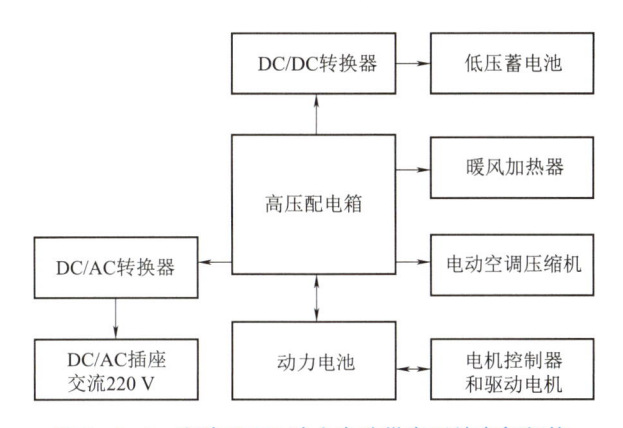

图 2-1-1　宝骏 E300 动力电池供电系统电气架构

估算、充放电管理、均衡控制、故障报警等，这些措施的最终目的是提高电池的利用率，防止电池出现过充电或过放电，延长电池的使用寿命，保证用电安全。

为了实现上述功能，动力电池管理系统必须随时监控动力电池的运行状态。

（1）动力电池电压监测。

（2）动力电池电流监测。

（3）继电器断开监测。

（4）继电器粘连监测。

（5）动力电池绝缘监测。

（6）车辆碰撞监测等。

2.1.2　动力电池供电系统的基本原理

动力电池供电系统主要由动力电池模组、动力电池管理系统（BMS）、动力电池箱以及热管理系统等组成，如图 2-1-2 所示。

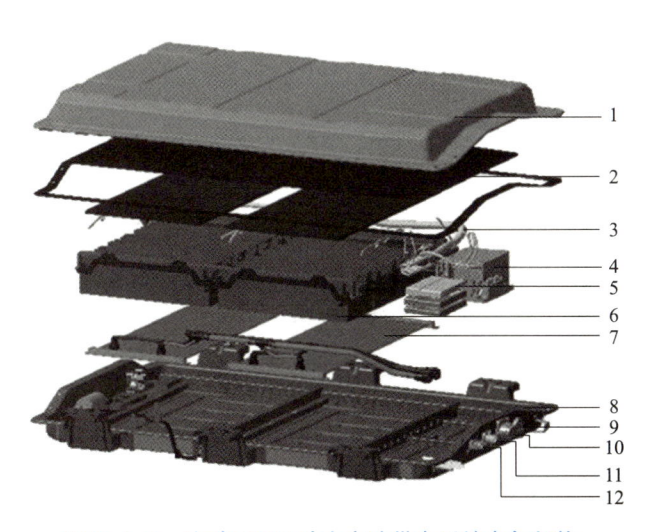

北汽 EV160 纯电动汽车动力电池系统组成

图 2-1-2　宝骏 E300 动力电池供电系统电气架构

1—电池箱盖；2—保温棉；3—线束；4—电能分配单元 BDU；5—电池管理单元 BMU；6—电池模组；7—模组加热器板；8—下箱体；9—防爆阀；10—电机控制器高压接口；11—慢充和供电高压接口；12—低压通信口

45

(1) 动力电池模组由许多集成在一起的单体电池组成,它是输出和接收电能的机构。

(2) 动力电池管理系统(BMS)由主控管理单元(BMU)、从控管理单元(CSC)以及辅助元器件等组成。

(3) 动力电池箱是整个动力电池系统的载体,起到密封和保护作用。

(4) 热管理系统可以使动力电池工作在最佳工作温度。

2.1.3 动力电池供电系统的基本原理

供电系统的基本功能是实现动力电池的向外供电(上电)和动力电池停止向外供电(下电),不同的车型,其控制原理基本相似。图 2-1-3 所示为北汽 EV160 车型的控制方式。

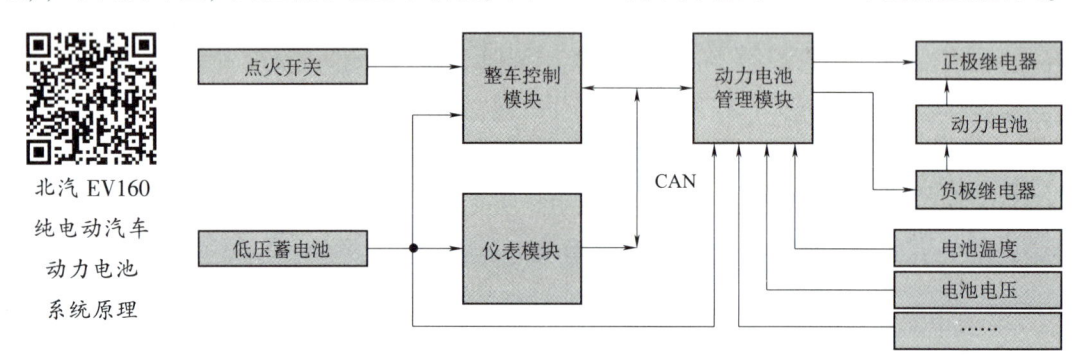

图 2-1-3 北汽 EV160 的控制方式

图 2-1-4 所示为 E300 车型动力电池高压继电器的控制电路。当动力电池需要向外供电时,主负继电器首先工作,接通电路的负极;然后预充电继电器短时间工作,正极电源通过预充电阻主要为电机控制器内部的大容量电容充电;预充电结束后,主正继电器接通,为电机控制器以及其他用电设备供电。主正继电器开始工作后,预充电继电器退出工作。下面以 E300 车型为例介绍动力电池供电系统的工作原理。

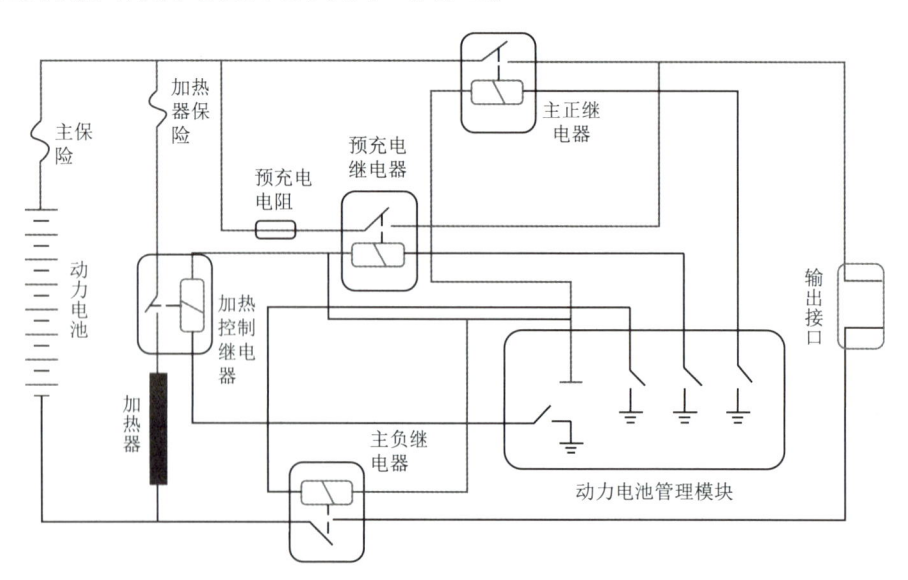

图 2-1-4 宝骏 E300 动力电池高压继电器的控制电路

一、高压上电原理

当 E300 车内有合法钥匙，主驾座椅占用传感器监测到主驾坐人，无禁止上电故障时，踩下制动踏板，仪表上的"READY"灯点亮，车辆进入"READY"状态。整车高压上电的具体过程如图 2-1-5 所示。

电控系统
上下电控制

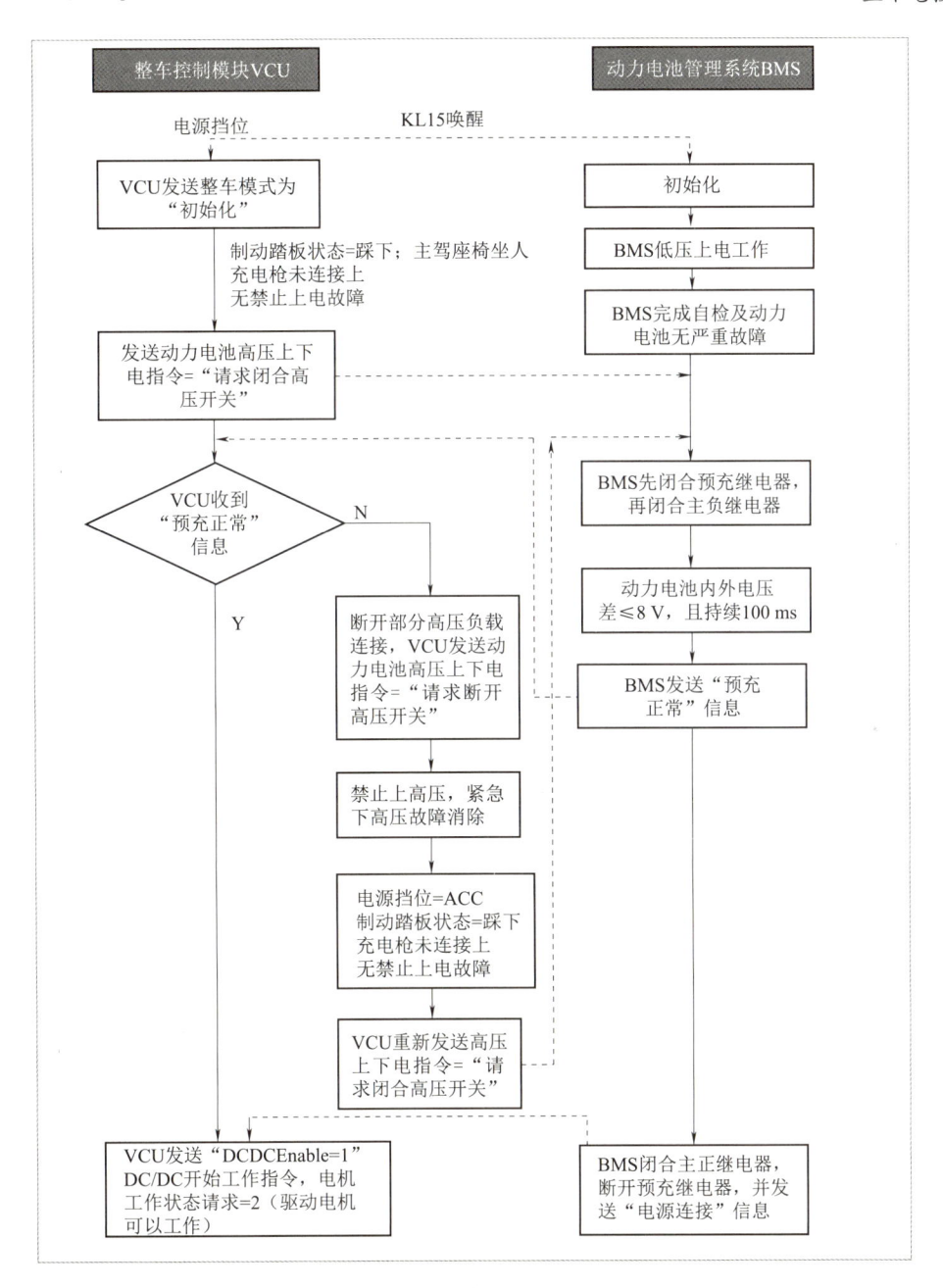

```
整车控制模块VCU                          动力电池管理系统BMS
     │                                         │
 电源挡位            KL15唤醒                    │
     ▼                 └───────────────────────▶│
 VCU发送整车模式为                             初始化
   "初始化"                                     │
     │                                         ▼
     │  制动踏板状态=踩下；主驾座椅坐人    BMS低压上电工作
     │  充电枪未连接上                          │
     │  无禁止上电故障                          ▼
     ▼                                   BMS完成自检及动力
 发送动力电池高压上下                      电池无严重故障
 电指令="请求闭合高                          │
   压开关"                                   │
     │ ─ ─ ─ ─ ─ ─ ─ ─ ─ ─ ─ ─ ─ ─ ─ ─ ─ ─▶ │
     │                                         ▼
     ▼                                  BMS先闭合预充继电器，
   ╱VCU收到╲         N                    再闭合主负继电器
  ╱ "预充正常"╲────────┐                       │
  ╲   信息   ╱         │                       ▼
   ╲       ╱          │                  动力电池内外电压
     │Y               ▼                  差≤8 V，且持续100 ms
     │         断开部分高压负                   │
     │         载连接，VCU发送动                 ▼
     │         力电池高压上下电            BMS发送"预充
     │         指令="请求断开               正常"信息
     │         高压开关"
     │              │
     │              ▼
     │         禁止上高压，紧急
     │         下高压故障消除
     │              │
     │              ▼
     │         电源挡位=ACC
     │         制动踏板状态=踩下
     │         充电枪未连接上
     │         无禁止上电故障
     │              │
     │              ▼
     │         VCU重新发送高压
     │         上下电指令="请
     │         求闭合高压开关"
     │              │
     ▼              ▼                            
 VCU发送"DCDCEnable=1"              BMS闭合主正继电器，
 DC/DC开始工作指令，电机              断开预充继电器，并发
 工作状态请求=2（驱动电机             送"电源连接"信息
 可以工作）
```

图 2-1-5　高压上电过程

二、高压下电原理

打开 E300 驾驶员侧车门，即可使车辆退出"READY"状态，高压下电；驾驶员离开座椅，关门并按钥匙闭锁键锁车后，低压下电。具体高压下电过程如图 2-1-6 所示。

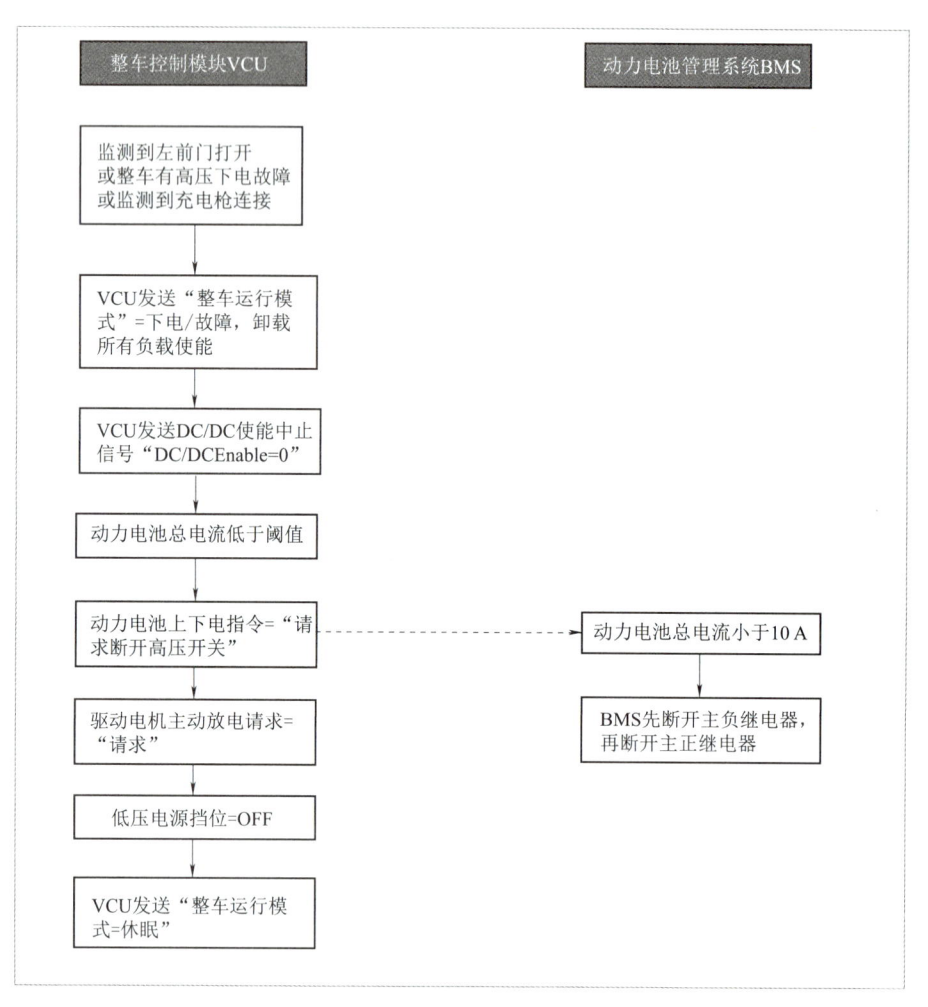

```
整车控制模块VCU                          动力电池管理系统BMS

监测到左前门打开
或整车有高压下电故障
或监测到充电枪连接
         ↓
VCU发送"整车运行模
式"=下电/故障，卸载
所有负载使能
         ↓
VCU发送DC/DC使能中止
信号"DC/DCEnable=0"
         ↓
动力电池总电流低于阈值
         ↓
动力电池上下电指令="请  - - - - - →  动力电池总电流小于10 A
求断开高压开关"                              ↓
         ↓                          BMS先断主负继电器，
驱动电机主动放电请求=                再断开主正继电器
"请求"
         ↓
低压电源挡位=OFF
         ↓
VCU发送"整车运行模
式=休眠"
```

图 2-1-6　高压下电过程

正常下电时，VCU 发送下电指令，BMS 接收"请求断开高压开关指令"，判断动力电池总电流小于 10 A 后下电或者 2 s 后强制下电，断开所有继电器，完成下电模式。

紧急下电时，VCU 发送"故障"，BMS 接收"紧急断开高压开关"指令，断开所有继电器，完成下电模式。

课外拓展

新能源汽车出海，比亚迪递出闪亮的"中国名片"

近几年来，中国车远洋出海之势愈演愈烈。根据中国海关总署统计数据显示，2022年前8个月中国汽车出口量达191万辆，超越德国跃居全球第二，实现历史性突破，出口量仅次于日本。

2013年，中国汽车出口量还仅有94万辆，2021年我国汽车出口量实现翻倍增长，全年出口量达201.5万辆。2022年汽车出口量进一步扩大，前三季度出口总量已超过2021年全年出口量。中国汽车出口10年"跨越式"增长的背后，是全球车主对于中国汽车产品的认可和支持。就像一位海外博主所说的，"10年前，没有人会想到中国汽车制造商在汽车市场上的影响力会变得如此之大。但现在，它们正在颠覆市场。"

中国车企在海外市场的布局主要分为三种方式：自主建厂、海外并购和当地组装。而海外建厂可以大大降低汽车进口的税费，无疑是降低成本最直接有效的途径，长城、奇瑞、吉利、比亚迪等品牌都已通过CKD或者SKD等形式在海外投产建厂。

中国汽车出口高速增长的背后，新能源车企可谓"功不可没"。2022年1—9月，新能源汽车在国产汽车出口的占比已达18.4%，同比增长翻番。新能源车已经成为中国车企出海征战的"利刃"，而比亚迪在其中扮演了关键角色。

近日，德国最大租车公司Sixt与比亚迪签署合作协议，计划在今后的6年内采购10万辆比亚迪生产的电动汽车，用于本国出租车市场。

近期比亚迪官网的域名从byd变成了bydglobal，悄无声息地加入了"global（全球）一词"。这个看似简单的改动，背后隐藏着的是比亚迪进军海外的雄心壮志。

读完上述材料，你对新能源汽车出海有何感想？

任务 2.2　动力电池模组故障检测与维修

学习目标

顺利完成本任务内容后，可以达到以下目标：

素质目标

（1）严格执行新能源汽车检修规范，养成严谨科学的工作态度；
（2）培养团队协作精神；
（3）培养勤于学习、勇于探索的创新精神。

知识目标

（1）了解动力电池的分类；
（2）熟悉电池模组的特点；
（3）了解动力电池箱的功能及结构。

能力目标

（1）能说出不同类型动力电池的优缺点；
（2）能分析电池模组的故障类型并对其故障进行诊断与维修；
（3）能正确对动力电池箱进行检查与维护。

动力电池模组是电动汽车的主要能量载体和动力来源，是电动汽车的核心部分，也是电动汽车整车的主要组成部件，动力电池的性能和成本直接影响电动汽车的性能和成本。

2.2.1　动力电池的分类

常见动力电池的分类及结构

目前电动汽车动力电池的种类主要有以下几种：
（1）铅酸电池。
（2）镍镉电池和镍氢电池。
（3）锂电池。
表 2-2-1 所示为动力电池的性能比较。

表 2-2-1　动力电池的性能比较

电池类型	能量效率/%	能量密度/[(W·h)·kg^{-1}]	循环寿命/次
铅酸电池	80	35~50	500~1 000

续表

电池类型	能量效率/%	能量密度/[（W·h）·kg^{-1}]	循环寿命/次
镍镉电池	75	30~50	1 000~2 000
镍氢电池	70	60~80	1 000~1 500
锂离子电池	90	100~200	1 500~3 000

一、铅酸电池

铅酸电池作为比较成熟的技术，因其成本较低，而且能够高倍率放电，故依然是可供大批量生产的电动车用电池。北京奥运会时，有 20 辆使用铅酸电池的电动汽车为奥运会提供交通服务。但是铅酸电池的比能量、比功率和能量密度都很低，故以此为动力源的电动车不可能拥有良好的车速及续航里程。

二、镍镉电池和镍氢电池

镍镉电池和镍氢电池虽然性能好于铅酸电池，但含有重金属，使用遗弃后对环境会造成污染。在锂电池未广泛应用之前，较早期的混合动力车型多半使用的是镍氢电池（Ni-MH），即使到现在逐渐被锂电池取代，还是有不少混合动力车型在使用这种类型的电池。其商业化应用的代表车型是丰田的普锐斯。

镍氢蓄电池结构

三、锂电池

传统的铅酸电池、镍镉电池和镍氢电池本身技术比较成熟，但它们用在汽车上作为动力电池则存在较大的问题。目前，越来越多的汽车厂家选择采用锂电池作为新能源汽车的动力电池。

锂离子动力电池有以下优点：

（1）工作电压高（是镍氢电池的 3 倍）。

（2）比能量大（可达 100~200 W·h/kg，是镍氢电池的 3 倍）。

（3）体积小、质量轻、循环寿命长。

（4）自放电率低、无记忆效应、无污染等。

锂离子电池结构与特点

当前许多知名的汽车制造商都致力于开发动力锂电池汽车，而国内汽车制造车企也纷纷在自己的混合动力和纯电动汽车中搭载动力锂电池。锂离子电池相对其他电池在性能方面的优势还是很明显的。所以锂离子电池是目前各大电池生产企业大力发展的对象。

目前阻碍动力锂离子电池发展的瓶颈是：安全性能和汽车动力电池的管理系统。

安全性能方面，锂离子动力电池具有能量密度大、工作温度高、工作环境恶劣等特点，加上以人为本的安全理念，因此，用户对电池的安全性提出了非常高的要求。

汽车动力电池的管理系统方面，由于纯电动汽车动力电池的工作电压一般都超过 100 V，而单个动力锂离子电池的工作电压是 3.7 V（三元锂电池），因此必须由多个电池串联而提高电压，但由于电池难以做到完全均一的充放电，因此导致串联的多个电池组内的单

51

个电池会出现充放电不平衡的状况，电池会出现充电不足和过放电现象，而这种状况会导致电池性能的急剧恶化，最终导致整组电池无法正常工作，甚至报废，从而大大影响电池的使用寿命和可靠性能。

1. 锂离子电池的分类

1）按照外壳和外形分类

（1）按照外壳不同分类。

①硬壳锂电池（钢壳、铝壳）。

②软包锂电池（铝塑膜）。

（2）按照外形不同分类。

①圆柱形锂电池。

②条形锂电池。

硬壳锂电池采用钢壳或者铝壳。软包锂电池外包装一般采用铝塑膜，其实软包也是一种条形锂电池，人们一般把铝塑膜包装的锂电池称为软包锂电池，也有人把软包锂电池称为聚合物锂电池。

图 2-2-1 所示为各种类型的锂离子电池。

图 2-2-1　各种类型的锂离子电池

（a）圆柱形硬壳锂电池；（b）方形硬壳锂电池；（c）方形软包锂电池

不同的封装结构意味着不同的特性，不同类型锂电池的优缺点见表 2-2-2。

表 2-2-2　不同类型锂电池的优缺点

类型	成组方式	优点	缺点	厂家	使用车型
圆柱电芯	圆柱卷绕	小尺寸、成组灵活、成本低、工艺成熟、一致性好	成组后散热不好设计、重量重、比能量低	松下	特斯拉 Model3
				力神/华霆	江淮 IEV6E
				比克	众泰 E200
				天能	奇瑞 eQ
方形电芯	方形卷绕	散热好、成组易设计、可靠性好、高硬度	尺寸固定、成本高、型号多	松下	福特 Focus
				东芝	本田飞度
				比亚迪	比亚迪秦、宋
				宁德时代	北汽 EV200

续表

类型	成组方式	优点	缺点	厂家	使用车型
软包电芯	方形层叠	尺寸变化灵活、比能量高、重量轻、内阻小	强度差、封口工艺难（热封装）、成组结构复杂、散热设计不易、易漏液、一致性差、成本高	卡耐 万向 A123 多氟多 孚能	宝马 i3/i8 上汽荣威 E550 知豆 D2 北汽 EU400

2）按照正极材料分类

按照正极材料不同锂离子电池可分为以下几类：

（1）磷酸铁锂电池。

（2）三元锂电池。

（3）锰酸锂电池。

（4）钛酸锂电池。

（5）钴酸锂电池。

目前市场上已经商业化的动力锂电池主要包括磷酸铁锂电池、三元锂电池、锰酸锂电池和钛酸锂电池等，中国市场以磷酸铁锂和三元锂电池为主。目前上汽通用五菱 E300 和 N300LEV 车型采用磷酸铁锂电池，E100 和 E200 车型采用三元锂电池。

不同类型锂电池的性能指标对比见表 2-2-3。

表 2-2-3　不同类型锂电池的性能指标对比

性能指标　　电池类型	三元锂	磷酸铁锂	锰酸锂	钛酸锂
能量密度理论极限/[(W·h)·kg^{-1}]	280	170	100	91
单体电池标称电压/V	3.7	3.3	3.7	2.3
安全性	较差	好	较好	差
理论循环使用寿命/次	2 000	2 000~3 000	600~1 000	20 000
成本	高	较低	最低	最高

（1）磷酸铁锂电池。

磷酸铁锂电池的特点是安全性好、循环寿命长、能量密度低、低温充电难。

目前国内电动汽车普遍采用的电池体系就是磷酸铁锂电池，其优势是安全性能好、循环寿命长。

磷酸铁锂蓄电池结构

磷酸铁锂电池的安全性好，可以在 390 ℃ 以内的高温下保持稳定，不会因过充、温度过高、短路、撞击而产生爆炸或燃烧，可以轻松通过针刺实验。此外，磷酸铁锂电池的使用寿命也比较长，理论寿命可以达到 7~8 年，循环寿命>2 000 次，即便是经过 3 000 次 0~100% 的充放电使用，容量也才会衰减到 80%。磷酸铁锂电池的热稳定性是目前车用锂电池中最好的，当电池温度处于 500~600 ℃ 高温时，其内部化学成分才开始分解。

但受限于材料本身和技术方面的原因，磷酸铁锂的能量密度较低。磷酸铁锂动力电池系统的能量密度在 100 W·h/kg 左右，和三元锂电池相比有不小差距，这对于整车的续驶里程有一定影响。此外，磷酸铁锂电池的容量较小，同样的电池容量，磷酸铁锂电池的重量更重、体积更大，也影响了其续航里程。

磷酸铁锂电池具有很高的安全性及良好的循环寿命，但低温充放电性能较差。在低温时充电对电池寿命有极大的影响，在低温时放电其放电容量及放电功率也有所下降，因此冬季低温时整车会出现续驶里程低及动力性下降的现象。

此外，磷酸铁锂电池平整的放电平台也给电池荷电状态（即 SOC）估算带来了困难，且磷酸铁锂电池的电压平台和严重的两端极化不利于 SOC 的估算。

（2）三元锂电池。

三元锂电池的特点是能力密度高、续航里程长、低温性能好，但热稳定性差、安全性和寿命一般。

三元锂电池是指正极材料使用镍钴锰酸锂三元正极材料的锂电池，此前在笔记本等电子设备领域得到广泛运用，如今也被越来越多的车企运用于新能源车的动力储备方面。

总体来说，三元锂电池具有能量密度高的突出特点，因此在同样的电量下，三元电池系统的重量更轻、体积更小，使得整车的续驶里程可以大幅提升。此外，三元锂电池还具有低温性能好、放电倍率高、一致性好和 SOC 估算简便等优点。

与磷酸铁锂电池相比，三元锂电池的能量密度要高出许多，目前多数电池厂家生产的三元锂电池的能量密度已经达到了 200 W·h/kg，预计随着电池技术的发展，三元锂电池的能量密度会进一步提高。这也就意味着同样重量的三元锂电池比磷酸铁锂电池的续航里程更长；在具备相同电量的前提下，三元锂电池的重量更轻、体积更小。

三元锂电池的低温性能好，动力电池系统可实现-20 ℃直接充电，大幅缩短了冬季充电时间。但其缺点也显而易见，三元锂电池的热稳定性不如磷酸铁电池，当其自身温度达到 250~350 ℃时，内部化学成分就开始分解。因此对电池管理系统提出了极高的要求，需要为每节电池分别加装保险装置，这就会加大其经济成本。同时，由于全球镍、钴资源紧张，其大量应用可能导致市场价格上涨，也会增加未来的用车费用。

除此之外，三元材料的脱氧温度是 200 ℃，放热能量超过 800 J/g，并且无法通过针刺实验。这就表明三元电池在内部短路、电池外壳损坏的情况下，很容易引发燃烧、爆炸等安全事故。

另外，由于三元锂电池材料本身的性质，导致三元锂电池在使用寿命上相对较短。三元锂电池的理论寿命是 2 000 次充放电循环，但在实际使用中，当进行 900 次的充放电循环后，电池容量就基本衰减到了 55%。但如果每次电池充放电都控制在 0~50% 或者 25%~75% 的循环中工作，即使经过 3 000 次的充放电循环，电池容量基本还能够保持在 70% 左右，但这需要非常优秀的电池管理系统。

受到 2016 年客车禁用三元的影响，磷酸铁锂在新能源客车中成为主流。得益于新能源客车的高速发展，在 2016 年全年的出货量中，磷酸铁锂占据七成以上的份额。进入 2017 年，随着安全标准得到统一，客车用三元开始解禁，不过采用者依然寥寥无几。但随着 2018 年补贴政策的推出，在最新的补贴政策中，乘用车 120 W·h/kg、客车 115 W·h/kg 成为一个重要分水岭，只有满足政策要求才能获得一倍补偿。在政策的刺激下，推动技术升级成为磷酸铁锂破局的关键之一，三元锂电池也越来越多地被生产厂家所关注。

（3）锰酸锂电池。

锰酸锂电池的特点是价格低、能量密度中等、安全性一般。

锰酸锂电池的标称电压达到 3.7 V，以成本低、安全性较好被广泛使用。锰酸锂电池拥有较好的安全性能，能量密度中等，续航里程较短。由于锰元素储量高，资源丰富，生产制造锰酸锂电池的成本也较低，故能降低消费者的购车成本。

但是其材料本身并不太稳定，容易分解产生气体，因此多用于和其他材料混合使用，以降低电芯成本，但其循环寿命衰减较快，容易发生鼓胀，高温性能较差，寿命相对短，一些大中型号电池采用锰酸锂电池。

（4）钛酸锂电池。

①优点：快充性能好，放电倍率大，寿命长，安全性能好，低温性能好。

②缺点：能量密度低，成本比较贵、技术不成熟。

磷酸铁锂电池的单个电池额定电压一般在 3.3 V 左右（见图 2-2-2），三元锂电池的单个电池额定电压一般在 3.7 V 左右。单体电池是电池模组是能够单独更换的最小单元（有些电池不支持更换电芯，只能更换电池模组）。

2. 锂离子电池的结构

锂离子电池主要由电极、隔膜、电解质和外壳组成，如图 2-2-3 所示。

（1）正极：主要为含锂的化合物，常见的正极材料包括钴酸锂（LCO）、锰酸锂（LMO）、三元材料（NCM）、磷酸铁锂（LFP）等。

（2）负极：锂离子电池大多采用石墨作为负极材料。

（3）隔膜：隔膜是一层具有电绝缘特性的物质，它可以把正负极分隔开，具有使电解质中离子通过的能力。

（4）电解质：常用的电解质通常为有机物。

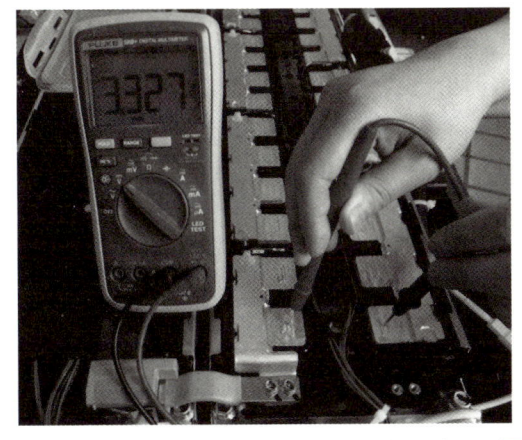

图 2-2-2　磷酸铁锂电池的单个电池额定电压测量

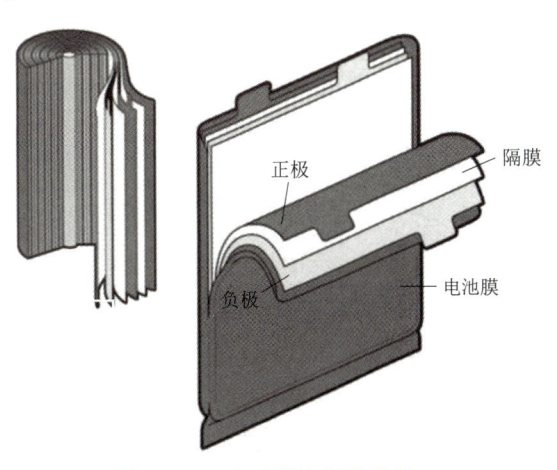

图 2-2-3　锂离子电池的结构

(5) 外壳：锂离子电池一般采用钢壳或者铝塑膜外壳，其中铝塑膜大多由耐磨层、铝层、防腐蚀层、粘结层几部分组成，其中耐磨层是电池的外表面，可以防止汽车长期运行中电池位置错动引起的磨损，铝层可以起到防止水分进入的作用。

3. 锂离子电池充放电原理

锂离子电池的正极由含有锂离子的金属氧化物组成，负极一般是石墨构成的晶格，充电时锂离子由正极向负极一端移动，最终嵌入由石墨构成的稳定的晶格中，可以容纳锂离子的晶格越多，可以移动的锂离子越多，电池容量越大。放电过程与充电过程正好相反。锂离子电池的充放电原理如图 2-2-4 所示。

图 2-2-4　锂离子电池充放电原理

2.2.2　动力电池模组检修

单体电池（电芯）是构成动力电池模组的最小单元，可实现电能与化学能之间的直接转换。单体电池根据需要经过串联或者并联组合成不同的电池模组，多个电池模组经过串联组合成动力电池总成。

一、单体电池的串并联

单体电池并联的目的是增加电池模组的容量，并联的单体越多，电池模组的容量越大，但电压和单体电池的电压相同。电池模组串联的目的是增加电池模组的电压，串联的电池模组越多，电池模组的电压越高。单体电池串联一般用字母 S 来表示，并联一般用字母 P 来表示。比如 4P5S 代表先把 4 个单体电池并联，然后把 5 组并联后的单体电池串联。

（1）一组并联的单体电池组合成为电池模组，电池模组的额定电压与单体电池的额定电压相等，电池模组的容量等于单体电池容量与单体电池数量的乘积。

例如：4 个单体电池并联为独立的 1 个电池模组，一个单体电池的额定电压为 3.3 V，额定容量为 1 A·h，则电池模块的额定电压为 3.3 V，电池模组的总容量为 4 A·h，如图 2-2-5 所示。

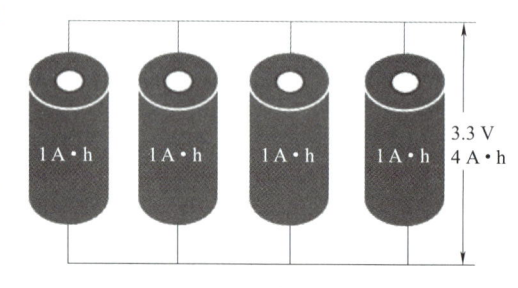

图 2-2-5　单体电池的并联

（2）一组串联的单体电池组合成为电池模组，电池模组的额定电压等于单体电池的额定电压的和，电池模组的容量与单体电池容量相同。

例如，将 4 个额定电压为 3.3 V 的单体电池的正极与负极通过导电的金属板串联连接，串联之后的总电压约 13.2 V，电池模组的总容量为 1 A·h，如图 2-2-6 所示。

图 2-2-6　单体电池的串联

二、电池模组

单体电池根据需要经过串联或者并联组合成不同的电池模组，多个电池模组经过串联组合成动力电池总成。图 2-2-7 所示为 E300 车型使用的电池模组的组成。E300 车型目前使用两种动力电池，功率分别为 16.8 kW 和 26 kW。

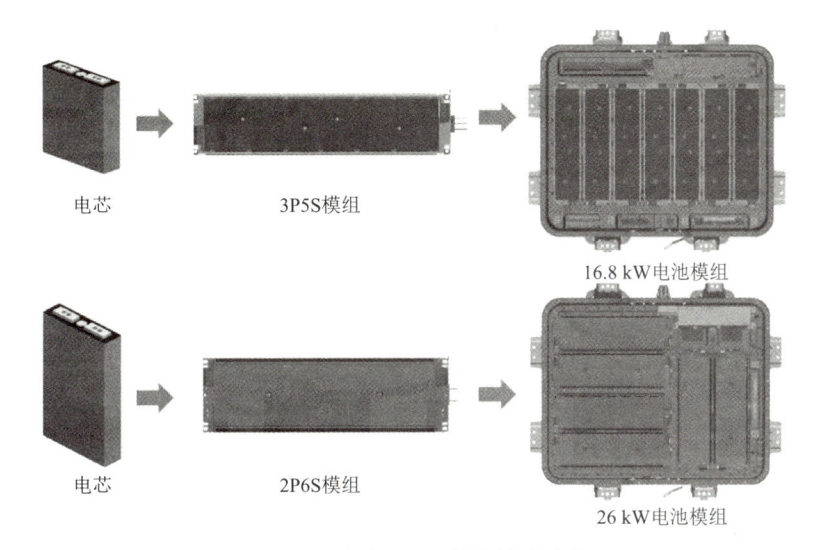

图 2-2-7 宝骏 E300 使用的电池模组

（1）电芯：采用磷酸铁锂电池，单体电池电压为 3.3 V 左右。
（2）模组：共有两种小模组，即 3 并 5 串和 2 并 6 串，电压分别为 16 V 和 19.2 V。
（3）16.8 kW 动力电池总成由 7 个 3 并 5 串的小模组串联组成，额定电压约为 112 V。
（4）26 kW 动力电池总成由 6 个 2 并 6 串的小模组串联组成，额定电压约为 115 V。

三、故障诊断与维修

1. 故障类型

电池模组的主要故障如下：
（1）单体电池容量不足、内阻偏大。
（2）单体电池过充电或者过放电。
（3）单体电池内部短路或外部短路。
（4）电池模组漏电。
（5）电池模组连接线路氧化腐蚀、连接松动。

2. 故障诊断和维修

1）单体电池容量不足、内阻偏大

在电池模组中，容量最小的单体电池容量限制了整个电模组的容量，因此发生单体电池容量不足故障会造成电池模组充电不足、容量下降、续航里程变短。锂离子电池内阻如果过大，会严重影响电池的电化学性能，如充放电过程中的极化严重、活性物质利用率低、循环性能差等。

造成此故障的原因是动力电池老化。

维修方法：更换故障的单体电池模块或者动力电池包总成。

2）单体电池过充电或者过放电

单体电池过充电或者过放电会造成动力电池容量下降，严重时可能会造成动力电池温度过高，出现起火或爆炸的危险情况。当出现此种现象时，需要检查动力电池的管理系统。

3）单体电池内部或外部短路

在车辆的使用过程中，极板上的活性物质、接线柱、外部连线和焊点可能会折断或脱落，造成单体电池内部短路或者外部短路故障，短路会造成电池异常发热，严重的甚至会造成爆炸事故。

故障处理方法：对于短路的单体电池模块进行更换或更换动力电池包总成。

4）电池模组漏电

造成电池模组漏电的原因是电池模组绝缘不良、老化。检测电池模组的绝缘性能，必要时维修或更换故障的电池模块或动力电池包总成。

5）电池模组连接线路氧化腐蚀、连接松动

电池模组正负极柱连接松动会造成极柱氧化腐蚀、接触不良。线路或连接件故障的诊断对于确保行车安全和整车的可靠性同样重要。例如，因为车辆的振动，电池间的连接螺栓可能会出现松动，电池间接触电阻增大，发生电池间虚接故障，以致电池组内部能量损耗增加，造成车辆动力不足和续驶里程短，在极端情况下还会引起高温，产生电弧，熔化电池电极和连接片，甚至造成电池着火等极端电池安全事故。

在电动汽车运行过程中，单体电池之间可能发生相对跳动，造成两电池间的连接片折断。电池箱和电动汽车的电气连接也是故障的高发点，电插接器在经历长时间振动后容易产生虚接，出现易烧蚀、接触不良等故障。

维修方法：检查极柱表面是否出现白色氧化物或出现烧蚀痕迹，用砂纸去除氧化物，紧固连接线，必要时更换导电片或导线。

2.2.3 动力电池箱检查与维护

电池箱体的作用为承载并保护动力电池组及其内部的电气元件，故需要电池箱体具有较高的强度和刚度并且防尘防水。

动力电池箱主要包含上盖和下箱体，还有辅助元器件，如密封条、电气元件、插接件、连接螺栓等，如图2-2-8所示。

电池箱作为电池模块的承载体，对电池模块的安全工作和防护起着关键作用。电池箱的外观设计主要从材质、表面防腐蚀、绝缘处理、产品标识等方面进行。电池箱体的设计目标要满足强

图2-2-8 动力电池箱

度刚度要求，并且提供碰撞保护，外壳防护等级要达到IP67设计要求，箱内电池模组线束应走向合理、电池箱应美观且固定可靠，设计的通用要求要满足相关标准，箱体外部与车底盘可靠连接。

整车维护时需观察电池箱体螺栓是否有松动，电池箱体是否有破损严重变形，密封条是否完整。对于出现的故障不同采取不同的处理措施，比如紧固、调整以及更换，确保动力电池可以正常工作。

课外拓展

比亚迪汽车出海，出海的底气靠自己给自己

比亚迪在海外攻城略地的背后，实际上是全球汽车产业的竞争格局发生了改变，以前，德、日系的汽车品牌不仅海外销量最高，坐拥各种核心技术，而且在某种程度上成了游戏规则的制定者。

但是如今，在全球汽车产业百年未有的大变局下，中国新能源厂商坐拥全球最大的新能源汽车市场及最完整的新能源汽车产业链，很有可能掌握全球新能源汽车行业的主导权。也就是说，以比亚迪为代表的国内新能源车企，正在快速突破当前大众、丰田等头部车企制定的全球市场规则，并且已经准备好扮演新能源时代的"丰田"。

这主要归功于，比亚迪在新能源领域方面的技术积累及垂直一体化的生产模式。在2022年年初其他制造商饱受供应链中断、电池芯片及原材料短缺的困扰时，比亚迪自产电池及其他零配件的能力所带来的供应链稳定性开始凸显。

而比亚迪的技术护城河，是比亚迪进军全球市场的最大底气，这些技术包括其已在电动化领域实现的三电系统全栈自研以及在芯片领域的技术积累。从市场份额、赛道成长性和产业链布局来看，比亚迪具备其他新能源车企短期内无法超越的优势。

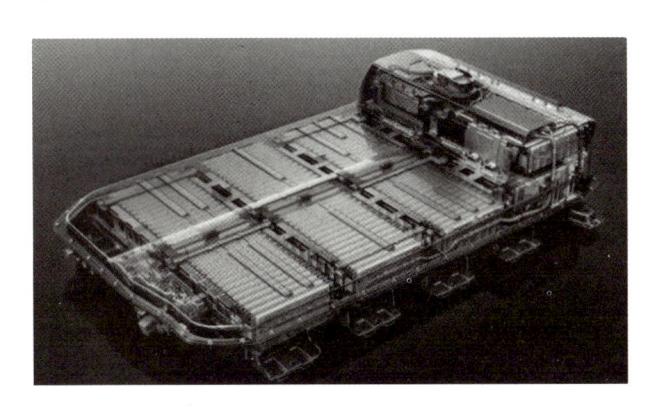

随着越来越多的车企凭借着新能源产品扬帆启航，走向海外，中国车企已经从过去全球市场的参与者，逐步变成全球市场规则的制定者之一，在这个过程中，坚持在新能源领域苦练内功的比亚迪，展现出了中国速度和中国汽车的实力。我们也有理由相信，王传福所说的，"未来引领汽车市场的，不是美国人，不是德国人，而是中国人"，终将成为现实。

读完上述材料,你对比亚迪新能源汽车的发展有何感想。

任务2.3　动力电池管理系统故障检测与维修

学习目标

顺利完成本任务内容后，可以达到以下目标：

素质目标

（1）严格执行新能源汽车检修规范，养成严谨科学的工作态度；
（2）培养团队协作精神；
（3）培养勤于学习、勇于探索的创新精神。

知识目标

（1）熟悉动力电池管理系统的功能和组成；
（2）掌握主控管理单元的功能及工作原理；
（3）掌握辅助元器件的组成和功能。

能力目标

（1）能说出动力电池管理系统的功能和组成；
（2）能分析主控管理单元的故障类型并对其故障进行诊断与维修；
（3）能正确对辅助元器件进行故障诊断与维修。

2.3.1　动力电池管理系统的认知

一、动力电池管理系统的功能

动力电池管理系统除了对电池性能参数进行监控、实施高压电性能的管理以外，还具有热管理为主的应用环境管理，实施对电池的加热和冷却，确保电池的良好应用环境温度以及温度场的一致性。动力电池管理系统的功能如图2-3-1所示。如果动力电池管理系统发生故障，就失去了对电池的监控，不能估计电池的SOC值，容易造成电池的过充、过放、过载、过热以及不一致性问题的增加，影响电池的性能、使用寿命和行车安全。

二、动力电池管理系统的类型

按照系统的集成化程度，电动汽车动力电池管理系统可以分为分布式管理和集成式管理两种形式。

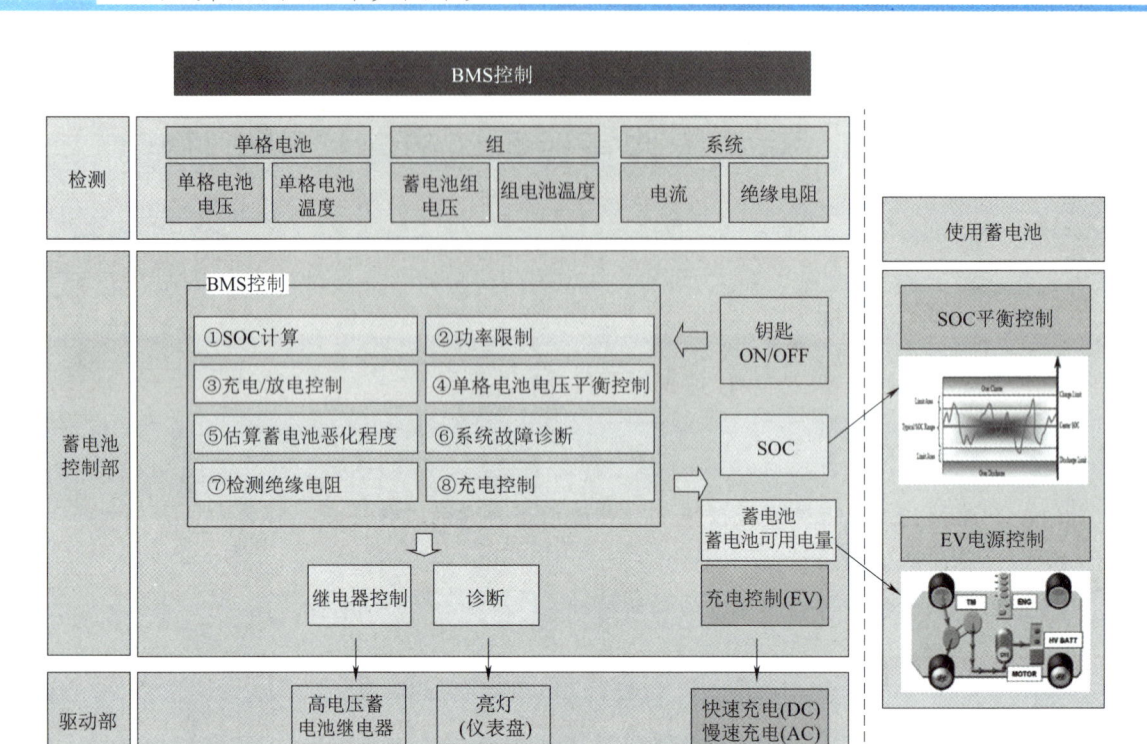

图 2-3-1 动力电池管理系统的功能

1. 分布式管理形式

分布式管理形式将主控管理单元（BMU）和从控管理单元（CSC）的功能独立分离，BMU 负责整个动力电池的管理，CSC 负责收集电池模组的温度以及电压等信息以及电池模组电压的均衡，每个电池模组配备一块从控管理单元。BMU 和 CSC 之间通过网络通信，从控管理单元（CSC）、主控管理单元（BMU）和整车控制模块（VCU）之间形成了三层两个网络的形式，如图 2-3-2 所示。

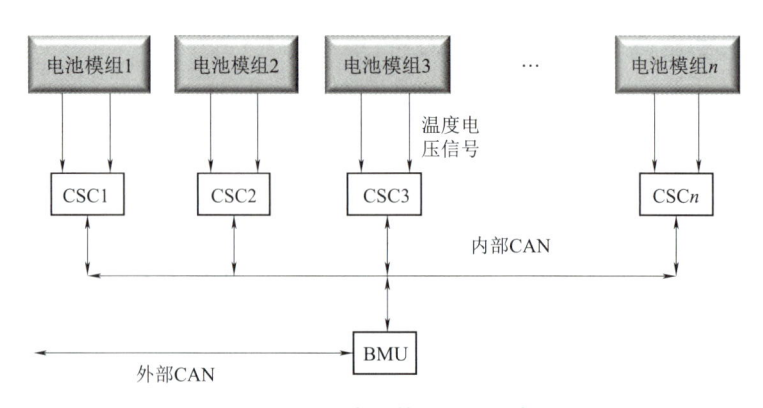

图 2-3-2 分布式管理形式示意图

N300LEV 车型动力电池管理系统采用分布式管理形式，整个系统由一块主控管理单元

（BMU）和若干块从控管理单元（每个电池模组配备一块从控管理单元）以及辅助元器件组成。

主控管理单元（BMU）只有一块电脑，安装在动力电池箱内部，负责采集动力电池的相关数据，执行动力电池的控制功能，如图2-3-3所示。

从控管理单元（CSC）安装在每个电池模组上，负责本电池模组信息的采集和传递，如图2-3-4所示。

图2-3-3　主控管理单元

图2-3-4　从控管理单元

2. 集成式管理形式

集成式管理形式将主控管理单元（BMU）和从控管理单元（CSC）的功能集成在一起，BMU既负责整个动力电池的管理，也负责收集电池模组的温度、电压等信息，以及保持电池模组电压的均衡。整个系统只有一块BMU，BMU和VCU之间通过网络通信，如图2-3-5所示。

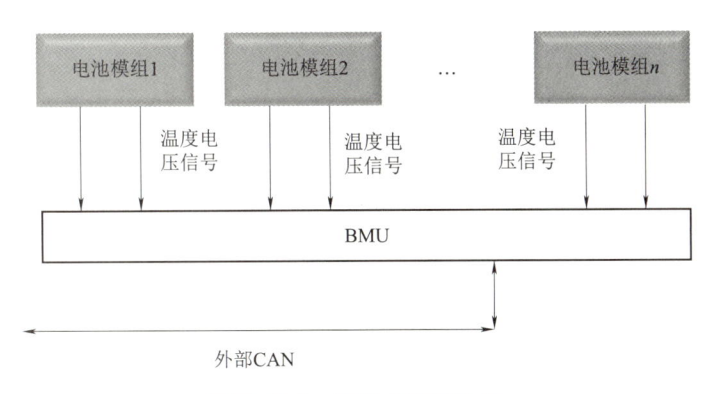

图2-3-5　集成式管理形式

三、动力电池管理系统的组成

动力电池管理系统（BMS）由主控管理单元（BMU）和辅助元器件等组成。

（1）主控管理单元（BMU）的主要功能有电池模组电压采样、温度采样、电池均衡、采样线异常检测、充放电管理、继电器控制、功率控制、电池异常状态报警和保护、SOC值计算、自检以及通信等，如图 2-3-6 所示。

图 2-3-6　主控管理单元

（2）辅助元器件包括主正继电器、主负继电器、预充电继电器、加热继电器、电流传感器、电池电压温度采样线、高压保险丝、高压连接线等。

图 2-3-7 所示为 E300 车型主要辅助元器件在电池配电单元（BDU）内的位置。

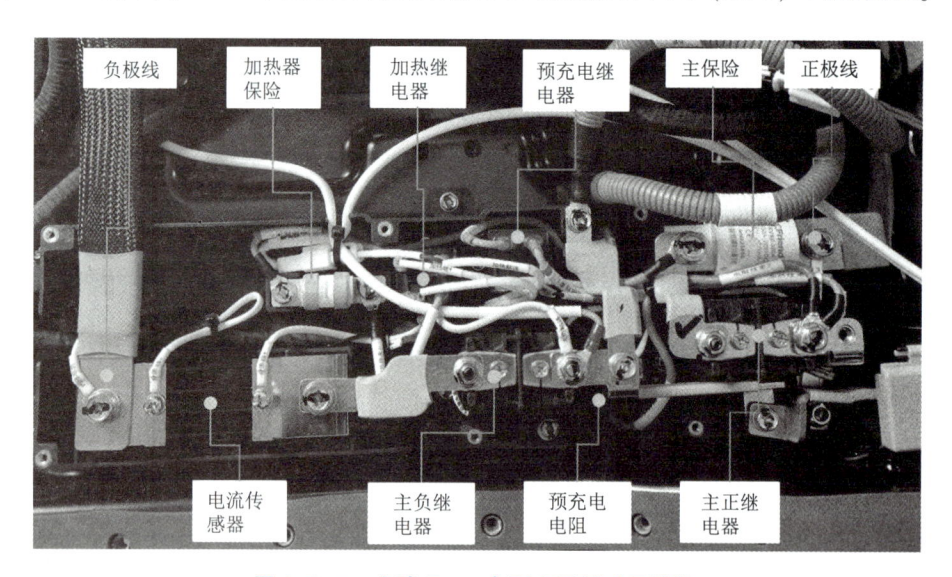

图 2-3-7　宝骏 E300 车型主要辅助元器件

动力电池管理系统由输入信号、控制模块以及执行部件三部分组成。从控管理单元主要用来监测电池模组的温度和电压信号，主控管理单元在接收监测信号的同时还要将这些信号通过 CAN 网络传递给其他模块。主控管理单元执行的控制功能主要有主正继电器控制、主负继电器控制、预充电继电器控制等。图 2-3-8 和图 2-3-9 所示为采用集成式管理形式和分布式管理形式的动力电池管理系统的功能框图。

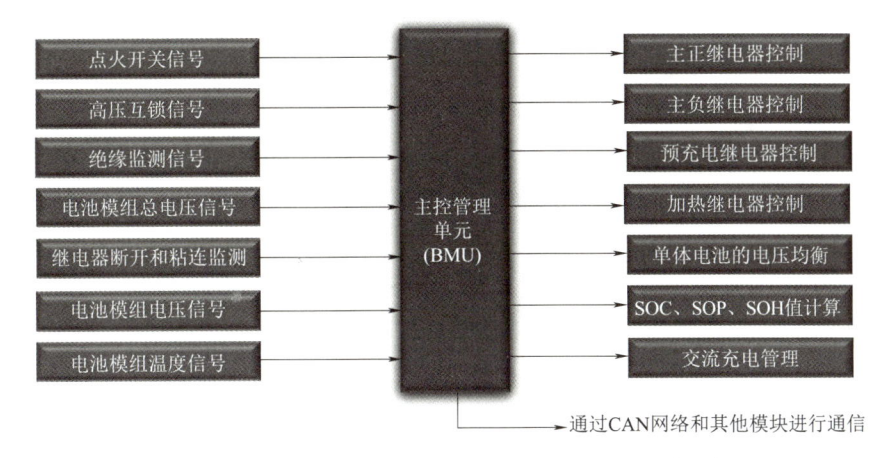

图 2-3-8　集成式管理形式的动力电池管理系统的功能框图

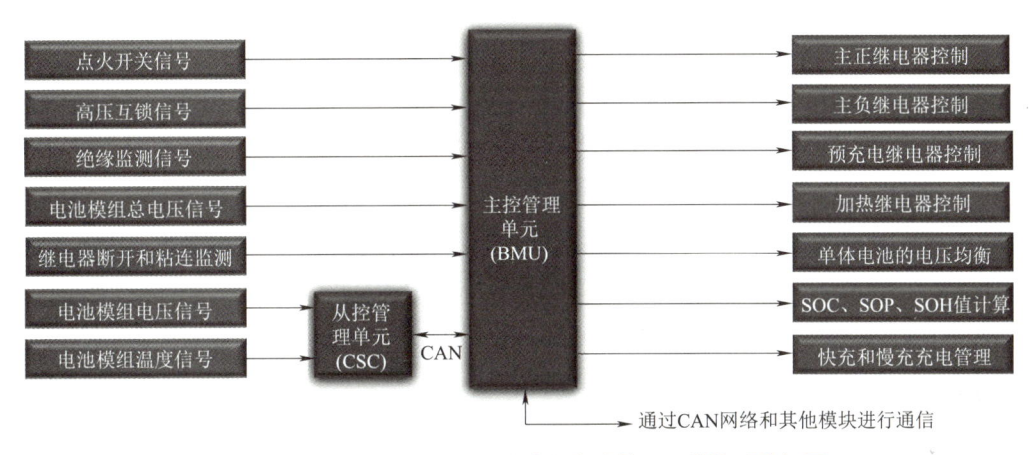

图 2-3-9　分布式管理形式的动力电池管理系统的功能框图

2.3.2　主控管理单元检测与维修

1. 主控管理单元（BMU）

主控管理单元（BMU）是电池保护和管理的核心部件，在动力电池系统中，它的作用就相当于人的大脑，如图 2-3-10 所示。它不仅要通过控制接触器控制动力电池组的充放电，还要保证电池安全可靠的使用，而且要充分发挥电池的能力和延长其使用寿命，并作为电池和整车控制模块以及驾驶者沟通的桥梁，向 VCU 上报动力电池系统的基本参数及故障信息。

1）主控管理单元的功能

图 2-3-10　主控管理单元（BMU）

（1）采用集成式管理形式的动力电池管理系统，主控管理单元负责收集电池模组的电压、温度、电流等信息。

(2) 对动力电池系统的过压、欠压、过流、过温进行保护。

(3) SOC 估算、充放电管理、均衡控制、故障报警及处理。

(4) 控制动力电池内部高压继电器的接通和断开。

(5) 与车辆其他控制模块进行交互通信。

(6) 实时监控电池的状态并判断电池发生的故障。

(7) 高压回路绝缘检测。

(8) 动力电池系统的热管理。

2) 主控管理单元的故障

(1) 模块供电故障。

(2) 通信线路故障。

(3) 硬件故障。

(4) 内部存储器 EEPROM 读写异常。

动力电池管理模块供电故障可以通过诊断仪读取模块信息来确认。如果诊断仪能够与模块进行通信，则说明模块的电源、通信线路都正常。如果诊断仪不能与动力电池模块通信，则使用万用表测量控制的电源和接地是否正常，测量控制模块的 CAN 线是否存在开路或对地、对电源短路的故障，如果以上都正常，则尝试更换动力电池管理模块。

2. 从控管理单元（CSC）

从控管理单元（CSC）安装在单体电池模组上，N300LEV 动力电池每个单体模组上都有一个单独的从控管理单元，负责本电池模组信息的采集和传递，如图 2-3-11 所示。

从控管理单元的主要功能如下：

(1) 电池电压采样。

(2) 电池温度采样。

(3) 电池均衡。

(4) 采样线异常检测等。

图 2-3-11　从控管理单元（CSC）

2.3.3　辅助元器件检测与维修

一、高压继电器

电动汽车动力电池主高压回路电压一般都大于 100 V，远高于传统汽油汽车的 12 V。由于直流电的电流是连续不变，且是高电压的，所以必须用高压继电器对动力电池主高压回路进行控制。

高压继电器是在直流电路中用来控制高电压、大电流的继电器，动力电池管理系统利用高压继电器对动力电池主高压电路进行控制，根据动力系统的需要接通或断开动力电池主高压电路，用于动力电池包与整车用电系统的安全连接，它是新能源汽车不可或缺的零部件，具有动作快、体积小、灭弧安全性高、动作可靠性高及寿命长久等特点。

1. 功能

电动汽车用高压继电器，也叫高压接触器，不管是低压继电器还是高压继电器，其作用都是一样的，都是通过小电流来控制大电流的输出，相当于一个开关的作用。图 2-3-12 所示为 E300 动力电池管理系统的主负继电器。

2. 结构

高压继电器内部由高压触点和继电器线圈两部分组成，高压触点通过螺丝与高压线缆固定，如图 2-3-13 所示。

考虑到高压用电安全的需要，高压触点外部使用陶瓷进行密封和绝缘，同时在密封腔体内填充以氢气为主的气体，使触点工作在一个高压、密闭的稳定环境内，提高了触点接通与分断直流高压大负载的能力，保证触点在高温、电弧的侵蚀下不易氧化。

图 2-3-12　主负继电器

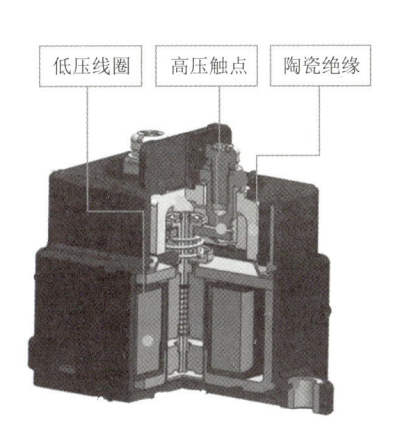

图 2-3-13　高压继电器的结构

3. 原理

控制模块的工作电压属于低电压小电流信号，不能对大功率的用电设备进行直接控制，所以当控制模块对大功率用电设备进行控制时必须使用继电器。

当控制模块需要控制继电器工作时，首先给继电器线圈电路通小电流，线圈通电后产生磁场，在磁场的作用下高压触点吸合，高压电流经过继电器触点向外输出。高压继电器的工作原理如图 2-3-14 所示。

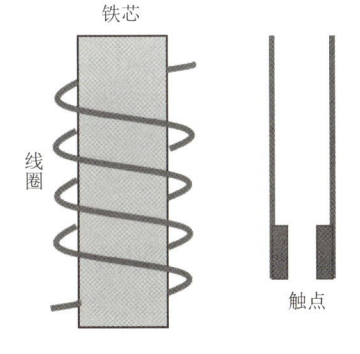

图 2-3-14　高压继电器的工作原理

4. 诊断维修

动力电池管理系统通过高压继电器对动力电池的高压电进行分配，当高压继电器故障时，可能会导致某些用电设备无法正常工作。同时动力电池管理系统也会对高压继电器的工作情况进行监测，当高压继电器及其电路出现故障时，在相关模块内部会形成相关的故障码。

当系统报高压继电器故障时，故障原因可能是继电器本身及其相关线路故障。

1）继电器线圈检测

可以利用万用表测量继电器线圈电阻，检查其阻值是否正常，如果不正常则需要更换继电器。此外，还可以使用加电测试的方法对继电器线圈进行检测，具体方法是：利用外部电源给继电器线圈通电，观察继电器是否有吸合的声音，如果有，则说明继电器线圈正常。

注意：有些高压继电器线圈电路带控制电路，所以不能直接测量出电阻或者电阻很大。对于这种继电器，在加电测试时，需要分清线圈电路的正负极性，反向加电时，继电器可能不会工作。

2）继电器触点检测

在继电器线圈不供电时，测量高压触点的两个连接点之间电阻正常应该为无穷大；给继电器线圈供电后，测量高压触点的两个连接点之间电阻正常应该接近 0 Ω。如果测量值不正确，则需要更换继电器。

二、高压保险丝

1. 功能

高压保险丝对高压电路主要起过载保护作用。图 2-3-15 所示为 E300 车型动力电池内部的高压保险丝。

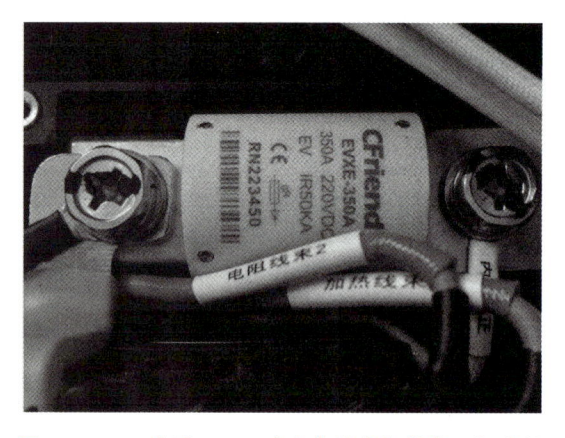

图 2-3-15　宝骏 E300 动力电池内部的高压保险丝

当电动汽车动力系统的高压线短路时，导致动力电池瞬间大电流放电，此时动力电池和高压线束的温度迅速升高，将会导致动力电池和高压线束燃烧，严重时还可能会引起电池爆炸。

若电路中正确地安置了保险丝，那么保险丝就会在电流异常升高到一定的高度时，自身熔断切断电流，从而起到保护电路安全运行的作用。

2. 结构原理

高压保险丝外部为耐高温的陶瓷包裹。保险丝主要是由铝锑合金等低熔点合金制成的，易熔化的金属丝在电流过大时及时熔断，起到保护作用。

3. 诊断维修

高压保险丝一般安装在动力电池内部、高压配电箱内部或者某些控制模块内部。

高压保险丝的好坏可以通过万用表测量电阻或者电压的方法进行判断，保险丝两端正常阻值应该接近 0 Ω，在通电情况下保险丝两端电压应该相同。如果保险丝异常，则更换高压保险丝或动力电池总成。在更换保险丝时，必须按照要求更换同规格的保险丝，否则可能会导致故障。

三、手动维修开关

为了安全的需要，部分电动汽车在动力电池上安装了手动维修开关。在进行高压维修作业时，为了安全的需要，需要断开手动维修开关。

手动维修开关的作用是接通或断开动力电池内部高压线路的连接。手动维修开关串联在动力电池高压电路中，拆卸手动维修开关后，动力电池的内部电路处于断开状态。

目前只有 E100 车型安装有手动维修开关，其余 SGMW 车型都没有安装。图 2-3-16 所示为 E100 动力电池手动维修开关所在的位置。

手动维修开关的主要故障有断路或接触不良。维修开关断路会导致动力电池没有高压输出，可以利用万用表电阻挡测量维修开关两个金属插头的阻值来检查开关的好坏。维修开关正常阻值应该小于 1 Ω，如果阻值过大，则需要更换维修开关。

维修开关接触不良会导致动力电池输出电压低，可能会导致用电设备工作不正常，当动力电池有高压输出时，如果维修开关异常发烫说明维修开关接触不良，则需要更换维修开关。

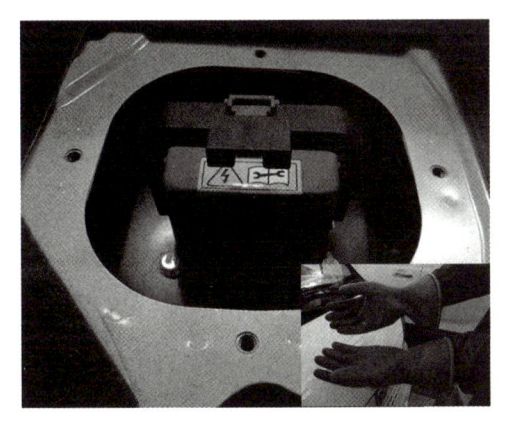

图 2-3-16 手动维修开关

四、预充电电阻

1. 功能

由于电动汽车电机控制器的高压正、负极之间设计有大容量的补偿电容，如果没有预充电电阻，那么在高压回路导通瞬间，补偿电容以及相关线路将会由于瞬间电流过大而发热甚至烧毁。

图 2-3-17 所示为宝骏 E300 驱动电机控制器内部的补偿电容。

在上电过程中为了避免上电瞬间产生的较大电流损坏高压器件，需要首先对高压电路进行预充电。当纯电动汽车接到有效启动命令之后，高压回路安全监测系统上电，此时如果蓄电池剩余电量充足，电压正常，并且电路无互锁、绝缘和短路等故障，主控管理单元控制预充电继电器工作，动力电池正极电流通过预充电电阻和预充电继电器触电输出高压电，接通预充电电路，进行高压电路预充电。预充电结束后，主正继电器工作，开始正常供电。预充电的时间很短。图 2-3-18 所示为预充电电阻。

图 2-3-17　宝骏 E300 驱动电机控制器内部的补偿电容　　图 2-3-18　预充电电阻

2. 结构

预充电电阻由电阻芯、铝外壳、填充物以及连接线组成，如图 2-3-19 所示。

（1）电阻芯采用耐高温、绝缘陶瓷棒作为电阻骨架，选用优质合金电阻丝均匀绕制而成。

（2）铝外壳具有更好的散热效果。

（3）电阻芯与铝外壳之间的填充物为绝缘非燃性硅化物，用模压工艺灌装而成，使电阻芯和铝外壳形成结构坚固的电阻个体。

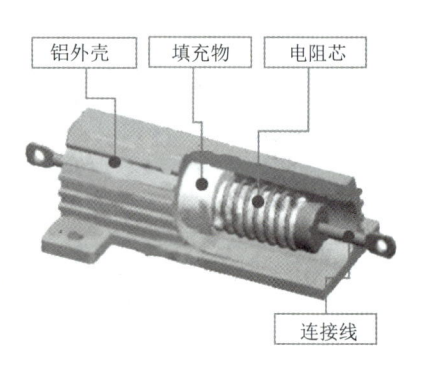

图 2-3-19　预充电电阻的结构

3. 工作原理

由于电动汽车驱动电机控制模块（MCU）的高压正、负极之间设计有大容量的稳压电容，所以在上电过程中为了避免上电瞬间产生的较大电流损坏高压器件，需要首先对高压电路进行预充电，如图 2-3-20 所示。

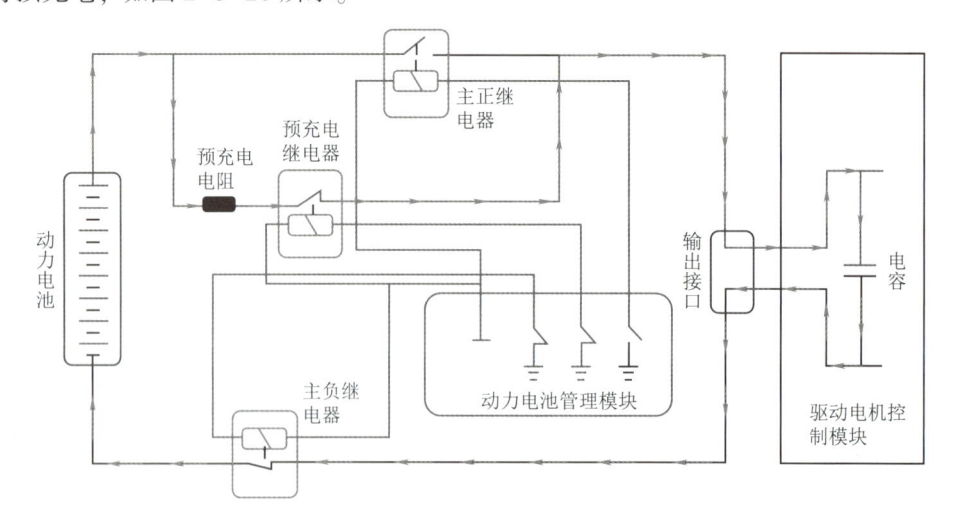

图 2-3-20　预充电工作原理电路

当纯电动汽车接到有效启动命令之后，动力电池管理模块首先控制预充电继电器和主负继电器工作，动力电池正极电流通过预充电电阻和预充电继电器触点输出高压电，接通预充电电路，进行高压电路预充电。

预充电结束后，预充电继电器退出工作，主正继电器开始工作，给高压用电设备正常供电，如图 2-3-21 所示。预充电的时间一般很短。

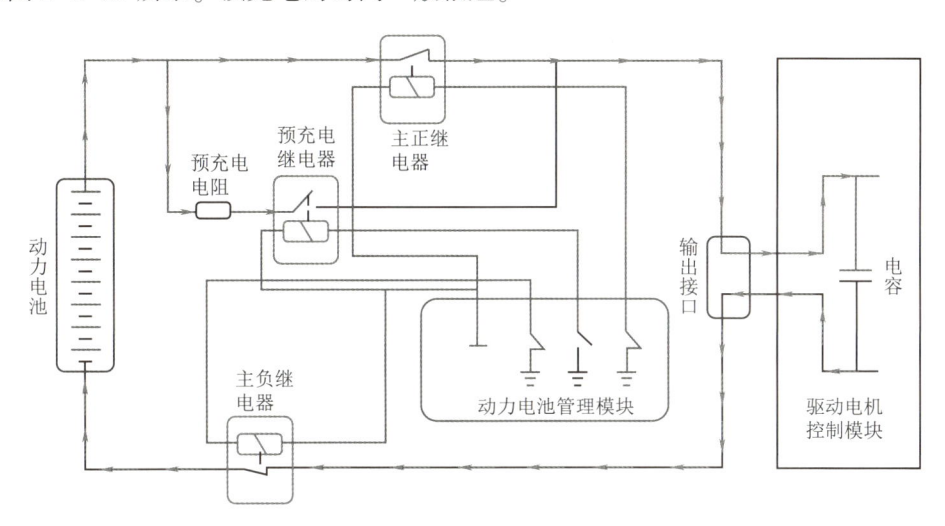

图 2-3-21　预充电结束后工作电路

4. 诊断维修

如果预充电在规定时间内完成，则动力电池管理系统接通高压回路，否则禁止接通高压回路，所以如果预充电电阻断路，则会导致动力电池供电系统无法上电，动力电池管理系统会报相关故障码。

可以利用万用表电阻挡对预充电电阻进行检查，如果阻值偏小或者无穷大，则需要更换预充电电阻。E300 车型动力电池预充电电阻的阻值为 25 Ω 左右。预充电电阻的检查如图 2-3-22 所示。

图 2-3-22　预充电电阻的检查

五、电池温度传感器

1. 功能

电池温度传感器的作用是监测动力电池模组的温度信息，主控管理单元利用此信息对动力电池进行控制，如图 2-3-23 所示。

电池在充放电时会导致电池自身发热，如果温度过高，可能会导致车辆自燃的重大事故发生，所以必须对动力电池温度进行监测。

根据需要电池温度传感器可能有多个，分别监

图 2-3-23　电池温度传感器

测不同电池模组的温度。E300 每个动力电池模组有三个温度传感器。

2. 原理

电池温度传感器的传感元件一般采用热敏电阻，受温度变化时，其阻值会发生变化。

主控管理单元内部有 1 个上拉电阻，电阻上方接有 5 V 电源，电阻为定值电阻。模块内的定值电阻与温度传感器的热敏电阻形成一个串联电路，如图 2-3-24 所示。

当电池模块的温度变化时，电池温度传感器的阻值就会发生变化，根据串联分压的原理，其信号线的电压也会发生变化。主控管理单元依据信号电压的高低，即可判断出电池模块温度的高低。

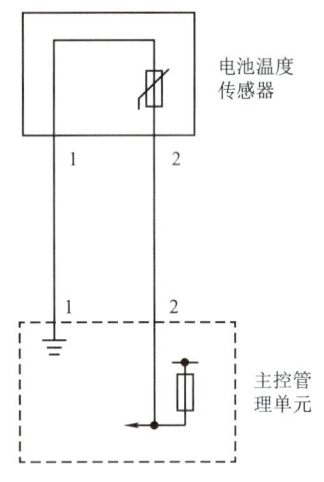

图 2-3-24 电池温度传感器电路图

3. 诊断维修

1）诊断仪数据

通常可以通过诊断仪显示的电池温度数据和当前实际的电池温度进行对比，推断电池温度传感器是否正常。

2）万用表测量

在打开点火开关，不拔下传感器线束连接器的状态下测量信号线对地电压。随着电池模块温度升高，信号电压呈线性下降的趋势。

关闭点火开关，用万用表测量传感器电阻，其阻值应该和标准值一致。

如果发现信号电压或电阻异常，则需要进行以下检查：

（1）检查信号线路是否开路、对地短路或对电源短路。

（2）检查传感器的接地是否存在开路。

（3）如果以上检查都正常，则更换传感器或动力电池总成。

六、高压互锁

1. 功能

高压互锁断电保护

在 ISO 国际标准《ISO 6469-3：2001 电动汽车安全技术规范第 3 部分：人员电气伤害防护》中，规定电动汽车上的高压部件应具有高压互锁装置。

高低压互锁机构通过使用低压小电流信号来检查高压导线及其连接器的电气完整性。高压互锁装置的作用有以下几点：

（1）整车在高压上电前确保整个高压系统的完整性，使高压处于一个封闭的环境下工作，提高高压系统的安全性。

（2）当整车在运行过程中高压系统回路断开或者完整性受到破坏时，可以启动安全防护程序。

（3）防止带电插拔高压连接器给高压端子造成的拉弧损坏。

当互锁信号回路断开时（例如碰撞或非正常操作断开某一高压部件的高压连接线），乘员或维修人员有可能会接触到高压电从而造成触电伤害，因此当动力电池管理模块在检测到高压互锁信号断开之后，应当根据不同情况断开相应的高压继电器，以切断高压输出。

（4）行驶中互锁回路断开时：维持当前行驶状态，但停止时关闭动力电池高压继电器控制，以切断高电压。

（5）停车状态下互锁回路断开时，立即关闭动力电池高压继电器控制，以切断高电压。

2. 组成

高压互锁由互锁信号回路和互锁监测器组成。

1）互锁信号回路

互锁信号回路可以分为以下两种形式：

（1）整车控制模块负责监控其他高压控制器的互锁回路。

整车控制模块负责监控其他高压控制器的互锁回路，高压互锁回路经过多个模块形成串联电路，如图 2-3-25 所示。

整车控制模块（VCU）通过一个定值电阻发出 12 V 的高电位信号，通过相关模块的高压互锁回路，最终接地，构成一个完整的低压回路。当高压互锁回路所有模块低压和高压线束连接良好时，VCU 监测到一个 0 V 的低电位信号；当某一高压部件的低压或高压连接断开时，VCU 监测到 12 V 的高电位信号。VCU 监测到线路断开的信号后，通过网络把信号发送给动力电池管理模块，动力电池管理模块控制主正、主负继电器断开高压电。

（2）各个高压控制器负责监测各自的高压互锁回路。

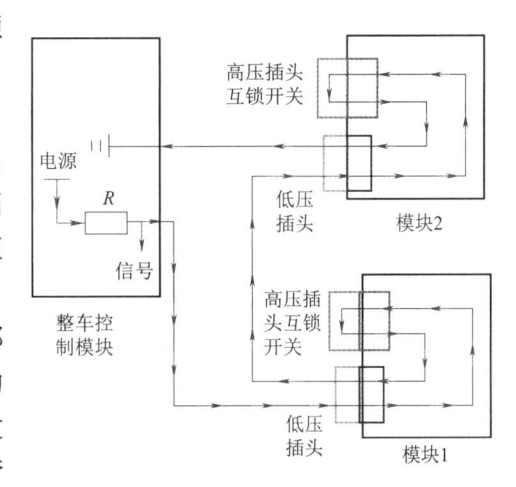

图 2-3-25 整车控制模块负责监控其他高压控制器的互锁电路

各个高压控制器负责监测各自的高压互锁信号，只有当全部的控制器收到高压互锁接通信号时，才允许接通高压电源。

图 2-3-26 所示为动力电池内部的高压互锁回路。动力电池管理模块通过一个上拉电阻给互锁监测器提供高电位电压，当拔下高压插头时，互锁监测器断开，此时动力电池管理模块监测到一个高电位信号；当插好高压插头时，互锁监测器闭合，此时动力电池管理模块监测到一个低电位信号。

2. 互锁监测器

高压互锁监测器分为两类，一种用于监测高压连接器连接是否完好，另外一种用于监测高压控制器的盒盖是否开启。

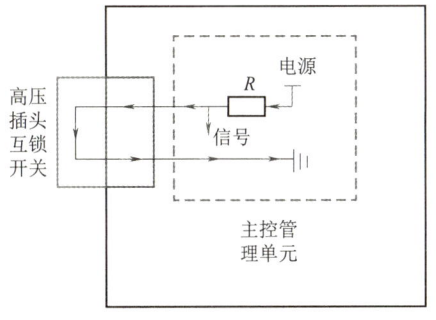

图 2-3-26 动力电池内部的高压互锁电路

图 2-3-27 所示为宝骏 E300 高压配电箱的盒盖开关，其实际上是一个监测器，当盖开启时，互锁回路信号也断开，互锁信号回路信号中断。

如图 2-3-28 所示，宝骏 E300 高压线路插接件的两个端子实际上是一个监测器，当拔下高压插头时，高压互锁回路信号也断开，高压互锁回路信号中断。通常在整车所有高压插头中都应设置互锁监测器。

图 2-3-27　宝骏 E300 高压配电箱的盒盖开关　　图 2-3-28　宝骏 E300 互锁监测器

高压互锁检测开关工作原理（比亚迪秦）

3. 高压互锁回路

以宝骏 E300 车型为例，E300 车型共有三条高压互锁回路，其中整车控制模块有两条高压互锁回路，动力电池主控管理单元有一条高压互锁回路，如图 2-3-29 所示。

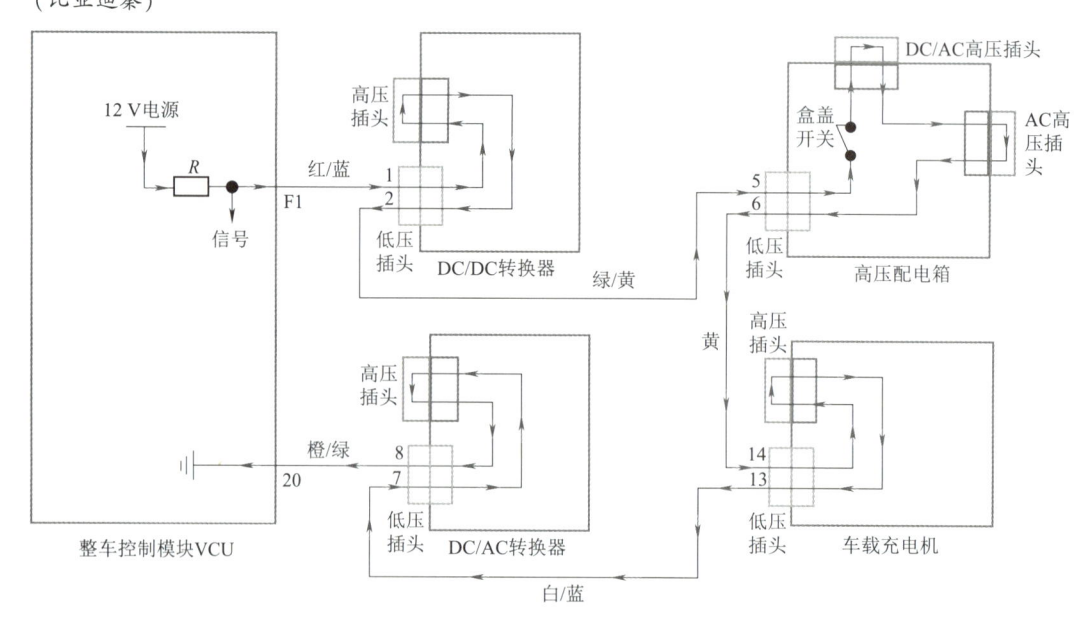

图 2-3-29　宝骏 E300 高压互锁回路

整车控制模块通过 F1 号脚输出 12 V 电源，对 DC/DC 转换器、高压配电箱、车载充电机，以及 DC/AC 转换器的高压插头的连接情况进行监控。当高压插头连接良好的情况下，整车控制模块接收到 0 V 低电位信号；当高压插头断开时，电池管理单元接收到 12 V 高电位信号。

整车控制模块高压互锁回路如图 2-3-30 所示。

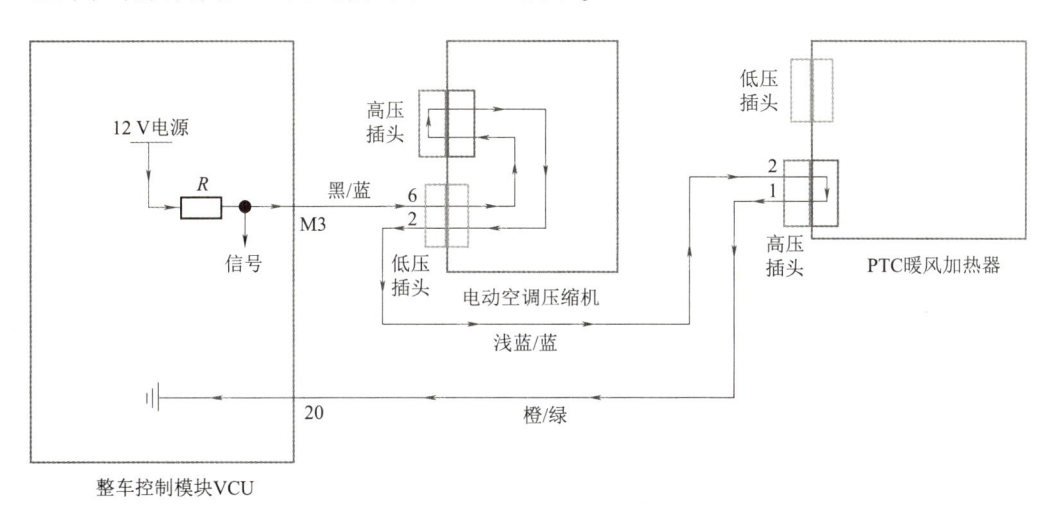

图 2-3-30　整车控制模块高压互锁回路

整车控制模块通过 M3 号脚输出 12 V 电源，对电动空调压缩机、PTC 暖风加热器高压插头的连接情况进行监控。当高压插头连接良好的情况下，整车控制模块接收到 0 V 低电位信号；当高压插头断开时，电池管理单元接收到 12 V 的高电位信号。

动力电池主控管理单元高压互锁回路如图 2-3-31 所示。

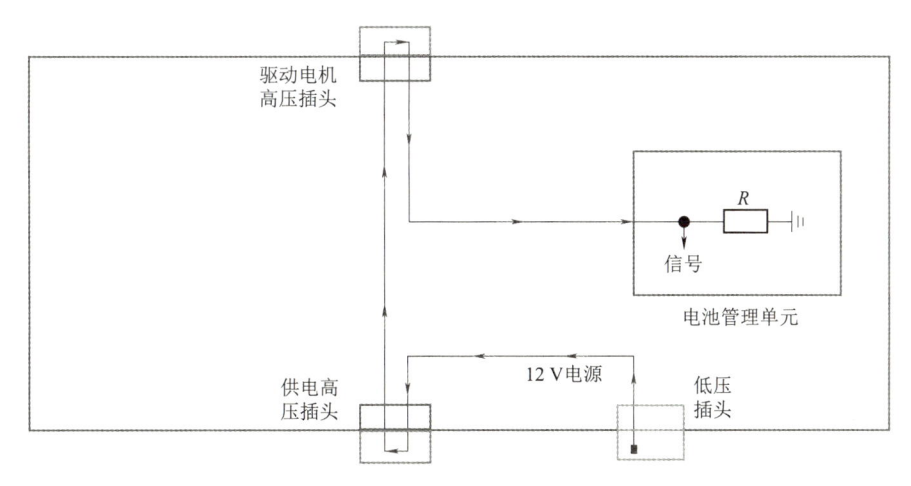

图 2-3-31　动力电池主控管理单元高压互锁回路

通过动力电池的低压插头，由外部提供的 12 V 低压电源通过供电高压插头和驱动电机高压插头，回到电池管理单元构成回路，用于监测动力电池高压插头的连接情况。当高压插头连接良好的情况下，电池管理单元接收到 12 V 高电位信号；当高压插头断开时，电池管理单元接收到 0 V 低电位信号。

4. 高压互锁的故障诊断与维修

高压互锁的主要故障是信号回路断路。

当高压互锁信号回路断路时，会导致动力电池系统没有高压输出。首先需要检查高低压线束有没有破损、高低压插头有没有正常连接。

如果以上检查都正常，则可以利用万用表电压挡检查互锁信号回路的完整性。如图 2-3-32 所示。

此外，也可以利用万用表电阻挡通过测量互锁信号回路的导通性来判断高压互锁电路是否正常，如图 2-3-33 所示。

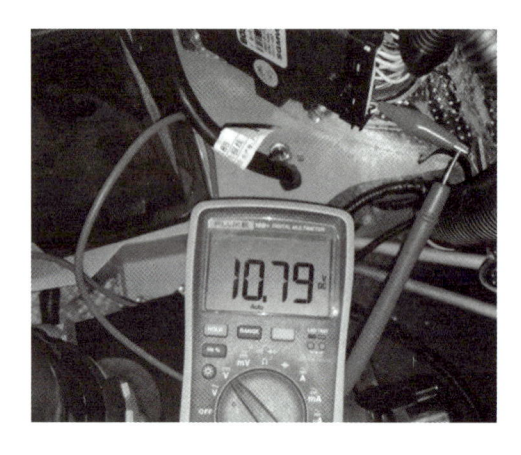

图 2-3-32　高压互锁的电压检测 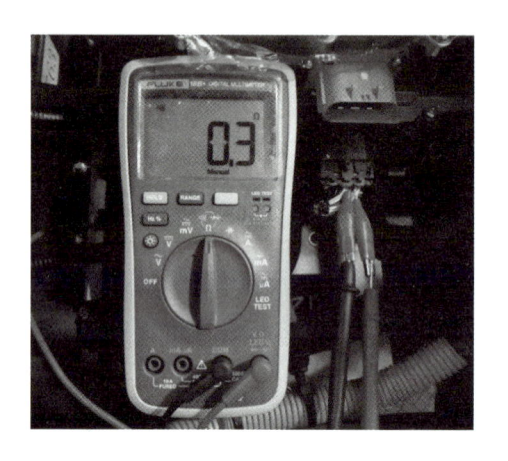　　　　图 2-3-33　高压互锁的电阻检测

高压互锁诊断思路：首先通过诊断仪的故障码功能观察是否有与高压互锁相关的故障码，通过诊断仪的数据流功能判断高压互锁是否正常。有的车型在高压互锁出现故障时，仪表也会有提示。如果高压互锁电路存在故障，则按照以下流程进行检查。

下面以宝骏 E300 车型电动空调压缩机和 PTC 暖风加热器的互锁电路为例，按照电阻测量法检查高压互锁回路（也可以通过测量电压或跨接的方法对高压互锁回路进行检查）。

（1）拔下整车控制模块插头，将万用表打到电阻挡，两个表笔分别连接线束端 M3 和 20 号脚，应导通，否则高压互锁回路存在断路故障。然后进行进一步检查，以确定具体故障部位。

（2）拔下电动空调压缩机低压插头，两个表笔分别接整车控制模块线束端的 M3 号脚和电动空调压缩机低压插头的 6 号脚，应导通。如果不导通，则说明此段线路存在断路故障。

（3）插上电动空调压缩机低压插头，两个表笔分别接电动空调压缩机低压插头的 6 号脚和 2 号脚，应导通。如果不导通，则说明电动空调压缩机内部互锁电路存在断路故障。

（4）拔下电动空调压缩机和 PTC 暖风加热器低压插头，两个表笔分别接电动空调压缩机线束端的 2 号脚和 PTC 暖风加热器的 2 号脚，应导通。如果不导通，则说明此段线路存在断路故障。

（5）插上 PTC 暖风加热器低压插头，两个表笔分别接 PTC 暖风加热器低压插头的 2 号脚和 1 号脚，应导通。如果不导通，则说明 PTC 暖风加热器内部互锁电路存在断路故障。

（6）拔下 PTC 暖风加热器和整车控制模块低压插头，两个表笔分别接 PTC 暖风加热器的 1 号脚和整车控制模块的 20 号脚，应导通。如果不导通，则说明此段线路存在断路故障。

（7）如果以上检查都正常，说明整车控制模块外部高压互锁回路正常。如果依然报高压互锁故障，则应检查整车控制模块内部互锁信号和搭铁电路是否正常。

七、电流传感器和动力电池总电流监测

1. 功能

电流传感器是一种检测装置，能检测到线路中的电流信号，并将此信号按一定规律变换成符合一定标准需要的电信号或其他所需形式的信息输出，以满足信息的传输、处理、存储、显示、记录和控制等要求。

主控管理单元需要随时监控电流传感器的数据，当电流过大时，主控管理单元执行过流控制，此时动力电池系统降功率运行或者不输出动力。

2. 分类

电动汽车常用的电流传感器有电阻分流器式和霍尔式。

1）电阻分流器式电流传感器结构原理

电阻分流器是根据直流电流通过电阻时电阻两端产生电压差的原理制作而成的。电阻分流器实际上是一个阻值很小的电阻，当有直流电流通过时，电阻产生压降，电流监测模块根据电压降来计算电流的大小。电阻分流器在低频率小幅值电流测量中表现出很高的精度和较快的响应速度。

图 2-3-34 所示为宝骏 E300 动力电池内部的电阻分流器式电流传感器。

图 2-3-34 宝骏 E300 的电阻分流器式电流传感器

2）霍尔式电流传感器结构原理

霍尔式电流传感器是按照霍尔效应原理制成的，同时对安培定律加以应用，当载流导体有电流通过时，在载流导体周围会产生正比于该电流的磁场，而霍尔器件则用来测量这一磁场。因此，使电流的非接触测量成为可能。霍尔式电流传感器是通过测量霍尔电动势的大小来间接测量载流导体电流的大小的。

霍尔式电流传感器的优点：响应速度快、精度高、体积小、频带宽、抗干扰能力强、过载能力强。

图 2-3-35 所示为 E300 车型电机控制器内部的霍尔式电流传感器。

图 2-3-35 宝骏 E300 的霍尔式电流传感器

动力电池管理模块可定期采集电流传感器的信号，判断电流是否正常。当电流过大或者过小时，动力电池系统会根据故障的严重程度进行降功率运行或者不输出动力，同时动力电池管理模块内部会形成相关的故障码。

当系统报电流传感器故障或电流异常时，故障原因可能是传感器本身及其监测线故障，也可能是动力电池系统故障导致电流过大或者过小。

3. 电流传感器的故障原因

（1）霍尔传感器及其输入输出电路故障。

（2）霍尔传感器装反。

（3）动力电池系统故障导致电流过大或者过小。

首先检查确认当前动力电池充电电流或者输出电流是否与电流传感器反馈的电流一致。如果一致，则需要检查动力电池供电系统是否正常；如果不一致，则需要检查电流传感器及其电路是否正常。

检查传感器外观及线路是否正常，如果正常，则可以利用万用表对传感器进行检查。

对于电阻分流器式电流传感器，用万用表检查分流器电阻及其监测线路是否存在虚接、开路或对地短路的情况。

霍尔式电流传感器属于有源传感器，在进行检查时首先判断其电源和接地是否正常，在电源和接地正常的情况下如果信号电压异常，则更换传感器。

八、动力电池电压监测

每个单体电池的两端都有一根电压检测线，用来监测每个电芯正、负极两端的电压。主控管理单元还可以利用动力电池模组两端的电压来监测动力电池模组的总电压。

图 2-3-36 中箭头处为宝骏 E300 动力电池电压监测线。电池主控模块通过电池模组两端的电压检测线来监测动力电池模组的总电压。

图 2-3-37 中"内部总正"线接主正继电器输入端，"内部总负"线接主负继电器的输入端。所以，电池主控单元通过这两根线能够监测到动力电池的总电压。

图 2-3-36　宝骏 E300 动力电池电压检测线

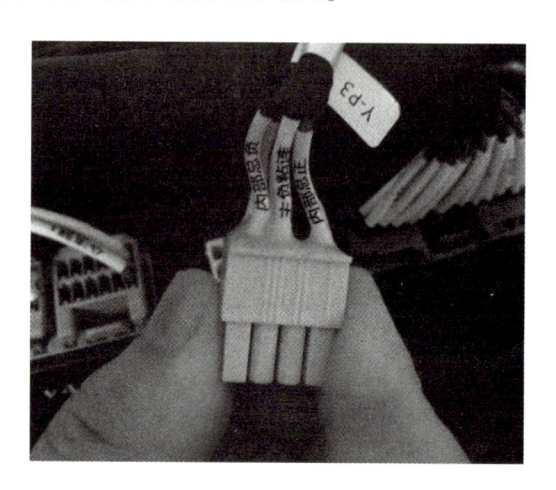

图 2-3-37　电压监测线的连接

图 2-3-38 所示为动力电池电压监测原理。电池主控模块通过单体电池和电池模组两端的电压检测线来监测单体电池的电压以及动力电池模组的总电压。

动力电池电压监测的故障如下：

（1）单体电池自身故障。

（2）单体电池检查电路故障，如检测线与单体电池的连接处虚接、线路本身虚接或电池管理模块内部虚接等。

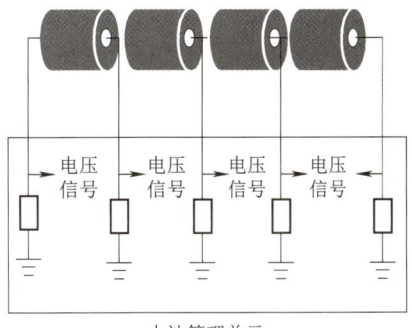

（3）电池模块软件或硬件故障。

图 2-3-38 动力电池电压监测原理

电池电压异常，首先通过诊断仪读取故障码来查看模块是否记录了相关电池电压的故障码，单体电池的电压或总电压可通过诊断仪数据流进行读取。

如果发现电压异常，则优先检查模块到单体电池或模块的采样线路或连接器是否存在虚接或开路现象。

如果线路正常，则说明控制模块自身故障，需更换控制模块。

在确定单体电池或模组自身有异常时，需单独更换单体电池或电池模组。

九、继电器断开和粘连监测

动力电池管理系统通过监测继电器触点输出的电压来判断继电器的状态，如果在继电器没有工作时，动力电池管理系统在主正继电器的输出端监测到工作电压，则动力电池管理系统认为主正继电器出现粘连故障，如图 2-3-39 所示。

图 2-3-39 继电器断开和粘连监测

当继电器没有工作时，BMU 应该监测到一个低电位信号，如果此时 BMU 监测到一个高电位信号，则认为继电器存在粘连故障（主负继电器的监测正好相反），如图 2-3-40 所示。

当 BMU 控制继电器工作时，继电器吸合，BMU 应该监测到一个高电位信号，如果此时 BMU 没有监测到高电位信号，则认为继电器故障（主负继电器的监测正好相反）。

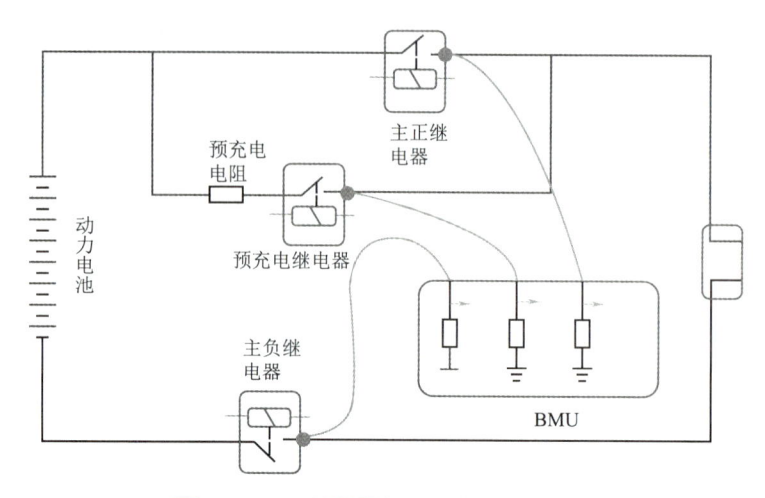

图 2-3-40 继电器断开和粘连监测原理

十、绝缘监测

绝缘监测是为了安全的需要。为了让使用者安全、放心地使用电动汽车，电动汽车设置有漏电报警程序，无论是电池自身还是电池外电路的高压回路上存在绝缘故障，管理模块都会上报故障，严重漏电时管理模块还会直接断开高压输出。

1. 绝缘监测原理

绝缘监控模块主要是通过监测高压器件对车身的阻抗，来判断车辆是否存在漏电风险。

图 2-3-41 所示为低频信号注入法检测原理。R_1 和 R_2 分别是电动汽车的正极绝缘电阻和负极绝缘电阻，GND 为电动汽车系统底盘接地。虚线框内为绝缘检测系统的主体电路，其中包括电容 C、电阻 R_3、R_4 以及低频信号发生器 GEN。

信号发生器 GEN 产生一个电压不断变化的信号，通过绝缘阻抗 R_1 和 R_2 接地，当动力电池的正极或者负极对地阻抗过小时，流过电阻 R_3 的电流就会变大，通过对采样电阻 R_3 上分压的采集，即可计算得出对地绝缘阻抗的大小。

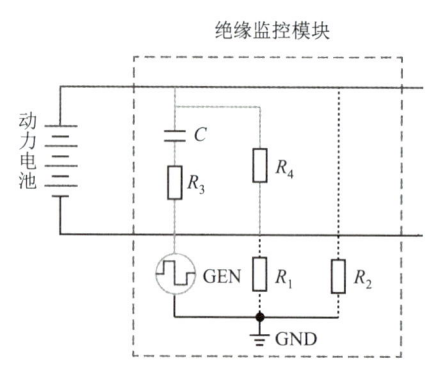

图 2-3-41 绝缘监测原理

2. 绝缘故障排查思路

电动汽车的漏电报警分为三种：漏电正常、漏电一般、漏电严重。前两种情况下，车辆是可以起动的，如果出现漏电严重报警，则车辆无法起动。

导致动力电池系统绝缘故障的主要原因：

（1）动力电池箱或插接件进水。

（2）电池模块漏液。

（3）整车其他高压部件（控制器、压缩机等）绝缘不好。

（4）绝缘误报。

首先通过诊断仪的故障码功能观察是否有与整车绝缘相关的故障码，通过诊断仪的数据流功能也可以判断高压绝缘是否正常。如果整车绝缘存在故障，则按照以下方法进行检查。

维修此类故障时，需要利用绝缘表分别测量动力电池高压插件与车身之间的绝缘性能，如果绝缘性能低于标准值，则需要分别对高压线、控制模块以及其他高压部件进行检查，根据情况进行维修或者更换。

此外，也可以采用隔离法诊断此类故障。首先将高压互锁信号线人为地短接或对地短路，保证高压插头断开的情况下动力系统的高压还能正常输出。然后分别断开相关的高压线路和模块，通过检测仪或者仪表观察漏电报警是否消除，如果漏电报警消除，说明隔离的部件或者线路存在高压漏电故障。

拔下高压部件的高压插头，在部件插座位置分别测量高压端子对车身的电阻，如果阻值低于标准值，则高压部件存在绝缘故障，需要更换，如图 2-3-42 所示。

拔下高压部件的高压插头，在线束端插头位置分别测量高压端子对车身的电阻，如果阻值低于标准值，则与此高压线束连接的高压部件可能存在绝缘故障，需要进一步对与此高压线连接的部件进行检查，直到找到故障部件为止，如图 2-3-43 所示。

图 2-3-42　在部件插座位置测量高压端子对车身的电阻

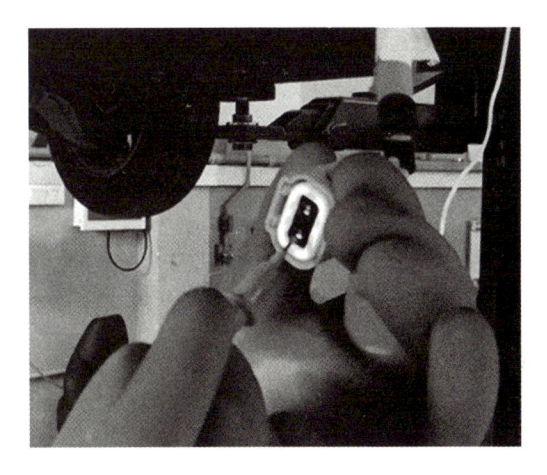

图 2-3-43　在线束端插头位置测量高压端子对车身的电阻

此外，也可以采用隔离法对绝缘故障进行诊断，如图 2-3-44 所示。首先拔下高压和低压插头，然后将低压插头的高压互锁线路跨接。重新高压上电后，观察车辆故障是否消除，如果不再提示高压互锁故障，则说明被隔离的高压部件存在绝缘故障。

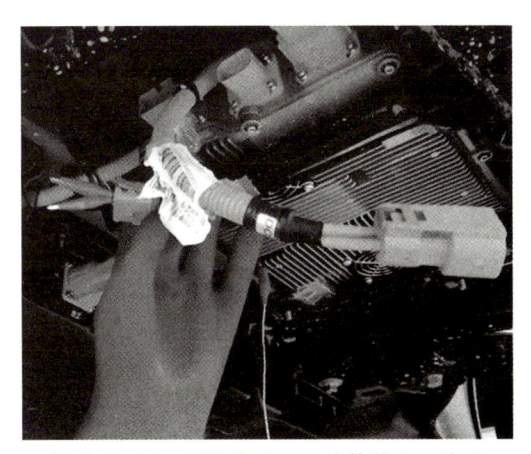

图 2-3-44　用隔离法对绝缘故障进行诊断

课外拓展

动力电池大脑如何助力全面电动化?

众所周知,纯电动汽车的动力输出依靠电池,而电池管理系统 BMS(Battery Management System)则是其中的核心,负责控制电池的充电、放电以及实现电池状态估算等功能。

1. 电芯自加热技术

在寒冷的冬天,如何降低里程衰减,是大多数车主在购买新能源电动汽车时的一大顾虑。

为此,宁德时代开发出了电芯自加热技术,实现了"加热一刻钟,畅行雪地中"。

使用 BMS 控制算法和整车动力总成架构,可以控制电芯在短时间内快速充、放电,使得电芯从内部发热,实现电芯的自加热效果。

目前实验测试效果可达 2 ℃/min 的加热速率,并且整个加热过程中电芯温差不超过 4 ℃,最重要的是,整个加热方案不增加任何系统成本。

2. 快充技术

传统的电动汽车电池管理系统(BMS)基于线下标定的充电曲线与当前的充电电压来控制充电电流。这种方法未考虑电芯内部实际的电化学状态,也不能保证电池的耐久性与安全性。

宁德时代研发的快速充电算法——恒电势闭环控制算法,其核心是通过计算电池内部电势锂离子浓度的分布,提升电芯充电的速度与安全性。

原理是基于电化学模型,通过控制阳极电势高于析锂电位阈值,最大化输入充电电流,而电流的输入会继续影响电池内电势的分布,从而形成一个闭环控制,使得电池在不发生析锂的前提下充电时间最短。

我们的电化学模型会耦合热、力等物理场温度预估模型,从机理角度加入老化对模型的影响,实现全生命周期的在线控制。

相比于传统的充电技术,宁德时代快速充电算法能充分发挥自主研发快充型电芯的快充性能,电芯充电速度提升一倍,实现了 15 min 电芯电量从 0% 增加至 80%。

3. 无线 BMS

长时间使用之后,电池系统的线束接插件可能会老化失效。针对这个挑战,宁德时代设计了无线 BMS,通过无线 BMS 技术,省去了线束以及接插件,简化了安装工艺。即使出现由于交通事故造成的 BMS 主控板损坏等问题,也可以通过车外的无线 BMS 工具实现对电芯的实时监控,从而杜绝二次事故的发生。

此外,宁德时代的无线 BMS 方案在仓储运输以及下线成组方面也有很大的优势。

如果无线 BMS 结合键合工艺做成标准模组,便可以实现智能电芯的效果,随时可以监测任意一个电芯的状态。

读完上述材料，谈谈你对宁德时代在电池管理系统 BMS 创新方面的感想。

_____
_____
_____
_____
_____
_____

任务2.4　动力电池供电系统综合故障诊断与维修

学习目标

顺利完成本任务内容后，可以达到以下目标。

素质目标

(1) 严格执行新能源汽车检修规范，养成严谨科学的工作态度；
(2) 培养团队协作精神；
(3) 培养勤于学习、勇于探索的创新精神；
(4) 培养精益求精的工匠精神。

知识目标

(1) 熟悉故障诊断仪的操作方法；
(2) 掌握整车无法高压上电的诊断思路；
(3) 掌握电池包故障处理流程；
(4) 熟悉动力电池拆装流程。

能力目标

(1) 能正确使用故障诊断仪进行故障诊断；
(2) 能对整车无法高压上电的故障进行诊断与维修；
(3) 能对电池包故障进行诊断与维修；
(4) 能规范完成动力电池的拆装作业。

2.4.1　诊断仪诊断

一、数据流分析

通过诊断仪的数据流可以确认动力电池的基本信息（电压、电流、温度、SOC等），还可以确认动力电池供电系统的主要信号（执行器状态、其他控制器状态），如图2-4-1和图2-4-2所示。

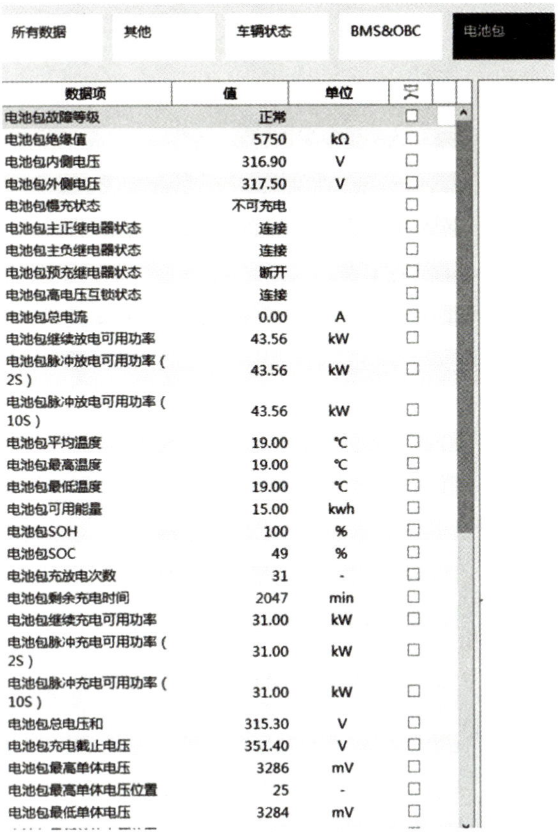

所有数据 | 其他 | 车辆状态 | BMS&OBC | 电池包

数据项	值	单位	
电池包故障等级	正常		
电池包绝缘值	5750	kΩ	
电池包内侧电压	316.90	V	
电池包外侧电压	317.50	V	
电池包慢充状态	不可充电		
电池包主正继电器状态	连接		
电池包主负继电器状态	连接		
电池包预充继电器状态	断开		
电池包高电压互锁状态	连接		
电池包总电流	0.00	A	
电池包继续放电可用功率	43.56	kW	
电池包脉冲放电可用功率(2S)	43.56	kW	
电池包脉冲放电可用功率(10S)	43.56	kW	
电池包平均温度	19.00	℃	
电池包最高温度	19.00	℃	
电池包最低温度	19.00	℃	
电池包可用能量	15.00	kwh	
电池包SOH	100	%	
电池包SOC	49	%	
电池包充放电次数	31	-	
电池包剩余充电时间	2047	min	
电池包继续充电可用功率	31.00	kW	
电池包脉冲充电可用功率(2S)	31.00	kW	
电池包脉冲充电可用功率(10S)	31.00	kW	
电池包总电压和	315.30	V	
电池包充电截止电压	351.40	V	
电池包最高单体电压	3286	mV	
电池包最高单体电压位置	25	-	
电池包最低单体电压	3284	mV	

图 2-4-1 数据流分析电力电池基本信息

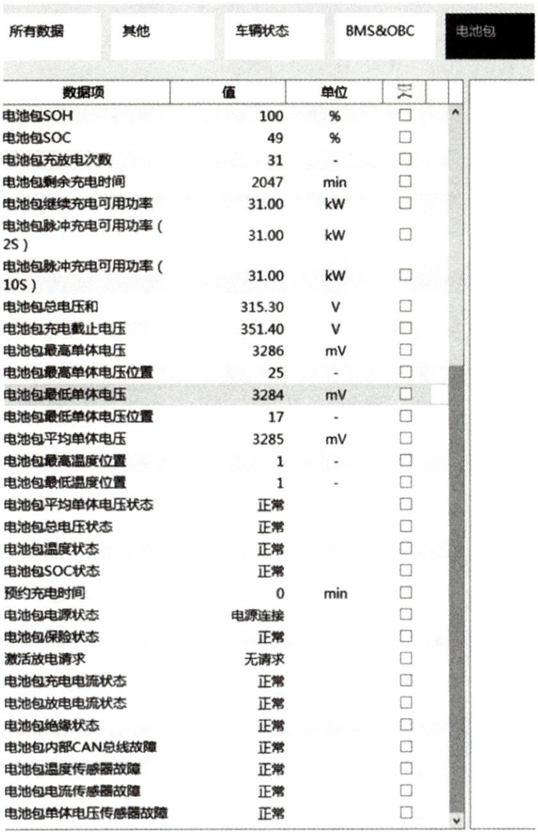

所有数据 | 其他 | 车辆状态 | BMS&OBC | 电池包

数据项	值	单位	
电池包SOH	100	%	
电池包SOC	49	%	
电池包充放电次数	31	-	
电池包剩余充电时间	2047	min	
电池包继续充电可用功率	31.00	kW	
电池包脉冲充电可用功率(2S)	31.00	kW	
电池包脉冲充电可用功率(10S)	31.00	kW	
电池包总电压和	315.30	V	
电池包充电截止电压	351.40	V	
电池包最高单体电压	3286	mV	
电池包最高单体电压位置	25	-	
电池包最低单体电压	3284	mV	
电池包最低单体电压位置	17	-	
电池包平均单体电压	3285	mV	
电池包最高温度位置	1	-	
电池包最低温度位置	1	-	
电池包平均单体电压状态	正常		
电池包总电压状态	正常		
电池包温度状态	正常		
电池包SOC状态	正常		
预约充电时间	0	min	
电池包电源状态	电源连接		
电池包保险状态	正常		
激活放电请求	无请求		
电池包充电电流状态	正常		
电池包放电电流状态	正常		
电池包绝缘状态	正常		
电池包内部CAN总线故障	正常		
电池包温度传感器故障	正常		
电池包电流传感器故障	正常		
电池包单体电压传感器故障	正常		

图 2-4-2 数据流分析动力电池系统的主要信号

二、动作测试功能

动作测试功能可用于对执行器的驱动，以检查执行器的工作情况是否正常，包括主继电器强制驱动、预充电继电器强制驱动等。

2.4.2 整车无法高压上电的诊断与维修

一、故障原因分析

导致 E300 车型整车无法高压上电的故障原因有以下几点：

(1) 低压蓄电池电压过低。

(2) 驾驶员座椅占用传感器故障。

(3) 低压电源管理系统故障。

(4) 制动开关故障。

(5) 整车控制模块本身及其电源接地故障。

(6) 动力电池供电系统故障。

(7) 电机控制器以及其他高压电器故障。

(8) CAN 网络通信故障。

（9）高压绝缘故障。

（10）高压互锁故障。

（11）防盗系统故障。

二、故障诊断流程

（1）按照故障诊断的一般流程，首先了解故障现象以及故障发生时车辆的情况，根据了解到的情况进行针对性分析，判断导致故障出现的大体方向。

（2）按照由简到繁的原则，首先检查车辆的仪表是否正常显示，目视检查车辆的高低压导线是否正常连接，检查线束是否破损、低压蓄电池是否电压过低、高压动力电池是否严重亏电。

（3）利用诊断仪进行全车诊断，通过诊断结果判断全车模块是否能正常通信、是否有相关的故障码。

（4）如果网络通信有故障，首先检查网络故障。对于单个模块不能通信的故障重点检查模块的电源、接地、与模块相关的网络分支以及模块本身是否正常；对于多个模块不能通信的故障，重点检查网络线路是否断路、短路以及某个模块内部是否存在异常，检查多个模块公用的电源、接地以及线路是否存在异常。诊断的方法有：通过测量网络终端电阻判断网络线路是否存在断路故障，通过测量电压判断网络线路是否存在短路故障，通过插拔单个模块来判断模块内部是否正常。

（5）如果模块内部有与故障相关的故障码，则查找维修手册，按照手册的故障引导进行诊断。

（6）对于某些信号元件以及模块的供电线路，可以利用诊断仪的数据流功能进行检查，以快速判断其是否正常；对于诊断仪不能判断的元件和线路，可以利用万用表进行检查。

（7）对于某些执行元件，可以利用诊断仪的动作测试功能进行检查，以快速地判断其是否发生故障，缩小故障范围。

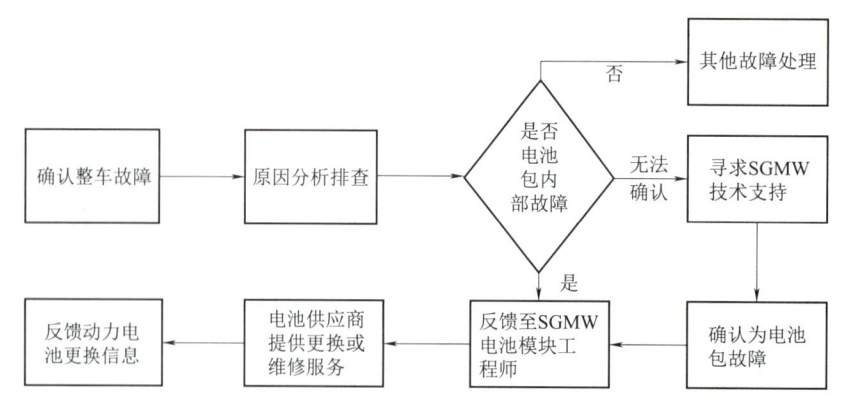

2.4.3 电池包故障诊断与维修

电池包故障诊断与维修流程如图2-4-3所示。

图2-4-3 电池包故障诊断与维修流程

注意：根据最新国家相关要求，动力电池或者模组的更换，都需要将电池包 27 位码录入国家溯源系统，务必支持信息的记录及反馈工作。

2.4.4　动力电池的拆装

宝骏 E300 车型动力电池（见图 2-4-4）的拆卸步骤如下：
(1) 整车高压下电。
(2) 举升车辆。
(3) 将电池拆卸升降平台放到合适的位置。
(4) 拆下护板。
(5) 依次拔掉高压和低压线束插接件。
(6) 依次拆下动力电池安装螺栓及接地线螺栓。
(7) 拆下动力电池。

动力电池拆装
（吉利帝豪 EV300）

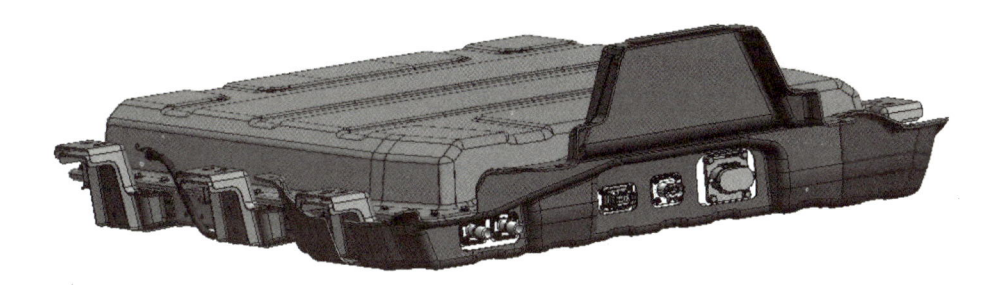

图 2-4-4　宝骏 E300 车型动力电池

安装方法和拆卸方法相反，在此不再赘述。

注意：宝骏 E300 车型动力电池无手动维修开关，所以不需要拆卸。

2.4.5　紧急情况时的故障诊断与维修

一、电池出现高温报警或有异味

(1) 立即在安全地带停车，尽量选择空旷地带。
(2) 关闭钥匙，切断电池系统高压。
(3) 疏散周围人员。
(4) 在条件允许的情况下，断开电池系统与整车的高压回路。
(5) 立即联系相关人员寻求技术支持。
(6) 守护现场，勿让他人靠近，随时共享现场情况。

二、冒烟或着火

(1) 立即停车并结束当前操作。
(2) 疏散周围人群，并将周围易燃易爆物品转移至安全地带。

(3) 使用二氧化碳或干粉灭火器对电池系统进行灭火，并用沙土或泥土将电池箱体掩埋。如火势较大，则应立即拨打"119"火警电话。

(4) 如有人员受伤，则立即拨打"120"急救电话。

(5) 立即联系厂家，寻求支援。

(6) 保护现场，勿让他人靠近，并及时共享现场情况。

(7) 组织疏散。

课外拓展

汽车远程诊断+OTA，赋能汽车智能化大变革

毫无疑问，汽车行业过去几年迎来了百年未有的大变局，并在两个领域展开了深度"进化"：一方面电动化改变了汽车传统的驱动模式；另一方面智能化改变了汽车的属性、汽车和驾驶者的关系及汽车和汽车的关系，甚至也改变了汽车和社会的关系。

远程诊断+OTA 的汽车解决方案将成为主流需求。网联汽车通过持续发送状态数据可以对汽车进行及时分析和检查，如果发现实际或潜在故障，可以采取适当的行动。这种预见性的维护允许对汽车进行持续性的改造，并可在维修门店更好地分配工作负载。传统的、机械式的维修门店将在后市场生态中难以立足。

远程诊断技术将给车辆的故障诊断带来怎样的改变？

随着车联网的日趋完善、车载大屏机人机对话技术的完善以及区域化运营解决方案的逐步成熟，大数据的整合、供应链模式、会员模式、营销模式的整合，为智能汽车的发展提供了可能，更为车主提供一站式汽车生活提供了方便。主机厂借助车载电脑和传感器，可以预先远程判断故障，未来将大大降低非正常故障的发生率，以养代修成为趋势。如果无人驾驶技术成熟的话，未来更有可能出现车辆通过远程预判故障并通过无人驾驶技术，自行前往修理厂进行维修保养和故障排除的场景。

根据业内人士的观点，总结出来远程诊断有以下优势：

(1) 在故障车辆运到修理厂的过程中，工厂的工程师可以提前通过远程诊断进行事前分析，准备好需要的配件，大大缩短了车主在修理厂等待的时间，即只需要等待零部件更换时间。

(2) 为了降低潜在故障发生的可能性，或者改善故障发生时的处理效果，远程诊断可以让主机厂收集车辆相关的信息，利用这些信息进行适当的调查和分析。

读完上面的案例，你对移动充电有何感想？

_____
_____
_____
_____
_____

项目3　充配电系统故障诊断与维修

　　发展新能源汽车是我国从汽车大国迈向汽车强国的必由之路，是应对气候变化、推动绿色发展的战略举措，自2012年国务院发布《节能与新能源汽车产业发展规划（2012—2020年）》以来，我国坚持纯电驱动战略取向，新能源汽车产业发展取得了巨大成就，成为世界汽车产业发展转型的重要力量之一。2021年《中华人民共和国国民经济和社会发展第十四个五年规划和2035年远景目标纲要》提出加快充换电基础设施建设，依托"互联网+"智慧能源，提升智能化水平，积极推广智能有序慢充为主、应急快充为辅的居民区充电服务模式，加快形成适度超前、快充为主、慢充为辅的高速公路和城乡公共充电网络等已成为目前我国充电系统设施发展的主要目标。

　　本项目主要介绍电动汽车充配电系统的一些基础知识，包括电动汽车的充配电系统、电动汽车的分类、纯电动汽车的使用方法以及纯电动汽车的组成等。

任务 3.1 充配电系统认知

学习目标

顺利完成本任务内容后,可以达到以下目标:

素质目标

(1) 养成良好的安全意识和规范操作意识;
(2) 培养学生的文化自信、民族自信;
(3) 能与他人进行有效的交流和沟通,具备较强的团队协作精神;
(4) 严格执行 5S 现场管理;
(5) 树立爱岗敬业理念,培养艰苦奋斗精神。

知识目标

(1) 了解新能源汽车的充配电系统;
(2) 掌握新能源汽车的充电方式和充电模式;
(3) 了解新能源汽车的常见充电场景。

能力目标

(1) 能对新能源汽车进行充电及维护;
(2) 能认识各种新能源汽车的充电设备;
(3) 能对新能源汽车充电系统进行必要的应急处理。

3.1.1 充配电系统认知

新能源汽车,特别是纯电动汽车的充电技术,最关键的问题是如何能实现高效率的快速充电,这关系到充电器的容量和性能、电网的承载能力和动力电池的承受能力等。随着动力电池本身充放电速度的不断提高,充电系统的性能也在不断改进,以满足在多种不同应用情况下的快速充电需求。由于电力的储运和使用比汽油方便得多,故充电设备的建造也呈现出多样性和灵活性,既可以为集中式的充电站,也可以设置在道路边、停车场、购物中心等任何方便停车的地方。除了固定充电装置以外,电动汽车还带有车载充电器,可以在夜间利用家里的市电插座进行充电,甚至还可以在用电高峰期把电力逆变后返送回电网。目前,根据不同的汽车动力电池电压和容量、充电速度要求,以及电网供电容量等因素的考量,固定充电器的容量一般在 15~100 kW,输出电压一般为 50~500 V;车载充电器容量则为 3~7 kW。

目前,世界各国都在研究电动汽车的快速充电技术。欧洲已研发出充电 10 min 可行驶

100 km 的快速充电系统，美国也已经研发出充电 6 min 可以行驶 100 km 的超快速充电系统。这些系统都采用国际通用的快速充电标准接口，输入电源可以用交流电，也可以用直流电。

由于快速充电系统需要强大的瞬时功率，所以在快速充电设施中电网的承载能力是一个关键的制约因素。如果想要把充电速度进一步提高，从普通电网直接供电基本上不可能。为了解决这个矛盾，技术人员正着手研发新一代带有储能缓冲环节的超快速充电系统。这项技术目前还处于早期发展阶段，但已经有示范系统展示。汽车在行驶中的充电叫作无线充电，这也是技术人员将要研究和开发的技术之一。这种技术一旦实施，车载的电池容量将可以降低。随着电动汽车市场的迅速发展，这些技术一定会得到广泛的应用并产生巨大的经济效益。

充配电系统的主要功能是充电和配电。充配电系统包括交流慢充口、直流快充口、高压配电箱、车载充电机（OBC）、DC/DC 转换器、DC/AC 转换器和 DC/AC 插座等，其中直流快充口、DC/AC 转换器和 DC/AC 插座为选装件。如图 3-1-1 所示。

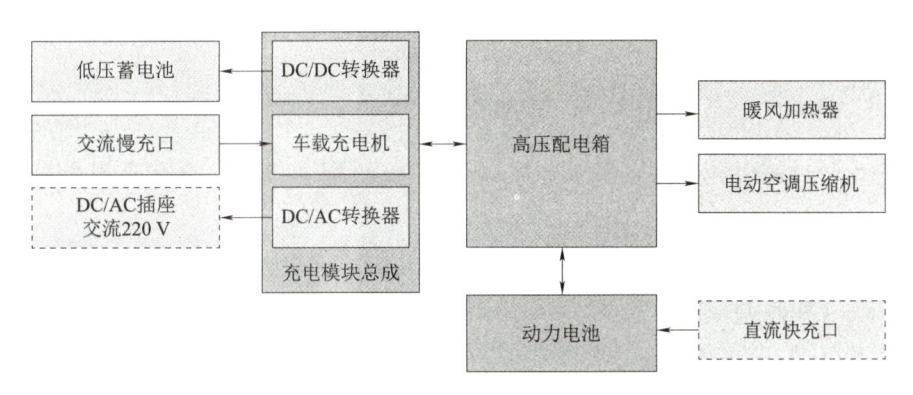

图 3-1-1 充配电系统

在图 3-1-1 中，箭头方向表示电能流动方向。

（1）用虚线框表示的 DC/AC 转换器、DC/AC 插座以及直流快充口为选配。

（2）如果车载充电机（OBC）和 DC/DC 转换器集成在一起，则构成充电模块总成。

（3）如果车载充电机（OBC）、DC/DC 转换器和 DC/AC 转换器（选装）集成在一起，则构成充放电模块总成。

荣威 E50 纯电动汽车电池充电系统组成

充配电系统的功能主要包括以下几点：

（1）动力电池的一路高压电通过高压配电箱分配给充电模块总成、暖风加热器和空调压缩机。

（2）220 V 高压交流电经过交流慢充口和充电模块总成内部的车载充电机（OBC）转化为高压直流电后，经过高压配电箱给动力电池充电。

（3）动力电池的高压电经过高压配电箱以及充电模块总成内部的 DC/DC 转换器转变为 14 V 的低压直流电，给低压蓄电池充电。

（4）供电设备供给的高压直流电经直流快充口直接给动力电池充电。

（5）动力电池的高压直流电经高压配电箱、充放电模块总成内部的 DC/AC 转换器转变

91

为 220 V 高压交流电，通过 DC/AC 插座输出，可以为另一台充电机功率不高于 2.2 kW 的新能源汽车（需配备此功能）充电，也可以为其他 2.2 kW 以下的家用交流用电设备供电。

充电系统是新能源汽车主要的能源补给系统，图 3-1-2 所示为新能源汽车充电系统示意图。

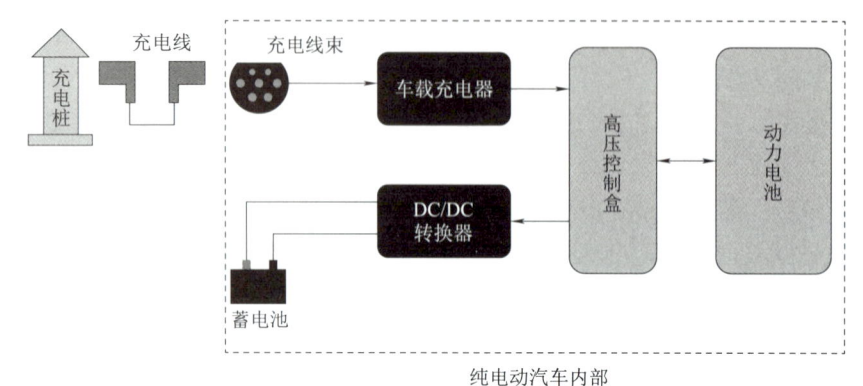

图 3-1-2　新能源汽车充电系统示意图

（1）充电桩。充电桩作为新能源汽车充电系统的配套设施，有交流充电桩和直流充电桩。

①交流充电桩，又称"慢充"，固定安装在电动汽车外，与交流电网连接，是为电动汽车车载充电器（即固定安装在电动汽车上的充电器）提供交流电源的供电装置。交流充电桩只提供电力输出，没有电流转换功能，需连接车载充电器将交流电转换为直流电为电动汽车充电，交流慢充相当于只是起了一个控制电源的作用，如图 3-1-3 所示。

②直流充电桩，又称"快充"，固定安装在电动汽车外，与交流电网连接，是为非车载电动汽车动力电池提供直流电源的供电装置。直流充电桩的输入电压采用三相四线 AC 380×（1±15%）V，频率 50 Hz，输出为可调直流电，直接为电动汽车的动力电池充电，如图 3-1-4 所示。

图 3-1-3　交流充电桩　　　　　　　图 3-1-4　直流充电桩

（2）便携式充电器。便携式充电器是充电系统的重要组成部件，能将 220 V 的交流电转化为动力电池的直流电，实现电池电量的补给，并具有充电监控的功能，如图 3-1-5 所示。

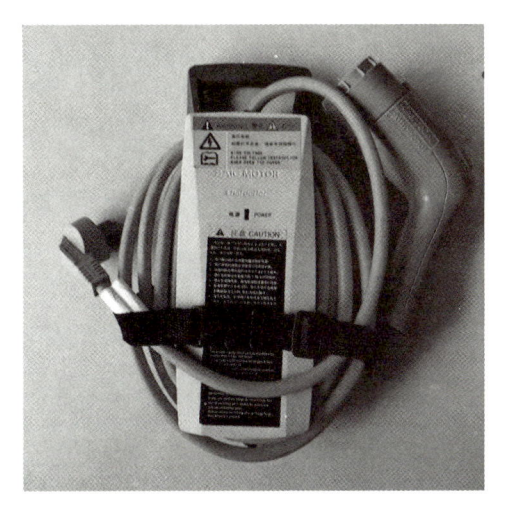

图 3-1-5　便携式充电器

3.1.2　电动汽车的充电方式

动力电池的电量随着运行消耗会越来越少，进而影响汽车的续航里程，当电量较低时，需通过外界电网及时为车辆动力电池补充电量。补充电量需通过一个供电装置将电网的电引向车辆来进行充电。如图 3-1-6 所示，现阶段，电动汽车充电方式主要为接触式充电，分为交流（AC）慢充和直流（DC）快充两种。

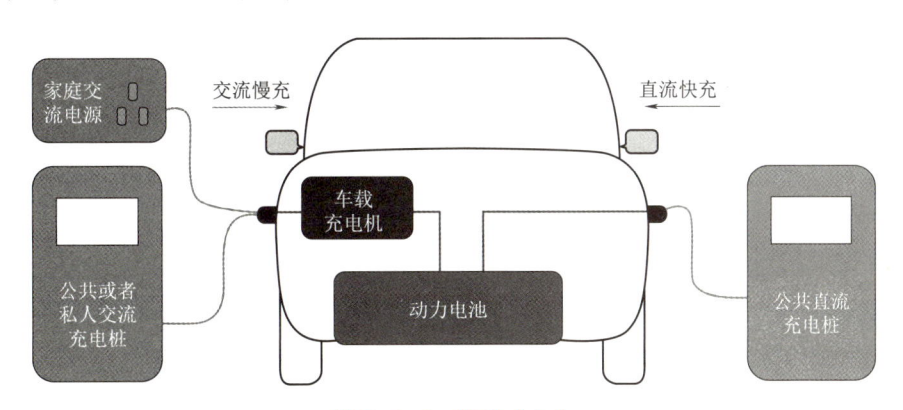

图 3-1-6　接触式充电

交流慢充要求每辆电动汽车都有一个车载充电机（OBC），主要用于居住区家庭或者是工作单位等场景；电源为交流电，充电功率和充电电流小，充电时间较长，如图 3-1-7 所示。

直流快充主要应用于高速公路、公共设施等场景；充电时不通过车载充电机，直接给动力电池直流充电；充电功率和充电电流一般较大，充电时间短，一般要求半个小时到一个小时内能充满80%的电量，如图3-1-8所示。

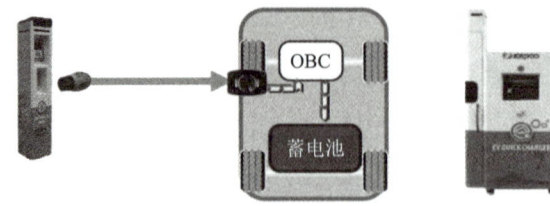

图 3-1-7　交流慢充　　　　　图 3-1-8　直流快充

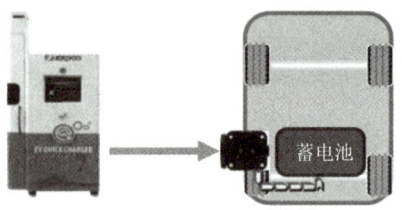

顾名思义，二者分别是用交流电与直流电连接到电动汽车的充电插座上，其中交流电需要先经过车载充电机OBC变为直流电，再给动力电池充电；而直流充电是利用外部的充电设备先转换成直流电，然后直接连接到动力电池，不需要车载充电机。

北汽纯电动车能源系统组成与能量流动过程

3.1.3　电动汽车的充电模式

1. 充电模式1（不推荐使用）

图3-1-9所示为充电模式1，充电系统使用标准的插座和插头，能量传输过程中应采用单相交流供电，且不允许超过8 A和250 V。在电源侧应使用符合GB 2009.1和GB 1002要求的插头、插座，在电源侧使用了相线、中性线和保护接地导体，并且在电源侧使用了剩余电流保护装置。从标准插座到电动汽车，应提供保护接地导体。

新的国标规定不应使用充电模式1对电动汽车进行充电。

图 3-1-9　充电模式1

2. 充电模式2

图3-1-10所示为充电模式2，充电系统使用标准插座，能量传输过程中应采用单相交流供电。在电源侧使用符合GB 2009.1和GB 1002要求的16 A插头、插座时输出不超过13 A；在电源侧使用符合GB 2009.1和GB 1002要求的10 A插头插座时输出不超过8 A。在电源侧使用了相线、中性线和保护接地导体，并且采用缆上控制与保护装置（IP-CPD）连接电源与电动汽车。

从标准插座到电动汽车应提供保护接地导体，且应具备剩余电流保护和过流保护功能。

缆上控制与保护装置

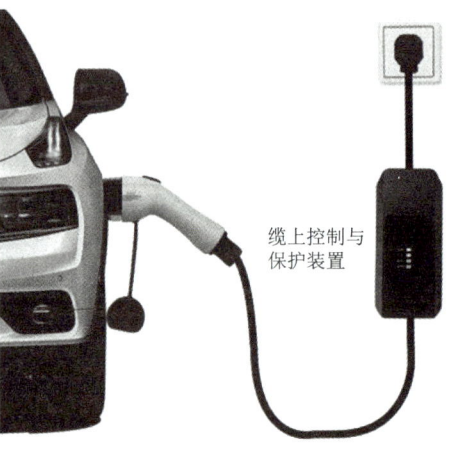

图 3-1-10　充电模式2

3. 充电模式 3

图 3-1-11 所示为充电模式 3，其应用于连接到交流电网的供电设备将电动汽车和交流电网连接起来的情况，并且在电动汽车供电设备上安装了专用的控制与保护装置。

当电动汽车供电设备具有一个及一个以上可同时使用的充电模式 3 连接点（供电插座）时，每一个连接点应具有专用保护装置，应确保控制引导功能可独立运行。

充电模式 3 应具备剩余电流保护功能。

连接方式 A、B 和 C（见"3.1.4 常见的充电场景"）适用于充电模式 3。

当采用单相供电时，电流不大于 32 A；当采用三相供电且电流大于 32 A 时，应采用连接方式 B。

图 3-1-11 充电模式 3

4. 充电模式 4

图 3-1-12 所示为充电模式 4，用于电动汽车连接到直流供电设备的情况，应用于永久连接于电网（电源）的设备和通过电缆与电网（电源）连接为其供电的设备。

充电模式 4 可直接连接至交流电网或直流电网。仅连接方式 B 适用于充电模式 4。控制引导功能内置于直流供电设备中。

图 3-1-12 充电模式 4

3.1.4 常见的充电场景

在国标中，电动汽车分为 4 种充电模式与 3 种连接方式，理论上面来讲，这样就有 12 种充电的场景。而现实中，有些充电模式和连接方式不能兼容，还有些不推荐使用（例如充电模式 1 不推荐使用，连接方式 A 很少使用），所以真正的场景就以下几种。

1. 充电模式 2+连接方式 B

图 3-1-13 所示为充电模式 2+连接方式 B。车辆通过带有缆上控制保护装置（IC-CPD）的线缆，直接与交流电网相连，采用单相交流供电。在电源侧使用 16 A 插座时，实际电流不能超过 13 A；使用 10 A 插座时，电流不能超过 8 A。这种场景下，充电速度很慢。

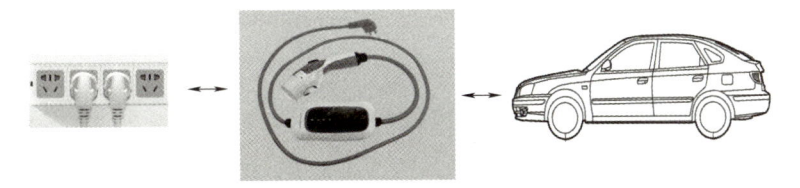

图 3-1-13 充电模式 2+连接方式 B

2. 充电模式3+连接方式B

图3-1-14所示为充电模式3+连接方式B，这种充电场景在小区中很常见。车辆通过交流充电桩直接与交流电网连接，充电控制导引电路集成在充电桩内部。充电可以使用单相或者三相供电，单相供电时，最大电流不能超过32 A；三相供电时，最大电流不能超过63 A。当使用三相供电，电流超过32 A时，只能选用这种连接方式。

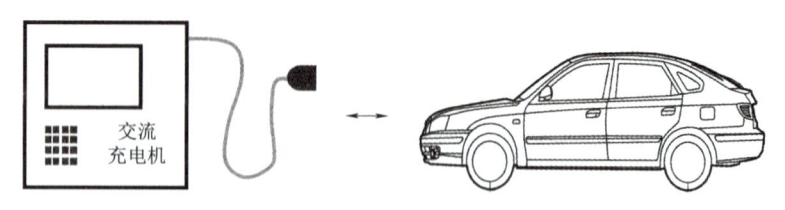

图3-1-14　充电模式3+连接方式B

3. 充电模式3+连接方式C

图3-1-15所示为充电模式3+连接方式C，这种充电场景也是交流充电，其没有第二种普及，中间的充电电缆是活动的，线缆上面并没有集成缆上控制保护装置IC-CPD，它的充电控制导引电路也放在充电桩内部，只适用于充电电流小于32 A的场景，充电速度较慢。这种方式充电桩是不带枪的，需要自备双头枪，不太方便。

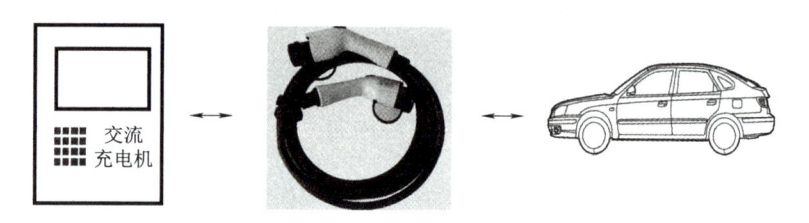

图3-1-15　充电模式3+连接方式C

4. 充电模式4+连接方式B

图3-1-16所示为充电模式4+连接方式B，这种场景属于直流充电，直流充电只能采用这种连接方式，在运营的充电站、公用充电桩可以看到。直流充电的充电速度很快，国标中要求充电电流最大可以达到250 A，电压最高达到1 000 V。

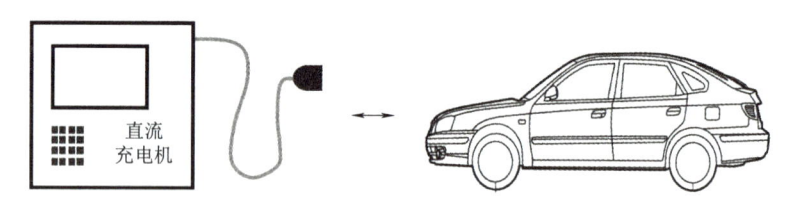

图3-1-16　充电模式4+连接方式B

课外拓展

移动快充-中国充电系统新发展

在拥挤城市的地下车库中，电动车找到一个充电桩并非易事。传统的固定式充电桩需要复杂的布置才能使用，而当电动车的保有量和充电需求量大时，灵活机动的移动充电技术就成了有效的补充，如图3-1-17所示。

图3-1-17　移动充电

在中国市场，我们已经陆续看到这种新的移动充电方式的应用。由国网金华供电公司自主创新研发，名叫小光的"移动式新型智能充电机器人"就是个很好的例子。这款移动式新型智能充电机器人，单台容量为30 kW·h，放电功率为30 kW，2 h即可快速充满一辆续航里程约600 km的新能源车，适配市面上大部分主流电动车型。

它的使用方式是桩找车，用户可以通过App来呼叫这款充电机器人，机器人听到呼叫之后就会听从召唤，根据预先规划好的路线自主行驶至指定位置充电，完成后可以自行返回。除此之外，它还可以利用物联网技术实时读取"车辆电量状态+电池数据"，通过对汽车底盘温度、充电温度的实时监测，及时提醒车主充电安全，为车辆充放电保驾护航。

读完上面的案例，你对移动充电有何感想？

任务 3.2　直流快充系统故障诊断与维修

学习目标

顺利完成本任务内容后，可以达到以下目标：

素质目标

（1）养成良好的安全意识和规范操作意识；
（2）培养学生的文化自信、民族自信；
（3）能与他人进行有效的交流和沟通，具备较强的团队协作精神；
（4）严格执行5S现场管理；
（5）树立爱岗敬业理念，培养艰苦奋斗精神。

知识目标

（1）掌握直流快充系统的组成；
（2）掌握直流充电控制导引电路与控制原理；
（3）掌握直流快充系统无法充电的诊断与维修。

能力目标

（1）能描述新能源汽车直流快充系统的组成和工作原理；
（2）能对直流快充系统的故障进行诊断与维修。

直流快充指的是通过充电站的充电桩（见图 3-2-1）将交流电变为直流高压电，直接通过直流快充口给动力电池充电。直流快充设备提供的是高压直流电，可以直接对动力电池进行充电，不需要车载充电机。

图 3-2-1　充电站

3.2.1 直流快充系统组成

电动汽车直流快充系统主要由直流充电机、直流快充口、控制系统以及动力电池组成,如图 3-2-2 所示。

图 3-2-2 直流快充的组成

1. 直流快充口

图 3-2-3 所示为直流快充口,其符合国标设计要求,目前各个品牌的接口是统一的。直流快充口总共有 9 个针脚,内置热敏电阻,用于对高压线路的温度进行监控。

直流快充接口示意图如图 3-2-4 所示,9 个端子的功能分别如下:

（1）直流电源线 DC+;
（2）直流电源线 DC-;
（3）设备地线 PE;
（4）通信线路 S+;
（5）通信线路 S-;
（6）充电连接确认线路 CC1、CC2;
（7）低压辅助电源线路 A+、A-。

图 3-2-3 直流快充口

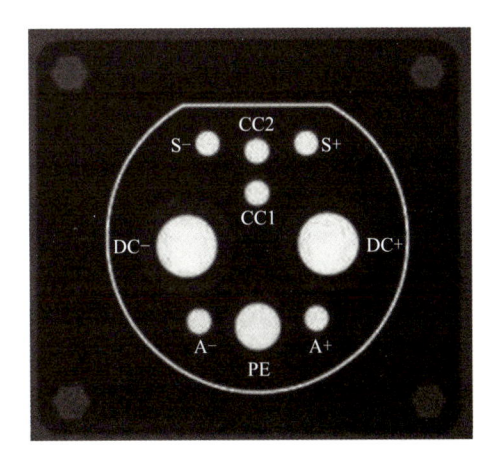

图 3-2-4 直流快充接口示意图

直流快充接口各端子具体功能定义见表3-2-1。

表3-2-1 直流快充各针脚功能定义

针脚和功能	功能定义
S-充电通信	充电通信CAN
S+充电通信	充电通信CAN
CC1充电连接确认	充电桩检测快充口与车辆连接状态
CC2充电连接确认	电池管理单元检测快充口与车辆连接状态
DC-直流电源负	充电桩为动力电池提供的直流高压负极
DC+直流电源正	充电桩为动力电池提供的直流高压正极
A-低压辅助电源负极	充电桩为电动汽车提供的低压辅助电源负极
A+低压辅助电源正极	充电桩为电动汽车提供的低压辅助电源正极
PE保护接地	充电桩和车身地线

车辆插头和车辆插座在连接过程中，插头耦合的顺序如下：

（1）保护接地；

（2）充电连接确认（CC2）；

（3）直流电源正与直流电源负；

（4）低压辅助电源正与低压辅助电源负；

（5）充电通信；

（6）充电连接确认（CC1）。

在插头与插座脱开的过程中则顺序相反。

图3-2-5所示为直流充电接口的连接界面示意图。

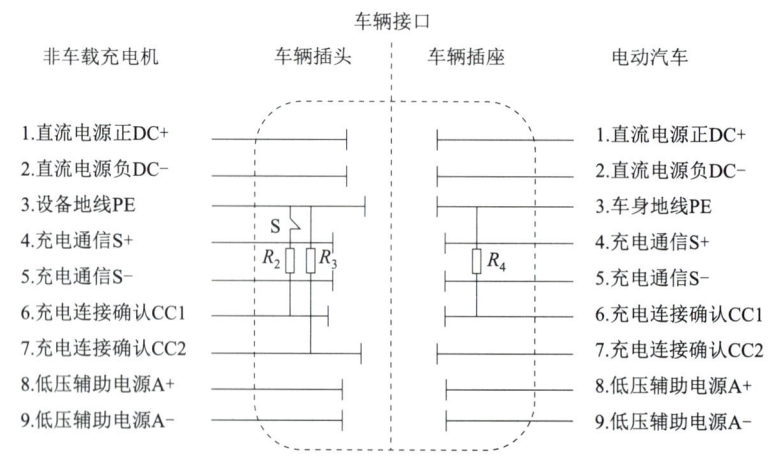

图3-2-5 直流充电接口的连接界面示意图

图 3-2-6 所示为直流充电口低压线束插接件示意图，各针脚的具体功能见表 3-2-2。

图 3-2-6　直流充电口低压线束插接件示意图

表 3-2-2　直流充电口低压线束插接件端子功能

针脚	线色	功能信号	备注
1	黄	S+	充电通信 CAN
2	绿	S-	充电通信 CAN
3	红	A+	充电桩为电动汽车提供的低压辅助电源正
4	黑	A-	充电桩为电动汽车提供的低压辅助电源负
5	N/A	N/A	未用
6	白	CC2	BMS 检测快充接口与车辆连接状态识别信号
7	红	热敏电阻 1-1	热敏电阻 1
8	黑	热敏电阻 1-2	热敏电阻 1
9	红	热敏电阻 2-1	热敏电阻 2
10	黑	热敏电阻 2-2	热敏电阻 2
11	N/A	N/A	未用
12	N/A	N/A	未用

2. 直流充电桩

直流充电桩是为电动汽车电池提供直流电源的充电装置，一般固定安装在户外，例如社区停车场、居民小区、大型商场、服务区、路边停车场、专门的电动汽车充电站等。直流充电桩可直接为电动汽车的电池充电，不需要车载充电机；其使用 380 V 交流电源供电，输出功率大、可调范围宽，因此可以实现电动汽车的快速充电。

图 3-2-7 所示为某品牌直流充电桩，国家电网为了规范现在充电产品的种类、规格，要求电动汽车直流供电设备最大额定直流电压不超过 1 000 V，最大额定直流电流不超过 250 A，具体要求内容如下：

（1）输出直流电：200～500 V（乘用车）、350～700 V（商用车）、500～950 V（高电压平台预留）。

（2）对于直流充电电流推荐优选额定电流值：80 A、100 A、125 A、160 A、200 A、250 A。

（3）直流充电辅助电源：电压 0～30 V，电流 20 A。

图 3-2-7 直流充电桩

3.2.2 直流充电控制导引电路与控制原理

1. 直流充电控制导引电路

如图 3-2-8 所示，直流充电安全保护系统包括直流充电桩控制器，电阻 R_1、R_2、R_3、R_4、R_5，开关 S，直流供电回路接触器 K1 和 K2，低压辅助供电回路［电压：12×（1±5%）V，电流：10 A］接触器 K3 和 K4，充电回路接触器 K5 和 K6 以及车辆控制器，其中车辆控制器可以集成在电池管理模块中，电阻 R_2 和 R_3 安装在车辆插头中，电阻 R_4 安装在车辆插座中。

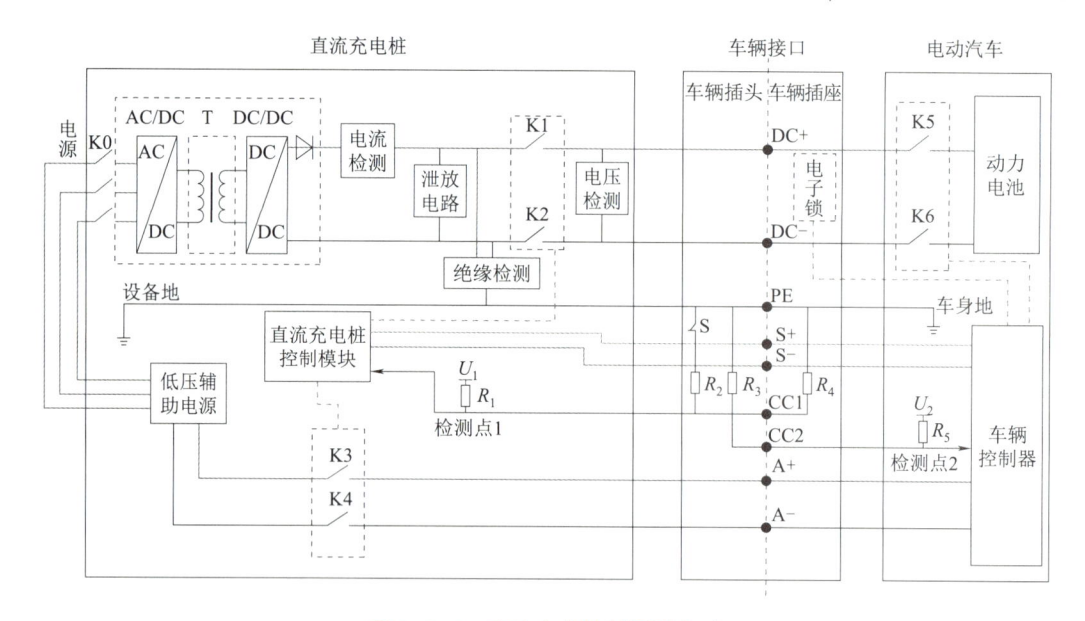

图 3-2-8 直流充电控制导引电路

注：（1）图 3-2-8 中二极管 D1 用来防止反向电流，可采用其他电路替代；

（2）U_1 和 U_2 的电压为 12 V；

（3）电阻 R_1、R_2、R_3、R_4、R_5 均为 1 000 Ω。

开关 S 为车辆插头的内部常闭开关，与插头上的下压按钮（用以触发机械锁止装置）

联动，在按下按钮解除机械锁止功能的同时，S处于断开状态。

在整个充电过程中，直流充电桩控制装置应能监测接触器K1、K2、K3、K4状态并控制其接通及关断，电动汽车车辆控制装置应能监测接触器K5、K6状态并控制其接通及关断。

2. 充电控制过程

1）车辆插头与车辆插座插合，使车辆处于不可行驶状态

将车辆插头与车辆插座插合，车辆的总体设计方案可以自动启动某种触发条件（如打开充电门、车辆插头与车辆插座连接或对车辆的充电按钮、开关等进行功能触发控制），通过互锁或其他控制措施使车辆处于不可行驶状态。

2）车辆接口连接确认

操作人员对直流充电桩进行充电设置后，直流充电桩控制装置通过测量检测点1的电压值判断车辆插头与车辆插座是否已完全连接，当检测点1电压值为4 V时，则可判断车辆接口已完全连接。

3）直流充电桩自检

在车辆接口完全连接后，闭合K3和K4，使低压辅助供电回路导通；闭合K1和K2，进行绝缘检测，绝缘检测时的输出电压应为车辆通信握手报文内的最高允许充电总电压和供电设备额定电压中的较小值；绝缘检测完成后，将IMD（绝缘检测）以物理的方式从强电回路中分离，并投入泄放回路对充电输出电压进行泄放，直流充电桩完成自检后断开K1和K2，同时开始周期性发送通信握手报文。

如果车辆需要使用直流充电桩提供低压辅助电源，则在得到直流充电桩提供的低压辅助电源供电后，车辆控制装置测量检测点2的电压值判断车辆接口是否已完全连接；如果车辆不需要使用直流充电桩提供低压辅助电源，则直接测量检测点2电压值判断车辆接口是否连接。如检测点2的电压值为6 V，则车辆控制装置开始周期性发送通信握手报文。

4）充电准备就绪

车辆控制装置与直流充电桩控制装置在配置阶段时，车辆控制装置闭合K5和K6，使充电回路导通；直流充电桩控制装置检测到车辆端电池电压正常后闭合K1和K2，使直流供电回路导通。

确认车辆端电池电压正常的标准：与通信报文电池电压误差范围≤5±%，大于充电机最低输出电压，且小于充电机最高输出电压。

5）充电阶段

在充电阶段，车辆控制装置向直流充电桩控制装置实时发送电池充电需求参数，直流充电桩控制装置根据电池充电需求参数实时调整充电电压和充电电流。此外，车辆控制装置和直流充电桩控制装置还相互发送各自的状态信息。在充电过程中，车端应能检测PE针断线。

6）正常条件下充电结束

车辆控制装置根据电池系统是否达到充满状态或是否收到"充电机中止充电报文"来判断是否结束充电。在满足以上充电结束条件时，车辆控制装置开始周期性发送"车辆控制装置中止充电报文"，在确认充电电流变为小于5 A后断开K5和K6。

当达到操作人员设定的充电结束条件或收到"车辆控制装置中止充电报文"后，直流

充电桩控制装置周期性发送"充电机中止充电报文"并控制充电机停止充电，以不小于 100 A/s 的速率减小充电电流，当充电电流小于或等于 5 A 时，断开 K1 和 K2。当操作人员实施了停止充电指令时，直流充电桩控制装置开始周期性发送"充电机中止充电报文"，并控制充电机停止充电，在确认充电电流变为小于 5 A 后断开 K1 和 K2，并再次投入泄放回路，然后再断开 K3 和 K4。

7）非正常条件下充电中止

（1）在充电过程中，如果直流充电桩出现不能继续充电的故障，则向车辆周期发送"充电机中止充电报文"，并控制充电机停止充电，应在 100 ms 内断开 K1、K2、K3、K4。

（2）在充电过程中，如果车辆出现不能继续充电的故障，则向直流充电桩发送"车辆中止充电报文"，并在 300 ms（由车辆根据故障严重程度决定）内断开 K5 和 K6。

（3）在充电过程中，如直流充电桩控制装置发生通信超时，则直流充电桩停止充电，应在 10 s 内断开 K1、K2、K5、K6；直流充电桩控制装置发生 3 次通信超时即确认通信中断，则直流充电桩停止充电，应在 10 s 内断开 K1、K2、K3、K4、K5、K6。

（4）在充电过程中，直流充电桩控制装置通过对检测点 1 的电压进行检测，如果判断开关 S 由闭合变为断开，则应在 50 ms 内将输出电流降至 5 A 以下。

（5）在充电过程中，直流充电桩控制装置通过对检测点 1 的电压进行检测，如果判断车辆接口由完全连接变为断开，则控制直流充电桩停止充电，应在 100 ms 内断开 K1、K2、K3、K4。

（6）在充电过程中，直流充电桩输出电压若大于车辆最高允许充电总电压，则直流充电桩应在 1 s 内停止充电，并断开 K1、K2、K3、K4。

（7）如果直流充电桩因严重故障结束充电，则重新启动充电需要操作人员进行完整的充电启动设置。

3. 直流充电状态流程图（见图 3-2-9）

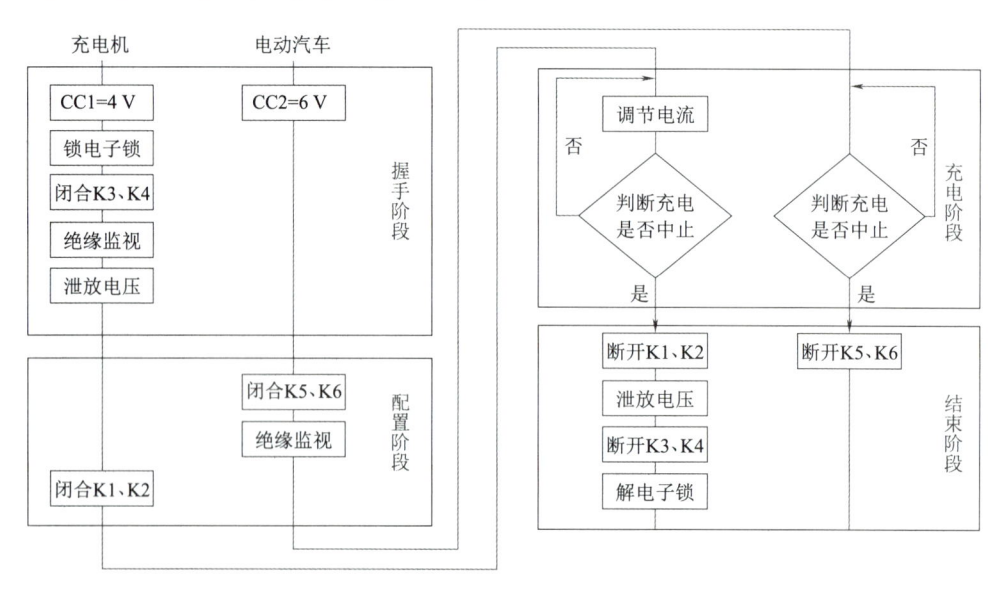

图 3-2-9　直流充电状态流程图

3.2.3 直流快充系统无法充电的诊断与维修

1. 故障原因分析

造成直流快充无法启动、电充不进去的原因有以下几点：

（1）直流充电桩 380 V 交流电源故障。

（2）直流充电桩故障。

（3）充电通信 CAN S+、S-故障。

（4）充电桩检测快充接口与车辆连接状态识别信号 CC1 故障。

（5）车辆检测快充接口与车辆连接状态识别信号 CC2 故障。

（6）直流正、负极电源 DC+、DC-故障。

（7）直流充电桩为电动汽车提供的低压辅助电源 A+、A-故障。

（8）低压蓄电池电压过低。

（9）整车 CAN 线路故障。

（10）VCU 及其电源接地电路故障。

（11）动力电池供电系统故障。

（12）快充继电器故障。

（13）高压绝缘故障。

（14）高压互锁故障。

2. 故障诊断流程

（1）直流充电桩 380 V 交流电源是否正常，可通过充电桩上的电源指示灯来判断，如果红色的电源指示灯点亮，则说明 380 V 的交流电源正常。

（2）直流充电桩是否正常，可以通过换一个充电桩充电来判断其是否正常。

（3）S+、S-充电通信 CAN 是否正常，可以通过诊断查看相关模块的通讯情况或用万用表测量 CAN 线电压来判断。

（4）充电桩检测快充接口与车辆连接状态识别信号 CC1 是否正常，可以通过万用表测量电压来判断。

（5）车辆检测快充接口与车辆连接状态识别信号 CC2 是否正常，可以通过万用表测量电压来判断。

（6）DC+、DC-直流正、负极电源是否正常，可以通过电流钳测量电流来判断。

（7）A+、A-直流充电桩为电动汽车提供的低压辅助电源正、负极是否正常，可以通过万用表测量电压来判断。

（8）低压蓄电池是否电压过低，可以通过测量电压判断。

（9）整车 CAN 网络是否正常，可通过诊断仪查看相关模块的通信情况来判断。

（10）VCU 及其电源接地电路是否正常，可以通过诊断仪查看其通信情况，并用万用表检查其电源和接地电路。

（11）动力电池供电系统是否正常，在打开点火开关的状态下观察仪表上的动力电池故障指示灯是否点亮，如果能正常点亮，则通过诊断仪读取相应的故障码，按照故障码提示信息进行相关的检查。

（12）快充继电器是否正常，可以通过诊断仪进行读取相关故障码，利用诊断仪数据流以及动作测试功能进行判断。

（13）高压系统绝缘性能是否正常，可以通过绝缘表测量高压线路和元件对车身的阻值或采用隔离法进行判断。

（14）高压互锁是否正常，可以通过万用表测量电阻或电压的方法进行判断。

（15）如果通过以上检查推断动力电池包内有故障，则可以通过更换动力电池包总成来进行实验。

课外拓展

国产超级快充——中国人自己的快充科技

提起新能源汽车充电设施的建设，大部分人都会想起特斯拉及其快充充电桩，然而特斯拉的充电站只服务于特斯拉车主，这使得快充一度成为特斯拉车主的专项，但随着国产新能源汽车在充电技术取得突破及国家电网在充电设置的建设，目前，多家国产新能源汽车厂商在直流快充的设计、研发和建设方面已超越特斯拉，小鹏汽车研发的 S4 的单桩最大功率为 480 kW，单桩最大电流为 670 A，峰值充电功率为 400 kW，是目前市面上充电速度最快、充电功率最高的几款充电桩之一，同时拥有 1 000 座自营充电站，超充站 799 座。不仅如此，比亚迪、蔚来、理想甚至国家电网，目前都拥有充电速度极快的超级充电桩和充电站，使得超级快充不再是特定车辆的专属。

图 3-2-10 所示为某品牌超级快充服务。

图 3-2-10 某品牌超级快充服务

读完上面的案例，你对中国直流快充的发展有何感想？

任务 3.3　交流慢充系统故障诊断与维修

学习目标

顺利完成本任务内容后,可以达到以下目标:

素质目标

(1) 养成良好的安全意识和规范操作意识;
(2) 培养学生的文化自信、民族自信;
(3) 能与他人进行有效的交流和沟通,具备较强的团队协作精神;
(4) 严格执行5S现场管理;
(5) 树立爱岗敬业理念,培养艰苦奋斗精神。

知识目标

(1) 了解交流慢充系统的组成;
(2) 掌握交流慢充系统控制引导电路的工作原理;
(3) 掌握交流慢充系统的上电和下电流程;
(4) 掌握交流慢充系统无法充电的排查思路。

能力目标

(1) 能使用万用表对低压电路及信号电路故障等进行检查;
(2) 能使用示波器对 CAN 网络故障等进行检查;
(3) 能对交流慢充系统无法充电的故障进行检修。

纯电动汽车都装配有交流慢充系统,即外部的交流供电设备通过车辆的交流充电插座,将高压交流电引入车载充电机,车载充电机将高压交流电转变为高压直流电,给动力电池充电。

图 3-3-1 所示为交流慢充充电电量示意图。

图 3-3-1　交流慢充充电电量示意图

3.3.1　交流慢充系统组成

交流慢充系统是通过交流充电桩、壁挂式充电盒以及便携式充电枪把交流电接入充电口，通过车上自带的车载充电机将交流电转为直流高压电，给动力电池充电，如图3-3-2所示。

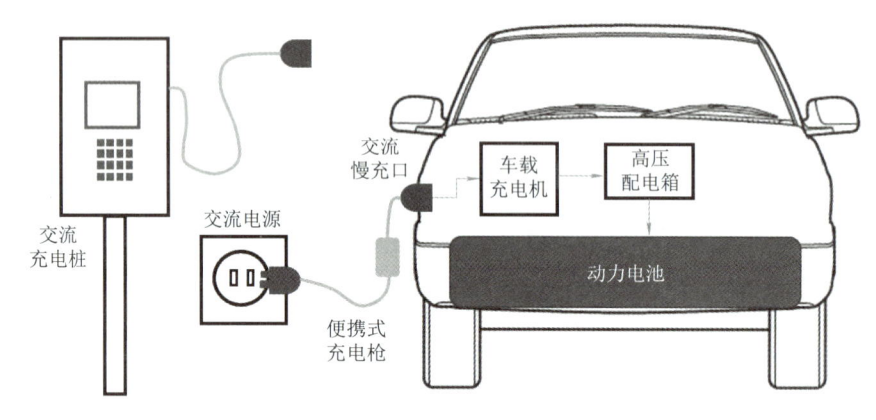

图 3-3-2　交流慢充示意图

交流慢充系统主要由电源、供电设备、交流慢充口、车载充电机、高压配电箱以及动力电池等组成，其中常用的供电设备有便携式充电枪和交流充电桩。

1. 电源

（1）如图3-3-3所示，电动汽车充电使用的交流电源一般为单相220 V和三相380 V两种。380 V电源插座一般采用三相四线制或三相五线制。

（2）使用便携式充电枪可以直接利用家用220 V交流电充电，充电电流不大于13 A。

（3）利用充电站或者小区内的交流充电桩、壁挂式充电盒进行充电，电源为220 V或者380 V。采用单相220 V交流供电时，额定电流为10 A、16 A、32 A，充电电流不大于32 A；采用三相380 V交流供电时，额定电流为16 A、32 A、63 A，充电电流不大于63 A。

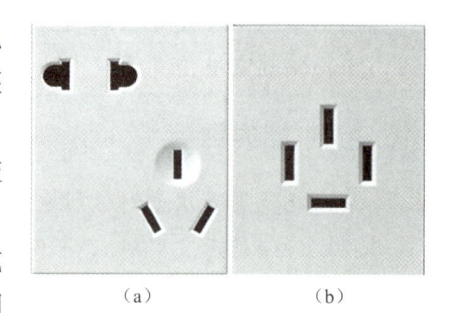

图 3-3-3　单相220 V和三相380 V交流电接口
（a）220 V；（b）380 V

2. 供电设备

电动汽车供电设备按照安装方式可以分为以下几种。

1）固定式

固定式又可分为壁挂式和落地式两种。壁挂式供电设备在墙上、立杆或其他等同位置安装；落地式供电设备在地面安装，如图3-3-4所示。

交流充电桩是固定安装在社区停车场、居民小区、大型商场、服务区、路边停车场等场所，接入电网，为电动汽车车载充电机提供可控的单向交流电源或三相交流电源的供电装置。交流充电桩本身并不具备充电功能，其只是单纯提供电力输出，还需要连接电动汽车车载充电机,方可起到为电动汽车电池充电的作用。

由于电动汽车车载充电机的功率一般都比较小,所以交流充电桩无法实现快速充电。图 3-3-5 所示为壁挂式充电桩。

图 3-3-4　落地式充电桩

图 3-3-5　壁挂式充电桩

2)移动式

移动式充电设备可突破传统充电设备无法移动的限制,在移动充电设备可到达的任何地方为车辆进行充电,大大拓宽了电动汽车的充电范围。图 3-3-6 所示为移动式充电设备。

图 3-3-6　移动式充电设备

3)便携式

便携式供电设备可以随车携带,也叫便携式充电枪、便携式车载充电器,带缆上控制与保护装置,如图 3-3-7 所示。

图 3-3-8 所示为便携式充电枪示意图。便携式充电枪由电源插头、缆上控制与保护装置以及与车端相连的插头组成。

便携式充电枪的电源为 220 V 的单相交流电。

图 3-3-7　便携式充电枪

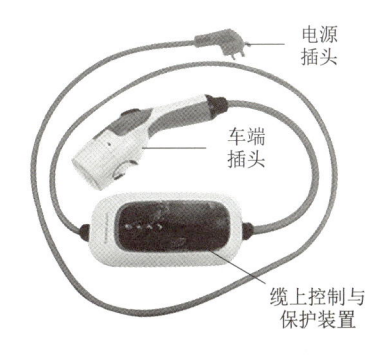

图 3-3-8　便携式充电枪示意图

如图 3-3-9 所示，使用便携式充电枪，并且只采用家用单相交流电充电时，2015 年的新国标有以下明确要求：

（1）使用 16 A 插头时，交流供电电流不能超过 13 A，最大充电功率限制在 2.86 kW。

（2）使用 10 A 插头时，交流供电电流不能超过 8 A，最大充电功率限值在 1.76 kW。

如图 3-3-10 所示，便携式充电枪标识含义如下：

（1）"插头"标识代表电源连接；
（2）"闪电"标识代表正在充电；
（3）"扳手"标识代表出现故障；
（4）"对勾"标识代表充电结束。

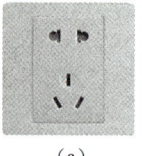

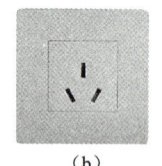

图 3-3-9　便携式充电枪插头
（a）10 A 插头与墙壁插座；
（b）16 A 插头与墙壁插座

图 3-3-10　便携式充电枪标识含义

3. 交流慢充口

如图 3-3-11 所示交流慢充口符合国标设计要求，目前各个品牌的接口是统一的。交流慢充口总共有以下 7 个针脚：

（1）交流电源线 L1、L2、L3；
（2）设备地线 PE；
（3）中线 N；
（4）连接确认线 CC；
（5）控制引导线 CP。

220 V 充电口下面两个插孔是空的，只有 L1、N、PE、CC 和 CP 有线路连接，即利用了其中的 5 根线。

如图 3-3-12 所示，380 V 充电口的 7 个插孔全有线路连接。

图 3-3-11　220 V 交流慢充接口

图 3-3-12　380 V 交流慢充接口

表 3-3-1 所示为交流慢充针脚与功能定义。

表 3-3-1 交流慢充针脚与功能定义

针脚和功能	功能定义
交流电源线 L1、L2、L3	交流电源的火线
中线 N	交流电源的零线
连接确认线 CC	车辆接口和供电接口连接状态识别信号
控制引导线 CP	充电桩与车辆之间充电控制引导线
设备地线 PE	充电设备和车身地线

控制导引电路 CP：设计用于电动汽车和电动汽车供电设备之间信号传输或通信的电路。

连接确认功能 CC：反映车辆插头连接到车辆或供电插头连接到充电设备上的状态。

PE 线也叫保护线，其作用是当车辆发生漏电故障时，可以将漏电电流导向大地，防止人体接触时对人体造成电击事故。电动汽车在充电时相当于一个用电设备，所以插座的 PE 线（地线）必须与大地可靠连接。

在充电连接过程中，首先接通保护接地触头，最后接通控制导引触头与充电连接确认触头。在脱开过程中，首先断开控制导引触头与充电连接确认触头，最后断开保护接地触头。

车辆接口的电气连接界面如图 3-3-13 所示。

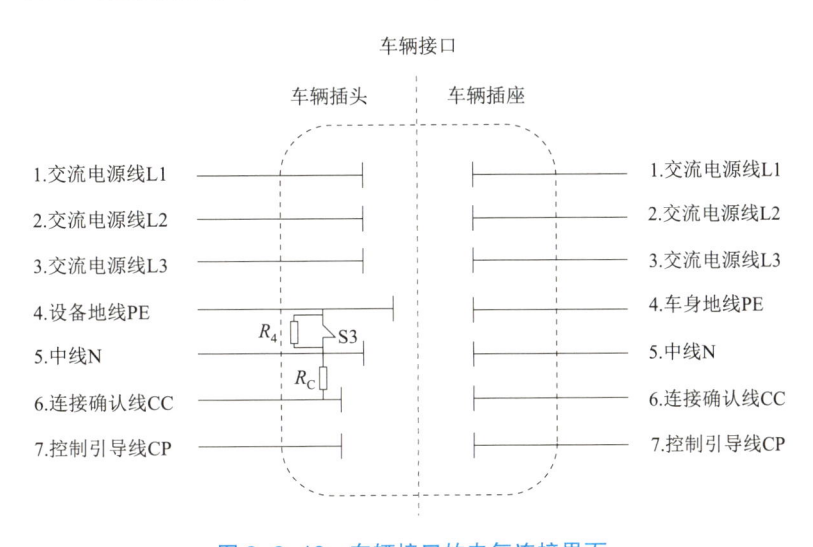

图 3-3-13 车辆接口的电气连接界面

充电模式 3 供电设备接口的电气连接界面如图 3-3-14 所示。

供电接口

供电插头　供电插座

1. 交流电源线L1　　　　　　　　　1. 交流电源线L1
2. 交流电源线L2　　　　　　　　　2. 交流电源线L2
3. 交流电源线L3　　　　　　　　　3. 交流电源线L3
4. 设备地线PE　　　　　　　　　　4. 车身地线PE
5. 中线N　　　　　　　　　　　　5. 中线N
6. 连接确认线CC　　　　　　　　　6. 连接确认线CC
7. 控制引导线CP　　　　　　　　　7. 控制引导线CP

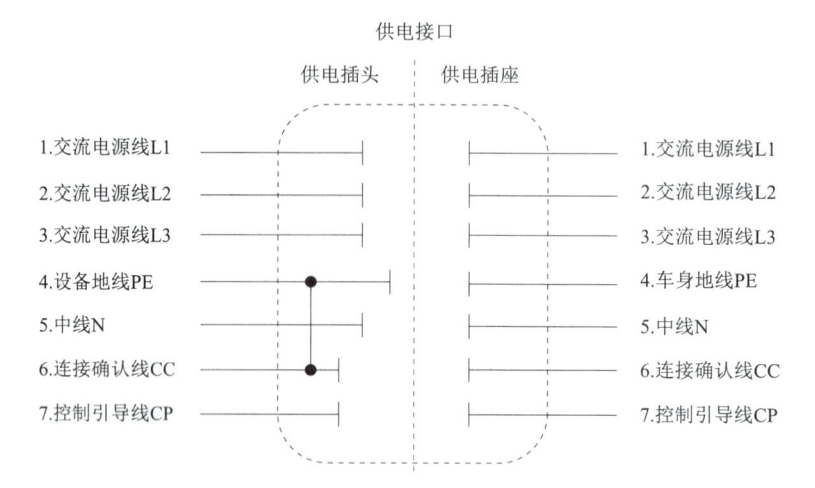

图 3-3-14　充电模式 3 供电设备接口的电气连接界面

过热保护：如图 3-3-15 所示，交流充电口火线和零线处各有一个热敏电阻，监测是否过热，如过热则由控制器发出指令断开充电。

图 3-3-15　过热保护热敏电阻

4. 电子锁

电子锁主要用于防盗。

（1）电子锁上锁条件：插枪+车门上锁。

（2）电子锁解锁唯一条件：车门解锁。

（3）紧急解锁方式：手动解锁拉绳。

如图 3-3-16 所示，插枪充电并锁止车门后，电子锁锁销伸出，阻止充电枪锁钩释放，电子锁上锁，充电枪无法直接拔出。

解锁车门后，电子锁自动解锁，充电枪可正常拔出。

电子锁应具备锁止位置反馈信号功能，以便控制模块能够正确识别出电子锁已将机械锁正确锁止

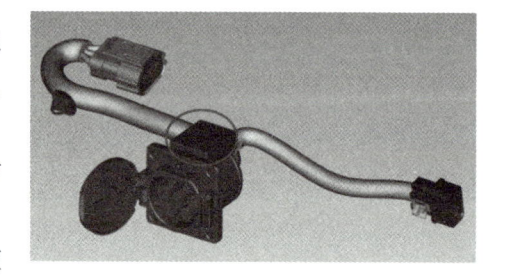

图 3-3-16　电子锁

或处于解锁状态。在电子锁未可靠锁止时,应能发出故障信号。如不能锁定,则由电动车辆决定下一步操作,例如继续充电流程、通知操作人员并等待进一步指令或终止充电流程。

应急解锁:如图3-3-17所示,特殊情况下,可以拉紧急解锁拉绳强制解锁,拔出充电枪。

5. 车载充电机

车载充电机一般安装在车辆前部,如图3-3-18所示,可以选配2 kW或6.6 kW的车载充电机。当车载充电机过热或者采用交流充电桩充电时车门未上锁,车载充电机会自动降低充电功率。

此外对于6.6 kW充电功率的车载充电机,如使用随车充电枪充电,也会限功率充电,只有使用大功率交流充电桩充电时,才能充分发挥车载充电机模块的大功率充电能力。

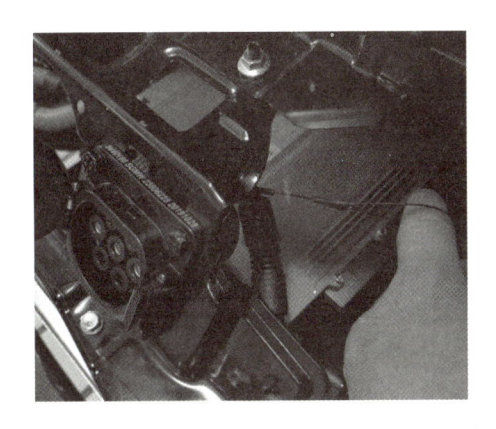

图3-3-17 应急解锁　　图3-3-18 车载充电机

如图3-3-19所示,220 V交流电被引入OBC后首先经过整流电路变为直流电;然后通过PFC升压电路,变为目标直流电压;再通过逆变电路将直流电转换为交流电;通过变压器升压将交流电电压提高到目标电压,最后通过整流电路将交流电变为直流电,输出高压直流电,给动力电池充电。在充电过程中,OBC还要通过网络与其他模块进行信息交换。

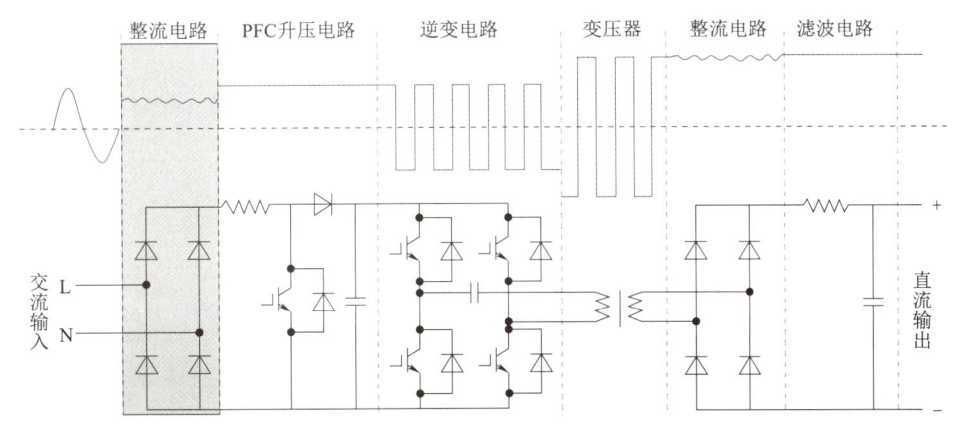

图3-3-19 车载充电机电路转换过程

车载充电机工作过程如下：

（1）交流电整流为直流电；

（2）直流电进行升压；

（3）直流电逆变为交流电；

（4）变压器进行变压；

（5）交流电整流为直流电。

具体工作过程如下：

（1）交流电整流为直流电。

车载充电机的整流电路由 4 个续流二极管组成，如图 3-3-20 所示。当交流输入电源处，a 点为正电、b 点为负电时，电流经过 D1 流到负载，经过 D3 返回电源 b 点；当交流输入电源处，a 点为负电、b 点为正电时，电流经过 D2 流到负载，经过 D4 返回电源 a 点。交流电经过两个二极管整流，转变为脉动直流电（负载电压及负载电流大小随时间变化而变化）。

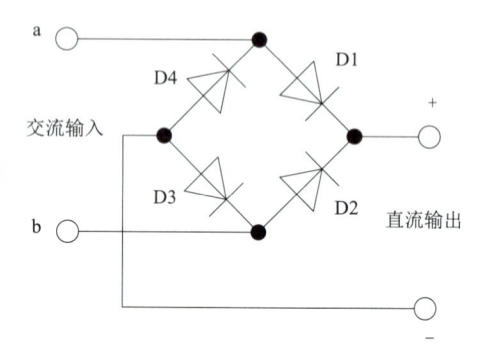

图 3-3-20　整流电路

（2）直流电进行升压。

图 3-3-21（a）所示为升压电路，升压电路又称为升压直流斩波电路，由电抗器 L、绝缘栅双极晶体管 V、二极管 D、电容器 C 组成。当其工作时，控制器导通和关断晶体管 V，使电抗器 L 上的感应电动势与输入电压叠加提供高压电源。

如图 3-3-21（b）所示，绝缘栅双极晶体管 V 工作，电流从电源正极流出，流经电抗器 L、绝缘栅双极晶体管 V，流回电源负极，电抗器中也有电流流过。

如图 3-3-21（c）所示，绝缘栅双极晶体管 V 停止工作，电抗器中的电流突然变为零，使电抗器本身产生自感电压被二极管引导送出。

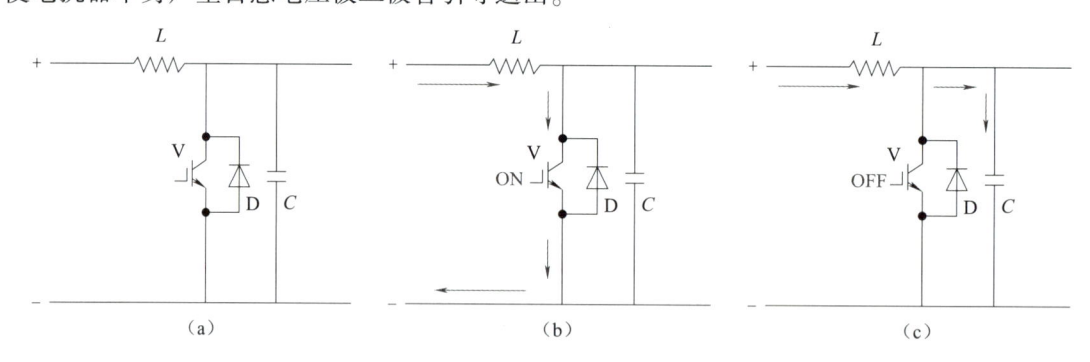

图 3-3-21　升压电路

（3）直流电逆变为交流电。

图 3-3-22 所示为逆变电路，逆变电路有 4 个晶体管，分别由 V1、V2、V3、V4 和 4 个二极管组成。

（4）变压器进行变压。

图 3-3-23 所示为逆变高压电路，通过升压电路升压后向逆变器提供目标电压的直流电源。

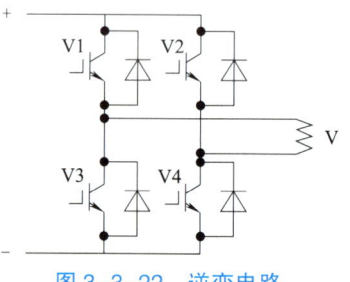

图 3-3-22　逆变电路

如图 3-3-23（a）所示，车载充电机控制模块通过同时控制三极管 V1 和 V4 工作。此时直流电源正极通过 V1、变压器的初级线圈、V4、直流电源的负极构成回路，使得初级线圈的电流方向由上而下流入，初级线圈对应地产生一定的磁场。然后控制 V1 和 V4 截止。

如图 3-3-23（b）所示，车载充电机控制模块通过同时控制三极管 V2 和 V3 工作。此时直流电源正极通过 V2、变压器的初级线圈、V3、直流电源的负极构成回路，使得初级线圈的电流方向由下而上流入，初级线圈对应的产生磁场方向也相反。然后控制 V2 和 V3 截止。

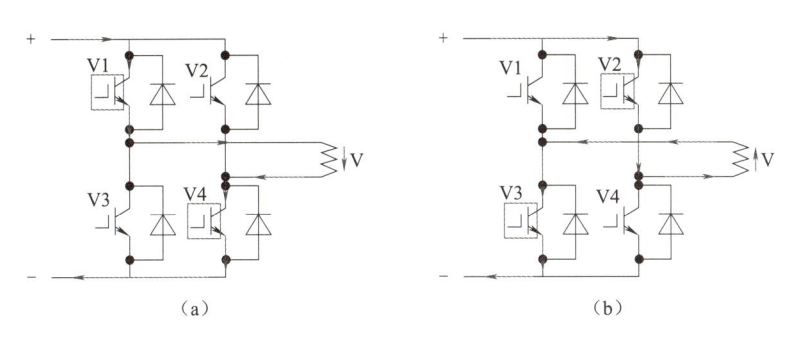

图 3-3-23 逆变电压

图 3-3-24 所示为变压器，因变压器初级线圈输入周期性电流方向变化的交流电流，初级线圈会产生周期性方向发生变化的磁场，这样与之相邻的次级线圈也会产生周期间变化的交流电。通过不同匝数的初级绕组、次级绕组线圈的变压器，可输出目标需求的交流电压。

图 3-3-24 变压器

（5）交流电整流为直流电。

图 3-3-25 所示为整流电路，整流电路依然通过 4 个二极管进行整流。具体的整流原理与第一步交流电整流为直流电的原理完全相同。

车辆动力电池在不同状态下，其理想的输入电流及电压是不等的。车载充电机通过控制升压电路来控制输出电流和电压的大小。

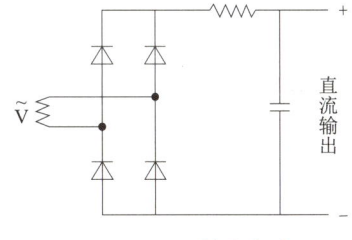

图 3-3-25 整流电路

6. 高压配电箱

如图 3-3-26 所示，宝骏 E300 高压配电箱安装在车辆前部，主要起高压电分配、安全防护等作用，本身不具有控制器。

其内部主要有高压保险丝、高压继电器、铜排等器件，动力电池电能的输出和输入大部分要经过高压配电箱。

与宝骏 E200 相比，宝骏 E300 高压配电箱取消了电机控制器配电回路。

E300 高压配电箱内部共有 4 个保险和 4 个继电器，如图 3-3-27。

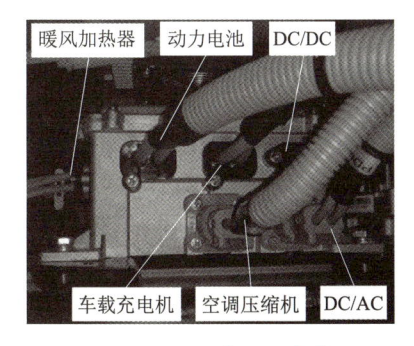

图 3-3-26 高压配电箱

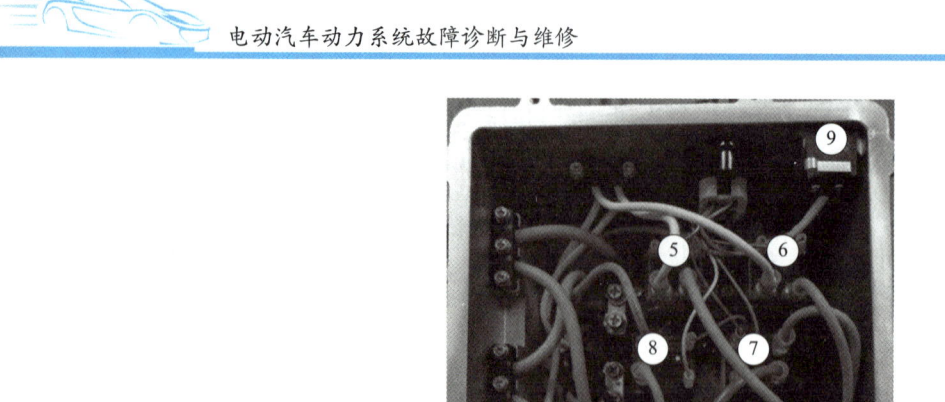

图 3-3-27 高压配电箱内部示意图

1—F1 车载充电机保险；2—F2DC/AC 转换器保险；3—F3DC/DC 转换器保险；
4—F4 电动空调压缩机继电器、PTC 暖风高挡加热器继电器和 PTC 暖风低挡加热器继电器共用保险；
5—J1PTC 暖风低挡加热器正极控制继电器；6—J2PTC 暖风高挡加热器正极控制继电器；
7—J3 电动空调压缩机正极控制继电器；
8—J4 电动空调压缩机、PTC 暖风高挡加热器和 PTC 暖风低挡加热器负极共用控制继电器；9—盒盖开关

高压配电箱具体的电路图如图 3-3-28 所示。

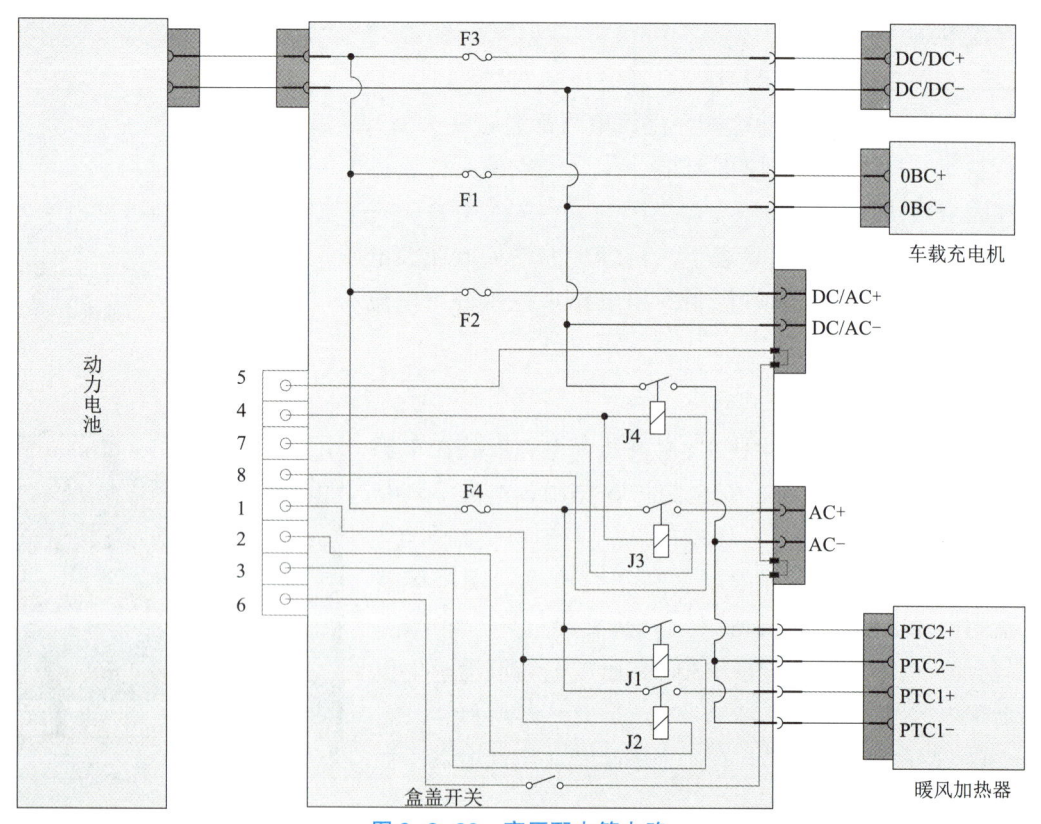

图 3-3-28 高压配电箱电路

高压配电箱的故障主要有以下几方面：

（1）保险断路；

（2）高压导线断路、短路、接触不良；

（3）继电器故障。

高压配电箱故障会导致某些用电设备工作不正常，比如空调压缩机保险断路会导致空调压缩机不工作。我们可以利用以前学到的关于保险和继电器的检查方法，对高压配电箱进行检查，根据故障情况可更换相关部件或者更换高压分配箱总成。

3.3.2 交流充电控制导引电路与控制原理

一、控制导引电路形式

当电动汽车进行充电时，应使用图3-3-29~图3-3-31所示的控制导引电路进行充电连接装置的连接确认以及额定电流参数的判断，不同充电连接方式有所区别，但控制电路基本相同。该电路由供电控制装置，接触器K1和K2，电阻R_1、R_2、R_3、R_4、R_C，二极管D1，开关S1、S2、S3，车载充电机和车辆控制装置组成。

车辆控制装置可以集成在车载充电机或其他车载控制单元中。电阻R_1为1 000 Ω，R_2为1 300 Ω，R_3为2 740 Ω。电阻R_4、R_C安装在车辆插头上。开关S1为供电设备内部开关，开关S2为车辆内部开关，开关S3为车辆插头的内部常闭开关，与插头上用以触发机械锁止装置的下压按钮联动，在按下按钮解除机械锁止功能的同时，S3处于断开状态。

在车辆接口和供电接口完全连接，并且配置了电子锁的接口被完全锁止，车载充电机自检测完成后无故障，并且电池组处于可充电状态时，S2闭合（如果车辆设置有"充电请求"或"充电控制"功能，则同时应满足车辆处于"充电请求"或"可充电"状态）。

控制导引电路中也可以不配置开关S2，无S2开关的车辆应采用单相充电，且最大充电电流不超过8 A。本项目介绍的功能和控制逻辑分析基于配置了开关S2的控制导引电路，对于未配置开关S2的控制导引电路，等同于开关S2为常闭状态。

1. 充电模式3连接方式C控制导引电路

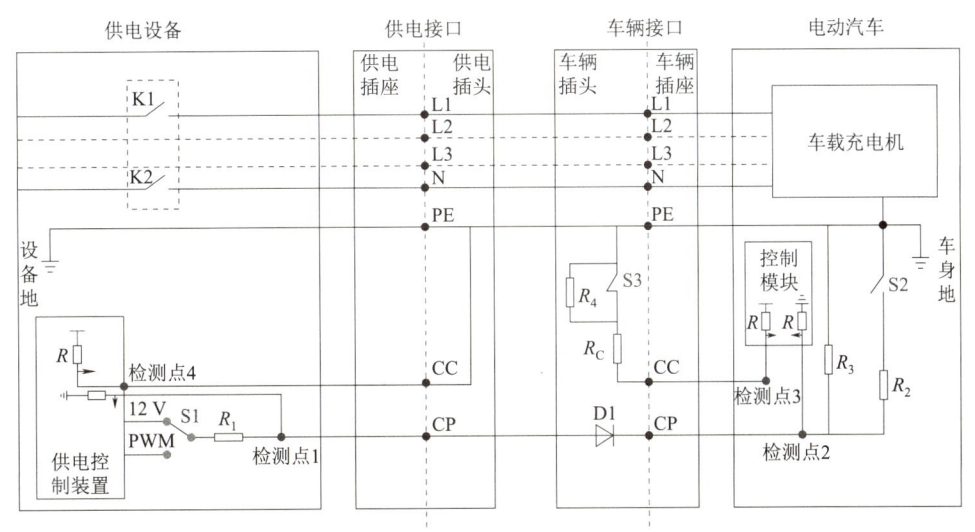

图3-3-29 充电模式3连接方式C控制导引电路

2. 充电模式 3 连接方式 B 控制导引电路

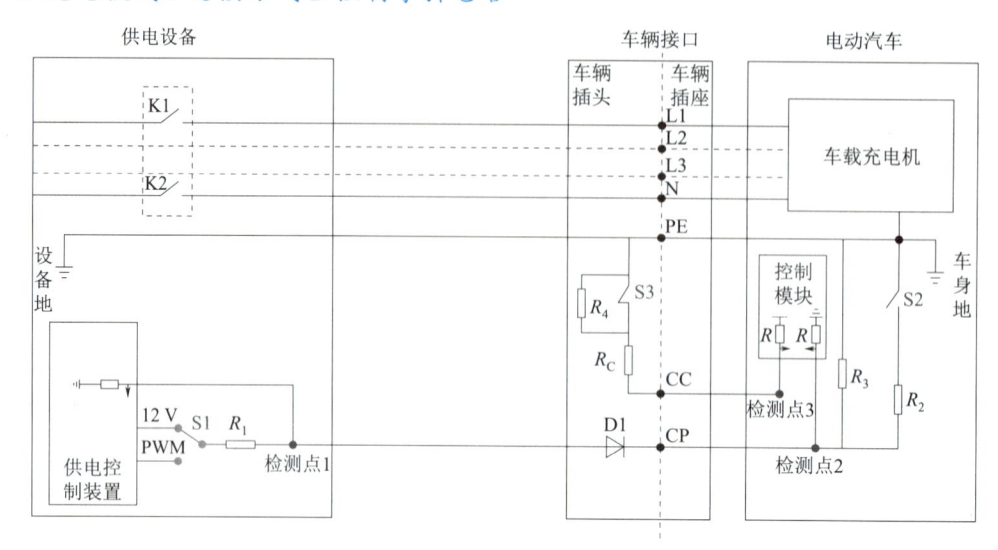

图 3-3-30　充电模式 3 连接方式 B 控制导引电路

3. 充电模式 2 连接方式 C 控制导引电路

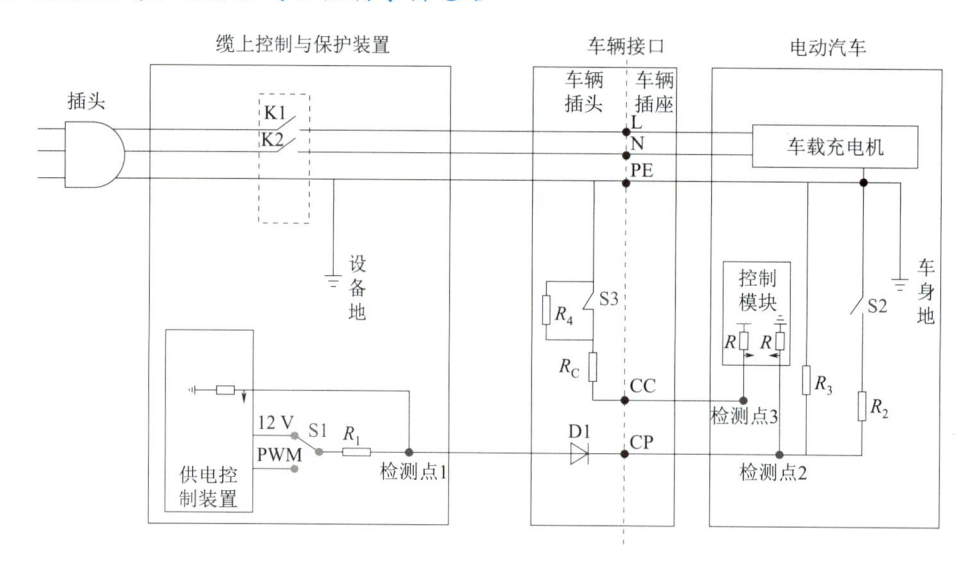

图 3-3-31　充电模式 2 连接方式 C 控制导引电路

二、控制导引电路的基本功能

1. 连接确认与电子锁

车辆控制装置通过测量监测点 3 与 PE 之间的电阻值来判断车辆插头与车辆插座是否完全连接（对于连接方式 B 与连接方式 C）。完全连接后，如车辆插座内配置有电子锁，电子锁应在开始供电（K1 与 K2 闭合）前锁定车辆插头并在整个充电流程中保持。如不能锁定，则由电动车辆决定下一步操作，例如继续充电流程、通知操作人员并等待进一步指令或终止充电流程。供电控制装置通过测量检测点 4 和检测点 1 的电压值来判断供电插头和供电插座是否完全连接（对于连接方式 A 和连接方式 C）。完全连接后，如供电插座内配置有电子锁，供电插座内电子锁应在开始供电（K1 与 K2 闭合）前锁定供电插头，并在整个充电流程中保持。如不能锁止，则终止充电流程并提示操作人员。

2. 充电连接装置载流能力和供电设备供电功率的识别

车辆控制装置通过测量检测点 3 与 PE 之间的电阻值来确认当前充电连接装置（电缆）的额定容量。

车辆控制装置通过测量检测点 2 的 PWM 信号占空比来确定当前供电设备的最大供电电流，如图 3-3-32 所示。

表 3-3-2 和表 3-3-3 所示分别为充电设备产生的占空比与充电电流限制映射关系，较为详细地描述了占空比与充电电流映射的关系。

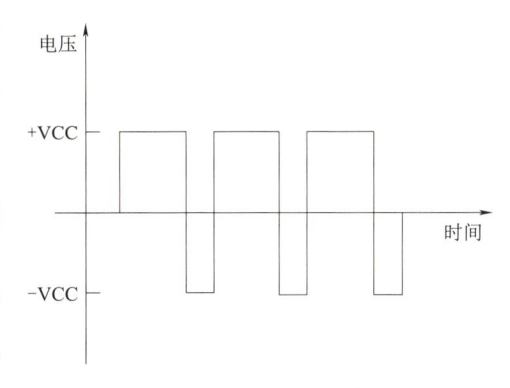

图 3-3-32 PWM 波

表 3-3-2 充电设备产生的占空比与充电电流限制映射关系

PWM 占空比 D	最大充电电流 I_{max}/A
$D=0\%$，连续的 $-12\ V$ 电压	充电桩不可用
$D=5\%$	5% 的占空比表示需要数字通信，且需在电能供应之前于充电桩和电动汽车之间建立通信
$10\% \leq D \leq 85\%$	$I_{max} = D \times 100 \times 0.6$
$85\% < D \leq 90\%$	$I_{max} = (D \times 100 - 64) \times 2.5$ 且 $I_{max} \leq 63$
$90\% < D \leq 97\%$	预留
$D=100\%$，连续正电压	不允许充电

表 3-3-3 电动车辆检测的占空比与充电电流限值映射关系

PWM 占空比 D	最大充电电流 I_{max}/A
$D<3\%$	不允许充电
$3\% \leq D \leq 7\%$	5% 的占空比表示需要数字通信，且需在充电前于充电桩和电动汽车之间建立通信，没有数字通信不允许充电
$7\% < D < 8\%$	不允许充电
$8\% \leq D < 10\%$	$I_{max}=6$
$10\% \leq D \leq 85\%$	$I_{max} = (D \times 100) \times 0.6$
$85\% < D \leq 90\%$	$I_{max} = (D \times 100 - 64) \times 2.5$ 且 $I_{max} \leq 63$
$90\% < D \leq 97\%$	预留
$D=100\%$，连续正电压	不允许充电

3. 充电过程的监测

充电过程中，车辆控制装置应对检测点 3 与 PE 之间的电阻值（对于连接方式 B 和连接方式 C）及检测点 2 的 PWM 信号占空比进行监测，供电控制装置应对检测点 4 及检测点 1（对于充电模式 3 的连接方式 A 和连接方式 C）的电压值进行监测。

4. 充电系统的停止

在充电过程中，当充电完成或因为其他原因不能满足继续充电的条件时，车辆控制装置和供电控制装置分别停止充电的相关控制功能。

三、充电过程的工作控制程序

1. 车辆插头与车辆插座插合，使车辆处于不可行驶状态

当车辆插头与车辆插座插合后（方式 A 下为供电插头和供电插座），车辆的总体设计方案可以自动启动某种触发条件（如打开充电门、车辆插头与车辆插座连接或者对车辆的充电按钮、开关等进行功能触发设置），通过互锁或者其他控制措施使车辆处于不可行驶状态。

2. 确认供电接口已完全连接（对于充电模式 3 的连接方式 A 和连接方式 C）

供电控制装置通过测量检测点 4 和检测点 1 的电压值来判断供电插头与供电插座是否完全连接。

3. 确认车辆接口已完全连接（对于连接方式 B 和连接方式 C）

车辆控制装置通过测量检测点 3 与 PE 之间的电阻值来判断车辆插头与车辆插座是否完全连接。

（1）未连接时，S3 处于闭合状态，CC 未连接，检测点 3 与 PE 之间的电阻值为无穷大。

（2）半连接时，S3 处于断开状态，CC 已连接，检测点 3 与 PE 之间的电阻值为 R_C+R_4。

（3）完全连接时，S3 处于闭合状态，CC 已连接，检测点 3 与 PE 之间的电阻值为 R_C。

4. 确认充电连接装置是否已完全连接

如供电设备无故障，并且供电接口已完全连接（对于充电模式 3 的连接方式 A 和连接方式 C），则开关 S1 从 +12 V 连接状态切换至 PWM 连接状态，供电控制装置发出 PWM 信号。供电控制装置通过测量检测点 4 和检测点 1 的电压值来判断充电连接装置是否完全连接，车辆控制装置通过测量检测点 2 的 PWM 信号来判断充电连接装置是否已完全连接。

5. 车辆准备就绪

在车载充电机自检完成，且没有故障，并且电池组处于可充电状态时，车辆控制装置闭合开关 S2（如果车辆设置有"充电请求"或"充电控制"功能，则同时应满足车辆处于"充电请求"或"可充电"状态）。

6. 供电设备准备就绪

供电控制装置通过测量检测点1的电压值来判断车辆是否准备就绪。当检测点1的峰值电压为6 V时,供电控制装置通过闭合接触器K1和K2使交流供电回路导通。

7. 充电系统的启动

当电动汽车和供电设备建立电气连接后,车辆控制装置通过判断检测点2的PWM信号占空比确认供电设备的最大可供电能力,并通过判断检测点3与PE之间的电阻值来确认电缆的额定容量。车辆的连接状态及 R_C 的电阻值见表3-3-4。车辆控制装置对供电设备当前提供的最大供电电流值、车载充电机的额定输入电流值及电缆的额定容量进行比较,将其最小值设定为车载充电机当前最大允许输入电流。当车辆控制装置判断充电连接装置已完全连接,并完成车载充电机最大允许输入电流设置后,车载充电机开始对电动汽车进行充电。

表3-3-4 车辆接口连接状态及 R_C 的电阻值

状态	R_C	R_4	S3	车辆接口连接状态及额定电流
状态 A	—		—	车辆接口未完全连接
状态 B	—		断开	机械锁止装置处于解锁状态
状态 C	1.5 kΩ/0.5 W	—	闭合	车辆接口已完全连接,充电电缆容量为10 A
状态 C′	1.5 kΩ/0.5 W	1.8 kΩ/0.5 W	断开	车辆接口处于半连接状态
状态 D	680 Ω/0.5 W		闭合	车辆接口已完全连接,充电电缆容量为16 A
状态 D′	680 Ω/0.5 W	2.7 kΩ/0.5 W	断开	车辆接口处于半连接状态
状态 E	220 Ω/0.5 W		闭合	车辆接口已完全连接,充电电缆容量为32 A
状态 E′	220 Ω/0.5 W	3.3 kΩ/0.5 W	断开	车辆接口处于半连接状态
状态 F	100 Ω/0.5 W		闭合	车辆接口已完全连接,充电电缆容量为63 A
状态 F′	100 Ω/0.5 W	3.3 kΩ/0.5 W	断开	车辆接口处于半连接状态
电阻 R_C 和 R_4 的精度为±3%				

在充电过程中当接收到检测点2的PWM信号时,车载充电机最大允许输入电流设置取决于供电设备的可供电能力、充电线缆载流值和车载充电机额定电流的最小值。

8. 检查供电接口的连接状态及供电设备的供电能力变化情况

在充电过程中,车辆控制装置通过周期性检测检测点2和检测点3,供电控制装置通过周期性检测检测点1和检测点4,确认供电接口和车辆接口的连接状态,检测周期不大于50 ms。

车辆控制装置对检测点2的PWM信号进行不间断检测,当占空比有变化时,车辆控制装置根据PWM占空比实时调整车载充电机的输出功率,检测周期不应大于5 s。

9. 正常条件下充电结束或停止

在充电过程中，当达到车辆设置的结束条件或驾驶员对车辆实施了停止充电的指令时，车辆控制装置断开开关 S2，并使车载充电机处于停止充电状态。

在充电过程中，当达到操作人员设置的结束条件，操作人员对供电装置实施了停止充电的指令时，供电控制装置应能将控制开关 S1 切换到+12 V 连接状态。当检测到 S2 开关断开时，在 100 ms 内通过断开接触器 K1 和 K2 切断交流供电回路，若超过 3 s 未检测到 S2 断开，则可以强制带载断开接触器 K1 和 K2，切断交流供电回路。对于连接方式 A 或连接方式 C，供电接口电子锁在交流供电回路切断 100 ms 后解锁。

10. 非正常条件下充电结束或停止

（1）在充电过程中，车辆控制装置通过检测 PE 与检测点 3 之间的电阻值（对于连接方式 B 和连接方式 C）来判断车辆插头和车辆插座的连接状态，如判断开关 S3 由闭合变为断开，则车辆控制装置控制车载充电机在 100 ms 内停止充电，然后断开 S2（若车辆配置 S2）。

（2）在充电过程中，车辆控制装置通过对检测点 2 的 PWM 信号进行检测，当信号中断时，车辆控制装置控制车载充电机应能在 3 s 内停止充电，然后断开 S2（若车辆配置 S2）。

（3）在充电过程中，如果检测点 1 的电压值为 12 V、9 V 或者其他非 6 V 的状态，则供电控制装置应在 100 ms 内断开交流充电回路。

（4）在充电过程中，供电控制装置通过检测点 4 和检测点 1 进行检测（对于充电模式 3 的连接方式 A 和连接方式 C），如果检测到供电接口由完全连接变为断开，则供电控制装置控制开关 S1 切换到+12 V 连接状态，并在 100 ms 内断开交流供电回路。

（5）在充电过程中，如果供电设备内部的剩余电流保护器（漏电断路器）动作，则车载充电机处于失电状态，车辆控制装置断开开关 S2。

（6）供电设备检测车载充电机实际工作电流，当以下情况出现时，供电设备应在 5 s 内断开输出电源并控制开关 S1 切换到+12 V 连接状态。

①当供电设备 PWM 信号对应的最大供电电流≤20 A，且车载充电机实际工作电流超过最大供电电流+2 A 并保持 5 s 时；

②当供电设备 PWM 信号对应的最大供电电流>20 A，且车载充电机实际工作电流超过最大供电电流的 1.1 倍并保持 5 s 时。

（7）当车辆 S2 断开（检测点 1 的电压值为 9 V）时，供电控制装置应在 100 ms 内断开交流供电回路，持续输出 PWM。

（8）在供电接口已完全连接但未闭合交流供电回路时，如果发生连接异常，供电控制装置应在 100 ms 内控制开关 S1 切换到+12 V 连接状态且不闭合交流供电回路。

检测点 1 的电压状态见表 3-3-5。

表 3-3-5　检测点 1 的电压状态

充电过程状态	充电连接装置是否连接	S2	车辆是否可以充电	检测点 1 峰值电压/V	说明
状态 1	否	断开	否	12	车辆接口未完全连接，检测点 2 的电压为 0
状态 2	是	断开	否	9	S1 切换至与 PWM 连接状态，R_3 被检测到
状态 3	是	闭合	是	6	车载充电机及供电设备处于正常工作状态

四、充电连接控制时序

充电连接控制时序如图 3-3-33 和图 3-3-34 所示，其分别为有开关 S2 和无开关 S2 的交流电连接过程和控制时序。

1. 有开关 S2 的交流充电连接过程和控制时序

状态	确认连接	准备就绪	能量传递	结束	停机
时序	T_0	T_1　T_1'	T_2　T_2'	T_3　T_3'	T_3''　T_4
车辆插头机械锁S3	闭合　打开		闭合		打开　闭合
车辆检测点3(电阻)	∞　R_C+R_4		R_C		R_C+R_4　∞
供电设备开关S1	+12 V		PWM		+12 V
车辆开关S2	打开		闭合		打开
电子锁(充电桩/车辆)	打开		闭合		打开
供电设备检测点1	+12 V / 0 V	9 V	9 V PWM　6 V PWM	9 V PWM　9 V	+12 V
车辆检测点2	0 V	9 V	9 V PWM　6 V PWM	9 V PWM　9 V	
供电设备输出电压	0 V		～～		0 V
供电设备输出电流	0 A		～～		0 A

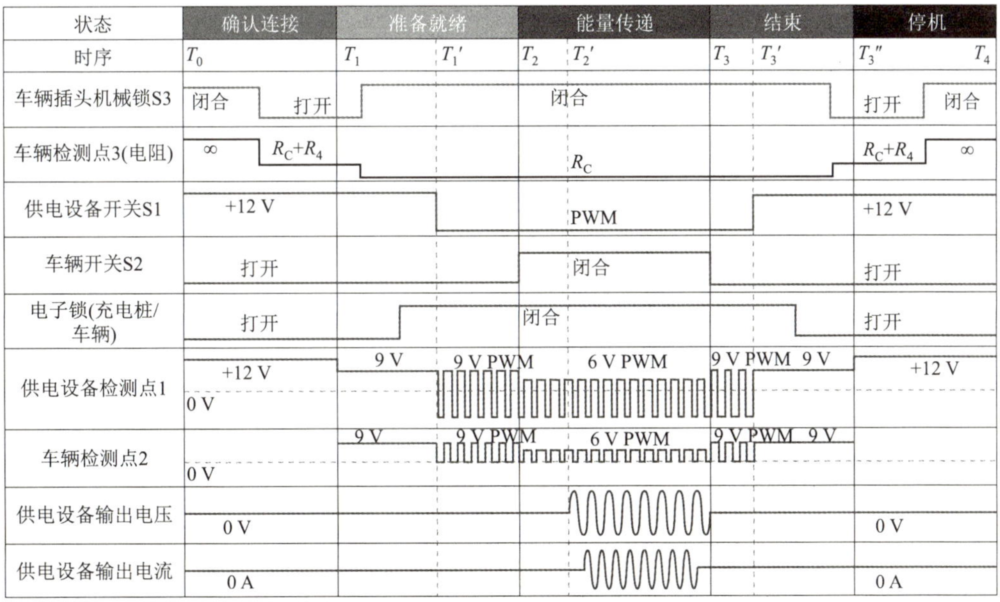

注：T_1'-T_2 由车辆决定，可用于预约充电等；

T_2-T_2' 小于 3 s；

T_1'-T_2 对于有操作界面的供电设备，在 T_1' 之前完成人机交互，如充电参数设置和确认操作等。

图 3-3-33　有开关 S2 的交流充电连接过程和控制时序

2. 无开关 S2 的交流充电连接过程和控制时序

状态	确认连接/准备就绪			能量传递		结束/停机	
时序	T_0	T_1	T_1'	T_1''	T_2	T_2'	T_3
车辆插头机械锁S3	闭合	打开		闭合		打开	闭合
车辆检测点3(电阻)	∞	R_C+R_4		R_C		R_C+R_4	∞
供电设备开关S1	+12 V			PWM		+12 V	
供电设备检测点1	+12 V			6 V PWM		+12 V	
车辆检测点2			6 V	6 V PWM	6 V		
供电设备输出电压	0 V			~~~		0 V	
供电设备输出电流	0 A			~~~		0 A	

注：$T_1'-T_1''$ 小于 3 s。

图 3-3-34　无开关 S2 的交流充电连接过程和控制时序

3.3.3　交流充电的上电和下电流程

一、交流充电的上电流程

交流充电的上电流程见表 3-3-6。

表 3-3-6　交流充电的上电流程

序号	整车控制器 VCU	电池管理系统 BMS	车载充电机 OBC
1			充电枪插入插座，OBC 接收到 CC 和 CP 信号后，发送唤醒帧给 VCU 和 BMS
2	VCU 初始化	BMS 初始化	OBC 发送"充电连接准备"信号
3		BMS 自检通过	CC 已经完全连接且监测到 CP 电压为 9 V PWM 信号，OBC 发送 CC 和 CP 信号

续表

序号	整车控制器 VCU	电池管理系统 BMS			车载充电机 OBC
4	VCU 接收到 CC 和 CP 信号后，发送整车模式为"初始化"且提示"充电线连接"				
5		BMS 接收到 CC 接入信号，判断动力电池电量不为 100% 后，发送"交流慢充可充电"指令			OBC 自检，并发送"充电连接准备就绪"信号
6	VCU 发送整车模式为"充电"				
7		判断动力电池最低温度			OBC 闭合 S2，检测到 220 V 输入后，发送"充电准备完成"信号
8		如果 $T \leq 0$ ℃，则进入加热状态	如果 $0<T<8$ ℃，则进入边加热边充电状态	如果 $T \geq 8$ ℃，则进入充电状态	
9		发送"加热"信号，闭合加热继电器	动力电池先闭合预充电继电器，再闭合主负继电器	动力电池先闭合预充继电器，再闭合主负继电器	
10		动力电池内、外电压差 ≤ 8 V 且持续 100 ms			
11			主正继电器闭合，预充继电器断开，加热继电器闭合	主正继电器闭合，预充继电器断开	
12	VCU 发送"整车充电请求 = 1（允许充电）"，发送 DC/DC 使能信号"DC/DCEnable = 1"				
13		收到 VCU 发送的"允许充电"信号，BMS 发送充电请求电流值=加热电流值	收到 VCU 发送的"允许充电"信号，BMS 发送充电请求电流值和电压值		

续表

序号	整车控制器 VCU	电池管理系统 BMS	车载充电机 OBC
14			接收到 BMS 发送的主正、主负继电器状态，检测动力电池电压，且 OBC 无故障
15			OBC 发送"正常工作"信号
16			OBC 开始输出电流，向动力电池提供充电或加热电流

二、交流充电的下电流程

交流充电的下电流程见表 3-3-7。

表 3-3-7　交流充电的下电流程

序号	电池管理系统 BMS	整车控制器 VCU
1	充电中	充电中
2		拔枪
3		整车充电请求=禁止充电
4	充电电流请求=0 充电电压请求=当前电池内部电压	
5	断开主正继电器、主负继电器	
6		钥匙=OFF
7		整车运行模式=休眠
8	BMS 进入休眠	VCU 休眠

慢充充电至动力电池单体最高电压达到 3.65 V（即 SOC=100）且动力电池温度≥25 ℃时，BMS 发送"充电完成"信息。VCU 发送整车运行模式为"禁止充电"，BMS 断开主正继电器、主负继电器和加热继电器。

拔枪下电时，整车充电请求发送"禁止充电"，VCU 发送整车运行模式为"禁止充电"，BMS 断开主正继电器、主负继电器和加热继电器。

3.3.4　交流慢充系统无法充电的排查思路

造成交流慢充无法启动、电充不进去的原因有以下几点：

（1）电子驻车制动故障；

（2）交流电源故障；

（3）供电设备（交流充电桩或便携式充电枪）故障；

（4）低压电路故障；

（5）低压蓄电池电压过低；

（6）CC 信号电路故障；

（7）CP 信号电路故障；

（8）高压配电箱故障；

（9）CAN 网络故障；

（10）整车控制模块故障；

（11）动力电池供电系统故障；

（12）车载充电机故障；

（13）高压绝缘故障；

（14）高压互锁故障。

<u>故障诊断流程如下：</u>

（1）通过仪表检查，即拉起驻车制动时，检查仪表内驻车制动拉起指示灯是否亮起。如果能正常点亮，说明驻车制动开关正常。

（2）便携式充电枪或充电桩 220 V 交流电源是否正常，可通过充电枪或者充电桩上的电源指示灯来判断，如果电源指示灯点亮，则说明 220 V 的交流电源正常。此外，也可以通过万用表测量插座电压来判断。特别注意如果电源插座地线未接，则充电也无法启动。

（3）便携式充电枪或充电桩是否正常，可以通过换一个充电桩或者充电枪充电来判断。

（4）低压蓄电池电量是否过低，可通过开大灯、按喇叭或测量蓄电池电压的方法来判断。

（5）CC 信号线路是否正常，可以通过在车辆充电接口处测量 CC 与车身搭铁点之间的电压来判断。

（6）CP 信号线路是否正常，可以通过在车辆充电接口处测量 CP 与车身搭铁点之间的电压来判断。

（7）高压分配盒内保险或者线路是否正常，可以通过检查测量配电箱内保险和线路是否正常来判断。

（8）CAN 网络是否正常，可通过诊断仪查看相关模块的通信情况来判断。

（9）VCU 及其电源接地电路是否正常，可以通过诊断仪查看其通信情况，并用万用表检查其电源和接地电路。

（10）动力电池供电系统是否正常，可以在打开点火开关的状态下观察仪表上的动力电池故障指示灯是否点亮，如果点亮，则通过诊断仪读取相应的故障码，按照故障码提示信息进行相关的检查。

（11）高压系统绝缘性能是否正常，可以通过绝缘表测量高压线路和元件对车身的阻值来判断，也可以采用隔离相关部件的方法进行判断。

（12）高压互锁是否正常，可以通过用万用表测量电阻或电压的方法进行判断。

（13）如果通过以上检查推断车载充电机或动力电池包内有故障，则可以通过更换车载充电机或动力电池包总成来进行实验。

课外拓展

中国公共充电桩占据全球充电桩数量半壁江山

"十三五"期间，我国充电基础设施实现了跨越式发展，产业生态稳步形成，建成了全球数量最多的充电基础设施体系。根据 IEA 的数据显示，2016—2021 年，全球电动汽车公共充电桩建设规模持续上升，由 2016 年的 33.18 万台增长至 2021 年的 175.39 万台。2016—2021 年，我国公共充电桩的建设规模占全球建设规模的比例亦持续上升，由 2016 年占比 42.5% 逐年上升至 2021 年占比 65.4%。如图 3-3-35 所示。

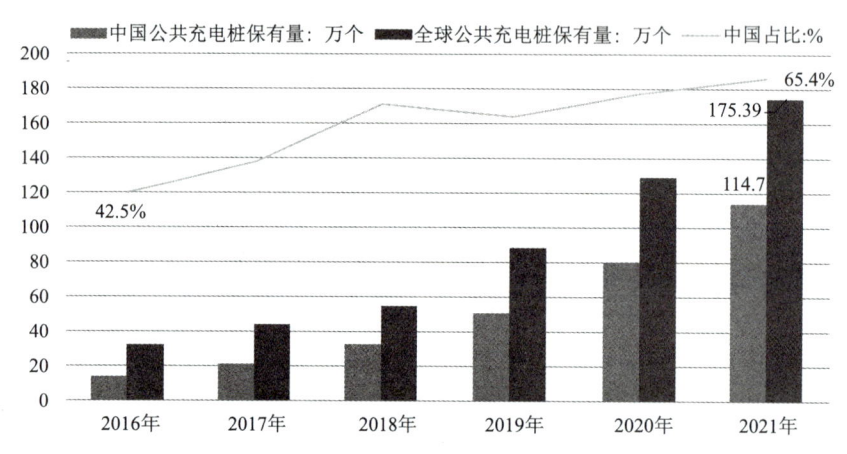

图 3-3-35　2016—2021 年中国公共充电桩保有量占全球比重

2022 年，国家发展改革委等 10 部门联合印发意见，进一步提升电动汽车充电基础设施服务保障能力，明确到"十四五"末，我国将形成适度超前、布局均衡、智能高效的充电基础设施体系，能够满足超过 2 000 万辆电动汽车的充电需求。

读完上面的案例，你对中国充电桩事业的发展有何感想？

任务 3.4　低压电池充电系统故障诊断与维修

学习目标

顺利完成本任务内容后，可以达到以下目标：

素质目标

（1）养成良好的安全意识，规范操作意识；
（2）培养学生的文化自信、民族自信；
（3）能与他人进行有效的交流和沟通，具备较强的团队协作精神；
（4）严格执行5S现场管理；
（5）树立爱岗敬业理念，培养艰苦奋斗精神。

知识目标

（1）了解低压电池充电系统的功能；
（2）了解低压电池充电系统的组成；
（3）掌握低压电池充电系统的工作原理。

能力目标

（1）能描述低压电池智能补电的原理；
（2）能对低压电池充电系统进行智能补电的操作；
（3）能对低压电池充电系统进行故障检测和维修。

电动汽车底盘如图3-4-1所示。

图 3-4-1　电动汽车底盘

电动汽车的电源分为主电源和辅助电源。主电源是驱动汽车行驶的高压电源，辅助电源（低压电池）是为车载各种仪表、控制系统供电的直流低压电源。电动汽车电源模块是整个系统稳定运行的保障。电源的可靠性对于整个系统的性能起着至关重要的作用。

蓄电池能在短时间内向空调、刮水器及车灯等释放大电流。如果省去蓄电池而将高压动力电池的电力用于空调及刮水器等，DC/DC 转换器的尺寸势必增大，从而使整车成本增加。蓄电池价格便宜，因此，目前将蓄电池取消在成本上没有优势。

蓄电池还具有确保向辅助类电器供电的冗余度的作用。当 DC/DC 转换器出现故障停止供电时，如果没有蓄电池，辅助类电器就会立即停止运行，如夜间车灯不亮、雨天刮水器停止运行等，将会影响驾驶。如果有蓄电池，便能够将汽车就近开到家里或者工厂。

3.4.1 低压电池充电系统的功能和组成

一、功能

低压蓄电池充电系统的功能是为全车低压用电设备供电，同时为低压蓄电池充电。在高压上电之前，纯电动汽车的用电设备由低压蓄电池供电，包括高压部分的控制模块也需要低压蓄电池提供工作电源。高压上电后，DC/DC 转换器开始工作，DC/DC 转换器就像燃油汽车的发电机一样，在给全车低压用电设备供电的同时，还可以给低压蓄电池充电。

二、组成

低压蓄电池充电系统主要由 DC/DC 转换器、高压配电箱、低压蓄电池以及动力电池组成，如图 3-4-2 所示。

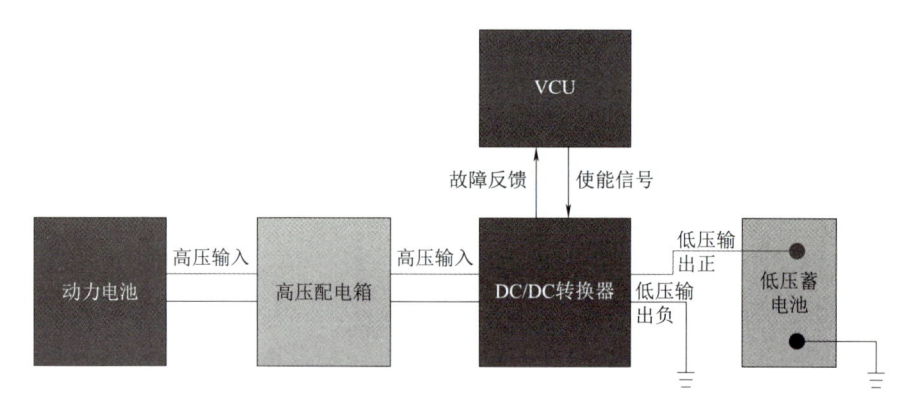

图 3-4-2　低压电池充电系统的组成

电动汽车 VCU 通过专线与 DC/DC 转换器通信，使能信号为 VCU 发送给 DC/DC 转换器的允许工作信号，当点火开关打开到"ON"挡时，一般由车辆控制模块向 DC/DC 转换器提供一个 12 V 的使能信号电压，同时 DC/DC 转换器通过故障反馈线将故障信息反馈给 VCU。当车辆控制模块或 DC/DC 转换器检测到系统有故障时，它们都可以单独控制仪表上的低压充电故障指示灯点亮。

1. 低压蓄电池

低压蓄电池的作用是在车辆起动时（DC/DC 转换器工作之前）给全车低压用电设备供电，在车辆起动后，则由 DC/DC 转换器给全车低压用电设备供电。如图 3-4-3 所示。

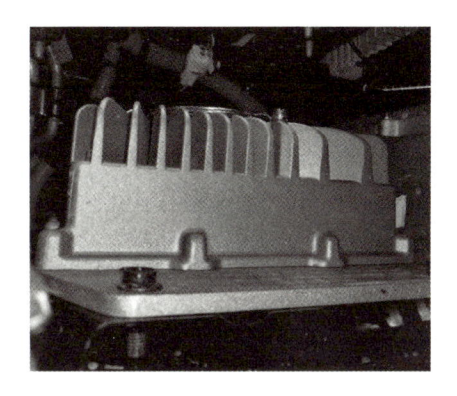

2. DC/DC 转换器

DC/DC 转换器也叫直流/直流转换器，如图 3-4-4 所示，安装在汽车前部。它的作用是将动力电池的高压直流电转换为 14 V 左右的低压直流电，给全车低压用电设备供电，同时给低压蓄电池充电。

DCDC 模块组成

图 3-4-3　低压蓄电池　　　　图 3-4-4　DC/DC 转换器

3.4.2　低压电池充电系统的工作原理

一、低压蓄电池充电原理

图 3-4-5 所示为低压蓄电池充电原理。动力电池的高压直流电通过电感线圈缓冲后给逆变器供电，DC/DC 模块通过控制逆变器的 4 个场效应管来使高压直流电变为高压交流电，高压交流电通过不同匝数比的变压器变压后得到低压的交流电，低压交流电再经过 4 个二极管整流后得到低压直流电。其通常输出的充电电压为 13.8 V 左右，在给低压用电器供电的同时给低压蓄电池充电。DC/DC 转换器相当于传统燃油车上的发电机，实际输出功率随低压用电器的使用情况而改变。

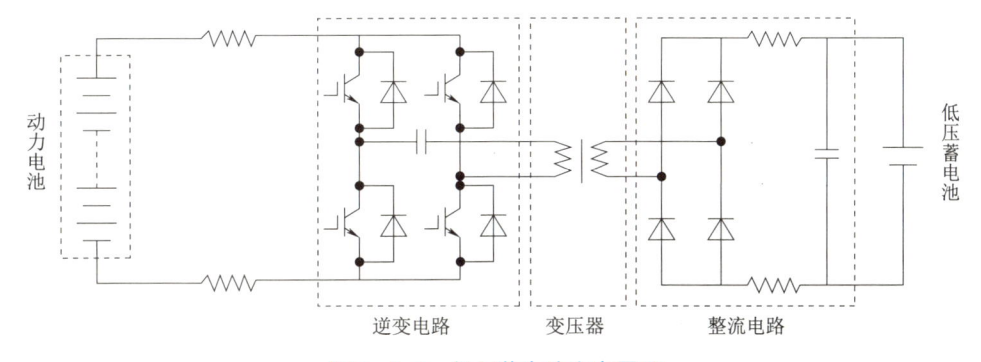

图 3-4-5　低压蓄电池充电原理

二、低压蓄电池智能补电原理

低压蓄电池补电顺序见表3-4-1。

表3-4-1 低压蓄电池补电顺序

序号	用户连接单元UCU	整车控制模块VCU	动力电池管理系统BMS
1	VT定时唤醒或未休眠		
2		判断低压蓄电池电压低于12 V	BMS低压上电工作
3	UCU开始计时	VCU发送整车运行模式=8（低压蓄电池补电）	预充继电器闭合，主负继电器闭合
4			判断动力电池内外电压差≤8 V，且持续100 ms
5		VCU发送DC/DC使能信号给DC/DC转换器	主正继电器闭合，预充继电器断开
6		开始低压蓄电池补电	
7	30 min后	VCU更改整车运行模式不等于4或8	
8		高压上电指令不等于2	BMS先断开主负继电器，再断开主正继电器
9		低压蓄电池智能补电结束	

当低压蓄电池电压低于12 V时，VCU发送整车运行模式=8指令，开始低压蓄电池智能补电模式。首先BMS闭合预充继电器、主负继电器开始预充，预充成功后，闭合主正继电器，断开预充继电器，进入低压蓄电池智能补电。

30 min后，VCU发送整车运行模式不等于4或8，且高压上电指令不等于2，BMS断开主负继电器、主正继电器，低压蓄电池智能补电结束。

3.4.3 低压蓄电池充电系统的故障诊断与维修

低压蓄电池充电系统的故障主要是DC/DC转换器无法充电。

导致此故障出现的原因如下：

（1）DC/DC转换器输入的高压电路异常。
（2）车辆控制模块的使能电路故障。
（3）DC/DC转换器输出的低压正极、负极电路到低压蓄电池的正极桩头之间存在故障。
（4）整车控制器的电源及接地电路故障。
（5）整车控制模块自身故障。
（6）DC/DC转换器自身故障。

在诊断时，从原理出发，首先通过VDS读取故障码和数据流，如果有相关故障码，则根据故障码提示进行诊断；如果没有故障码，则参考数据流提示，通过判断来发现故障点。在外围线路和信号正常的情况下，更换DC/DC转换器总成。

按照以下流程进行诊断：

（1）DC/DC转换器输出的低压正极、负极电路到低压蓄电池的正极桩头之间存在故障。在打开点火开关的状态下，利用移动测量电压法来判断线路及车身搭铁点是否存在开路或虚接。

（2）向DC/DC转换器输入的高压电路异常。可通过测量导线、保险丝电阻方法来判断导线或保险丝是否开路或虚接，利用绝缘表判断导线是否对地短路。

（3）车辆控制模块的使能电路故障。万用表测量使能线路对地电压，整车为12 V左右，如果异常，则用万用表测量使能线路阻值和对地电阻。

（4）整车控制器的电源及接地电路故障。可以通过诊断仪查看其通信情况，并通过用万用表检查其电源和接地电路的方法来判断。

（5）若以上检查都没发现异常，则尝试更换车辆控制模块或DC/DC转换器。

课外拓展

中创新航——新时代国企锂电池的佼佼者

在全球节能环保的大趋势下，为了降低汽车行业石油的消耗量、改善全球能源结构、减少污染物与温室气体排放，新能源汽车行业发展迅速。在全球新能源汽车动力电池的带动下，中国新能源汽车电池产业飞速发展，除了宁德时代和比亚迪，中国还有许多非常优秀的电池企业，如中创新航。

中创新航是全球领先的新能源科技企业，致力于成为能源价值的创造者，构建全方位能源运营体系，为以车用、船用、储能为代表的新能源全场景应用市场提供完善的产品解决方案和全生命周期管理；拥有持续领先的技术创新能力，依托国家认定企业技术中心、博士后科研工作站等科研平台，在材料技术创新、结构技术创新、制造技术创新和生态健康发展创新上不断发力，打造具有全球影响力的新能源科技创新平台。公司持续打造硬核产品力，服务市场，成就客户，与生态伙伴实现共创共赢。公司已设立多个产业基地，构建长三角及西南、中部和大湾区产业集群，实现全方位国内产业布局，同时进行海外产业布局，打造拥有规模化智能制造实力的全球化领先企业！

中创新航以"超越商业，造福人类"为使命，以"共创共赢，成就伟大"为愿景，以创新基因、技术引领、面向未来的战略考量，为"双碳目标"和新能源汽车国家战略的实现尽最大担当，为创造和谐共生、绿色持续发展的能源生态与人类更美好的未来贡献最大力量！

读完上面的案例，你对中国新能源汽车的发展有何感想？

任务 3.5　DC/AC 系统故障诊断与维修

学习目标

顺利完成本任务内容后，可以达到以下目标：

素质目标

(1) 养成良好的安全意识和规范操作意识；
(2) 培养学生的文化自信、民族自信；
(3) 能与他人进行有效的交流和沟通，具备较强的团队协作精神；
(4) 严格执行 5S 现场管理；
(5) 树立爱岗敬业理念，培养艰苦奋斗精神。

知识目标

(1) 了解 DC/AC 系统的功能；
(2) 了解 DC/AC 系统的组成；
(3) 掌握 DC/AC 系统的工作原理。

能力目标

能对 DC/AC 系统的故障进行诊断与维修。

DC/AC 转换器通过内部逆变器将动力电池高压直流电转换成 220 V 高压交流电，可供常规交流用电器使用，如图 3-5-1 所示。

图 3-5-1　DC/AC 转换器

3.5.1　DC/AC 系统的功能和组成

一、功能

DC/AC 系统又称逆变器，是一种电源转换装置，可将 12 V 或 24 V 的直流电转换成

240 V、50 Hz 交流电或其他类型的交流电。它输出的交流电可用于各类设备，最大限度地满足移动供电场所或无电地区用户对交流电源的需要。有了逆变器，即可将直流电（蓄电池、开关电源、燃料电池等）转换成交流电为电器提供稳定可靠的用电保障，如笔记本电脑、手机、手持 PC、数码相机以及各类仪器等；逆变器还可与发电机配套使用，能有效地节约燃料、减少噪声；在风能、太阳能领域，逆变器更是必不可少的。小型逆变器还可利用汽车、轮船、便携式供电设备，在野外提供交流电源。

二、组成

如图 3-5-2 所示，DC/AC 系统的作用是将动力电池高压直流电转换为 220 V 的或更高的高压交流电输出。该交流电既可用于给车辆交流电机供电，也可外放，对普通电器或另一个充电设备进行充电。

DC/AC 系统主要包含 DC/AC 变换器、220 V 交流输出插座及相关支架和线束等。

如图 3-5-3 所示，220 V 交流输出插座安装于仪表台右侧下部靠近防火墙位置或后排风口下方（不同车型安装位置有所不同），DC/AC 转换器安装于底盘前部。

图 3-5-2　逆变器　　　　　图 3-5-3　220 V 输出接口

3.5.2　DC/AC 系统的工作原理

DC/AC 系统的工作原理如图 3-5-4 所示。

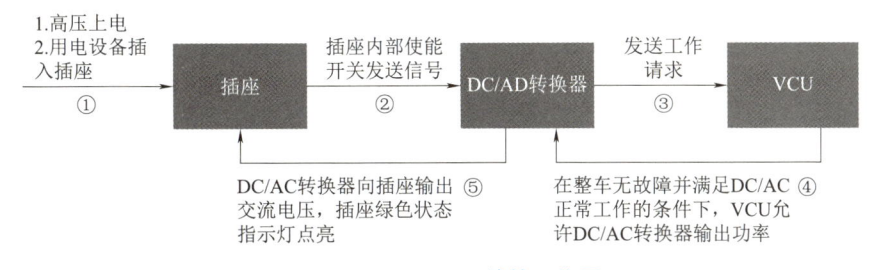

图 3-5-4　DC/AC 系统的工作原理

使用 DC/AC 时，需先使整车处于"READY"状态，然后将充电枪或电气设备（不超过额定功率 2 200 W）插入插座。插座内置微动开关，当用电器插头不插入插座内时，逆变器不工作，插座指示灯不亮。

插上负载插头后，插座内部使能开关发出信号给 DC/AC 控制器，DC/AC 控制器向 VCU 发出工作请求，在整车无故障并满足 DC/AC 正常工作的条件下，VCU 允许 DC/AC 控制器输出功率，插座绿色状态指示灯常亮。

DC/AC 功能参数列表见表 3-5-1。

表 3-5-1　DC/AC 功能参数列表

序号	参数名称	单位	参数要求
1	额定功率	kW	2.2
2	额定输入电压	V DC	115
3	额定输出电压	V AC	220
4	频率范围	Hz	50±1
5	输入电压范围	V DC	95～135
6	输出电压范围	V AC	220×（1±15%）
7	冷却方式	—	强制风冷
8	布置方式	—	后车体右下部
9	通信方式	—	CAN（500 kb/s）
10	网络节点	—	KL30，网络唤醒
11	工作方式	—	使能开关为输出插座上的微动开关
12	预充功能	—	自带预充
13	保护功能	—	过压保护、欠压保护、短路保护、过温保护、反接保护、漏电保护、断电保护

DC/AC 允许工作场景见表 3-5-2。

表 3-5-2　DC/AC 允许工作场景

序号	车辆工作场景	SOC 区间	工作状态
1	行车	≥20%	允许工作（限功率运行）
2	充电	NA	禁止工作
3	驻车	≥20%	允许工作（不限功率运行）
4	行车或驻车	<20%	禁止工作

最大功率的使用条件：N 挡或 P 挡+拉手驻车制动或 EPB 夹紧

3.5.3　DC/AC 系统的故障诊断与维修

DC/AC 系统的故障诊断见表 3-5-3。

表 3-5-3　DC/AC 系统的故障诊断

序号	指示灯状态	故障原因分析
1	绿灯常亮	DC/AC 正常工作

续表

序号	指示灯状态	故障原因分析
2	绿灯闪烁	（1）电池电压过低； （2）电池电压过高； （3）DC/AC 转换器温度过高； （4）220 V 输出过载，取下用电器，重新切换小功率电器插入插座即可恢复正常运行； （5）220 V 输出短路，取下用电器，检查用电器，重新将状态良好的用电器插入插座即可恢复正常运行
3	绿灯熄灭	DC/AC 不工作，检查整车是否上高压且无故障，电池电量是否低于 20%

注：针对指示灯闪烁情况，若出现拔出交流插座用电器插头，等待一段时间后指示灯仍然闪烁，则在该状态下判定为 DC/AC 转换器本体存在不可恢复的当前故障。

针对指示灯熄灭情况，重新插入插座后，若整车状态及电池电量满足要求，总线通信以及接插件连通正常，指示灯仍然熄灭，则在该状态下判定为 DC/AC 转换器本体存在硬件失效

课外拓展

全球第一个百 GW 组串逆变器企业诞生记

业界有人说，SMA 发明了组串逆变器，而真正让组串逆变器发扬光大的是华为。

2013 年，华为网络能源（现更名华为数字能源）经过三年多的技术积累，光伏逆变器开始投放市场，华为的集中式逆变器在中国陆续装了几百 MW，但在这个过程中，通过从客户那里得到的反馈，促使这位华为老兵觉得必须到项目现场了解客户的真实需求。

2014 年，华为智能光伏逆变器 1.0 整套解决方案第一次在业内亮相，展示了通过集控中心，远程发现并定位组件故障、场站入侵、各阵列发电的情况。

2015 年，由国家能源局主导的光伏领跑者项目启动，智能光伏大获成功，华为组串逆变器占比达 50% 以上。2016 年的领跑者项目，华为的智能组串逆变器更是达到 65% 以上。

2019 年，全球第一个百 GW 组串逆变器企业诞生。十年时间，华为创造了一个产业奇迹。

此外，华为还通过大数据喂养出了"双面组件+跟踪系统"的最佳匹配方式。传统的"天文算法+反跟踪"结合 GPS 正时可以获得太阳的绝对位置信息，即通过使组件与太阳光入射光夹角最小来获得相应的跟踪角。但这种算法仅考虑了散射比例低时组件正面的直射辐射，在部分场景中会出现不是最优转角带来的发电量损失，比如在阴天，天文算法并不是最佳转角。而华为智能跟踪系统通过"感知"外界的辐照、温度、风速等因素，结合精准的大数据和 AI 智能学习算法，能够实时得到跟踪支架的最佳转角，双面组件压抑的潜力得到充分释放，从而保障电站最佳的发电量。

目前，智能光伏逆变器以每年一个大版本的速度升级，而逆变器产业全面步入数字化时代后，电网也认识到无线通信的安全性，变得逐步开放与包容。

读完上面的案例，你对华为智能光伏逆变器取得的成绩有何感想？

项目4　驱动电机系统故障诊断与维修

　　电机驱动系统是纯电动汽车三大核心部件之一，是车辆行驶的主要执行机构，其特性决定了车辆的主要性能指标，直接影响车辆动力性、经济性和用户驾乘感受。可见，驱动电机系统是纯电动汽车中十分重要的部件。本项目将对纯电动汽车的驱动电机系统进行介绍。

任务 4.1　驱动电机系统认知

学习目标

顺利完成本任务内容后，可以达到以下目标：

素质目标

（1）养成良好的安全意识；
（2）严格执行 7S 现场管理；
（3）树立爱岗敬业理念；
（4）培养学生的文化自信；
（5）培养学生团队协作精神。

知识目标

（1）了解新能源汽车驱动电机系统的功能；
（2）了解新能源汽车驱动电机系统的组成；
（3）了解新能源汽车驱动电机系统的发展。

能力目标

（1）能够说出新能源汽车驱动电机系统的功能；
（2）能够解释新能源汽车驱动电机系统的组成；
（3）能够说出新能源汽车驱动电机系统的发展历程。

4.1.1　驱动电机系统的功能和组成

驱动电机、电控系统、动力电池是电动汽车的核心部分，称为"三电"。在电动汽车上，驱动电机替代了传统汽车上的发动机和发电机。传统汽车通常是把化学能转换为机械能驱动车辆行驶；而驱动电机既可以将电能转换为机械能驱动汽车行驶，也可以作为发电机将机械能转换为电能，并存储在动力电池内。

电机控制器将动力电池的高压直流电变换为驱动电机的高压三相交流电，使驱动电机产生力矩，并通过传动装置将驱动电机的旋转运动传递给车轮，驱动汽车行驶。

驱动电机动力传输图如图 4-1-1 所示。

图 4-1-1　驱动电机动力传输图

驱动电机不仅可以驱动车辆行驶，而且可以进行制动能量回收。图 4-1-2 所示为驱动电机制动能量回收示意图。驱动电机在制动、缓慢减速时，整车控制器发出相应指令，使驱动电机转换为发电机发电工况，此时驱动电机会将车辆动能转换为电能，通过电机控制器以电能的形式向动力电池充电。

图 4-1-2　驱动电机能量回收图

一、驱动电机系统的功能

驱动电机系统的主要功能是把动力电池的电能转化为机械能，产生驱动转矩，驱动车辆进行行驶。另外，为了实现车辆的前进、后退、改变车速、停车等功能，驱动电机必须能实现正转、反转、改变转速和停机，如图 4-1-3 所示。

车辆制动或者滑行时，车轮反拖驱动电机转动，此时驱动电机转换成发电机进行发电并将电能储存到电池中，进行能量回收，以此适当延长电动车的续航里程。

图 4-1-3　驱动电机系统

二、驱动电机系统的组成

电机驱动系统主要由下列部件组成：驱动电机、MCU（电机控制模块）、VCU（整车控制模块）、BMU（动力电池管理模块）、仪表模块、电机温度传感器、电机转速位置传感器、加速踏板位置传感器、制动踏板行程传感器、轮速传感器、制动开关、挡位开关等，如图 4-1-4 所示。

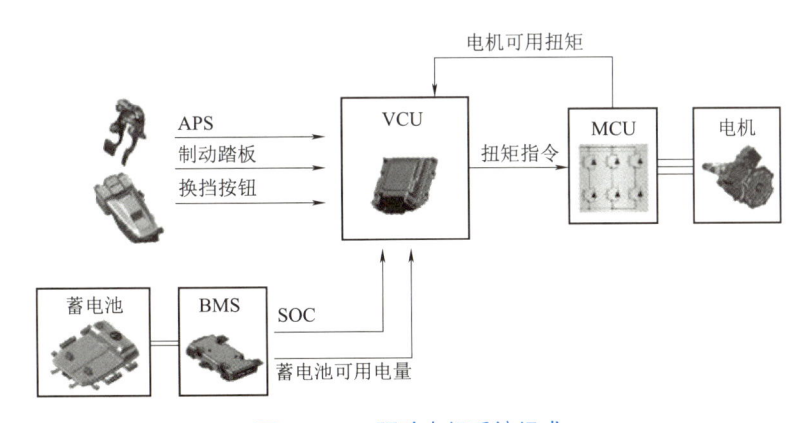

图 4-1-4　驱动电机系统组成

注：APS 为加速踏板位置传感器信号，MCU 为驱动电机控制模块

驱动电机是以磁场为媒介进行机械能和电能相互转换的电磁装置，是驱动电动汽车行驶的动力装置，是动力总成的核心部件，承担着电能转化和充电的双重功能，如图 4-1-5 所示。

三、驱动电机系统的特点

1. 体积小、功率密度大

由于新能源汽车的整车空间有限，因此要求驱动电机的结构紧凑、尺寸小，这就意味着

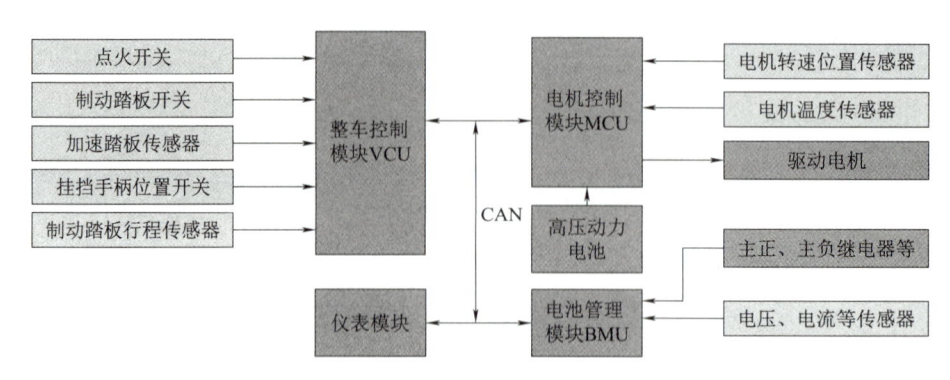

图 4-1-5　驱动电机系统原理图

驱动电机和电机控制器的尺寸将受到很大的限制，必须缩小驱动电机的体积、提高电机的功率密度和转矩密度。因此一般选用高功率密度的永磁同步电机作为驱动电机。

2. 效率高、高效区广、重量轻

新能源汽车驱动电机的第二个特点就是效率要高、高效区要广、重量要轻。由于当前充电桩尚未广泛普及，故续驶里程短一直是新能源汽车的短板，提升续驶里程的方法如下：

（1）提升驱动电机的效率。

（2）驱动电机的高效工况区要足够广，保证汽车在大部分工况下都处于高效状态。

（3）减轻驱动电机重量，间接降低整车功耗，提升续驶里程。

3. 安全性与舒适性

新能源汽车驱动电机还需关注电机自身的安全性和舒适性。

安全性：即电机的可靠性，电机在恶劣环境下可以正常工作。

舒适性：即电机在运行时不会使驾驶人产生体验上的不适感，应关注电机运行时的振动和噪声情况。

4.1.2　驱动电机系统的发展

一、交流异步电机驱动系统

我国已建立了具有自主知识产权异步电机驱动系统的开发平台，形成了小批量生产的开发、制造、试验及服务体系；产品性能基本满足整车需求，大功率异步电机系统已广泛应用于各类电动客车；通过示范运行和小规模市场化应用，产品可靠性得到了初步验证。

二、开关磁阻电机驱动系统

开关磁阻电机驱动系统已形成优化设计和自主研发能力，通过合理设计电机结构、改进控制技术，产品性能基本满足整车需求；部分公司已具备年产 2 000 套的生产能力，能满足小批量配套需求，部分产品已配套整车示范运行，效果良好。

三、无刷直流电机驱动系统

国内企业通过合理设计及改进控制技术，有效提高了无刷直流电机产品性能，基本满足电动汽车需求，并已初步具有机电一体化设计能力。

四、无刷直流电机驱动系统

永磁同步电机驱动系统已形成了一定的研发和生产能力，开发了不同系列产品，可应用于各类电动汽车；产品部分技术指标接近国际先进水平，但总体水平与国外仍有一定差距；基本具备永磁同步电机集成化设计能力；多数公司仍处于小规模试制生产，少数公司已投资建立车用驱动电机系统专用生产线。

课外拓展

新能源驱动电机：产业链龙头全梳理

近年来，国家加大对基础建设以及风电、光伏发电、新能源等新兴行业的投入，叠加机器人和自动化等行业的高速发展，为电机产业带来了市场空间。

现阶段，我国新能源乘用车占据新能源汽车市场主导地位，对于驱动电机的装机量占比达到91.5%，为新能源客车和新能源专用车配套电机量占比分别为4.2%和4.3%。

2021年国内新能源汽车乘用车驱动电机市场共装配342.5万台电机，其中永磁同步电机占323.3万台，占比约94%，交流异步电机占比约为5%，国内的驱动电机市场仍以永磁同步电机为主。

1. 上游：国内稀土供应链资源丰富

根据上海电驱动数据，原材料采购成本占电机总成本的93%。

新能源汽车用永磁同步电机产业链上游为钢材、铜材及稀土永磁材料等原材料。

原材料中成本占比较高的是用于制造永磁体的钕铁硼磁钢，用于制造电机定转子冲片、铁芯的硅钢，以及用于制造线圈的铜材等。

中国拥有全球范围内最多的稀土资源储量，丰富的稀土资源为行业带来了良好的发展基础。

中国对稀土资源的加工与提炼技术已达到国际领先水平，从而可以有效推动新能源汽车永磁同步电动机的发展与应用。

钕铁硼是新能源汽车驱动电机核心零部件定子与转子的主要原材料，钕铁硼磁材具有高效率、小型化、轻量化的优势。

据百川资讯不完全统计数据，2021年国内钕铁硼毛坯产量达到24.30万t，同比增长25.38%；2022 Q1国内钕铁硼毛坯产量达到6.43万t，同比增长9.07%。

原材料产量的稳定提升为中国永磁体行业以及永磁电机提供了坚实的发展基础。

2. 中游：驱动电机整机制造，集中度不高

电机行业竞争格局稳定，龙头企业优势地位稳固，对下游客户有一定的议价能力；加之中高端产品的技术门槛，决定了电机企业受上游原材料成本上涨的压力向下游传导较为通畅。

新能源汽车三大核心零部件中电机的毛利率水平较低，且原材料在成本中占比很高，毛利率下降空间有限。

国内电机制造商在制造技术上无明显短板，同时拥有成本及快速响应优势。

目前新能源汽车电机市场有三类供应商，一类是整车企业自供电机产品，如比亚迪、北汽新能源等；一类是传统电机制造商向新能源汽车电机市场转型，如大洋电机、方正电机等；一类是新兴专业新能源汽车电机制造商，如上海电驱动、上海大郡、北京精进等。

2021年驱动电机行业集中度不高，前三家企业合计市占率为29.8%。其中，比亚迪、特斯拉和方正电机的市场份额排名前三，分别为13.2%、9.9%和6.7%。

比亚迪和特斯拉均为整车企业，比亚迪电机电控份额由于自家新能源车销量高而占据Top1位置，其电机电控份额即相当于其新能源车市场份额。

前十企业中，整车企业驱动电机市场份额合计34.3%，第三方独立电机公司驱动电机市场份额28.1%。

第三方供应商方面，其格局仍较分散，最大的第三方电机供应商是方正电机。

驱动电机中的定子和转子是驱动电机中的核心零部件。由于定转子的加工质量很大程度上决定了电机产品的性能，故目前多数电机整机企业仍采用自制定转子的方式。未来随着第三方企业加工质量的提高，产业分工有望细化。

随着补贴政策的改变，纯电动汽车将成为未来新能源汽车市场的主流，这将带动新能源汽车驱动电机装机量快速提升，且随着市场空间的扩大，行业内将会有定位于生产新能源汽车专用驱动电机的制造企业不断加入，进一步加快新能源汽车驱动电机的国产替代进程。

读完上面的案例，你觉得新能源驱动电机会如何发展？

_____
_____
_____
_____
_____

任务 4.2　驱动电机系统部件的原理与诊断

学习目标

顺利完成本任务内容后，可以达到以下目标：

素质目标

（1）养成良好的安全意识和规范操作意识；
（2）严格遵守7S操作规范；
（3）树立爱岗敬业理念；
（4）培养学生的团队协作精神；
（5）培养学生精益求精的工匠精神。

知识目标

（1）掌握新能源汽车驱动电机系统原理；
（2）掌握新能源汽车驱动电机系统各部件的原理与诊断；
（3）掌握新能源汽车驱动电机系统故障。

能力目标

（1）能够解释驱动电机系统原理，并能进行诊断与维修；
（2）能够对新能源汽车驱动电机系统各部件进行故障诊断与维修；
（3）能够对新能源汽车驱动电机系统常见故障进行分析与诊断。

4.2.1　驱动电机的原理与诊断

驱动电机是电动汽车驱动系统的核心部件，是车辆行驶的主要执行机构，其特性决定了车辆的主要性能指标，直接影响车辆动力性、经济性和舒适性。它是把电能转换为机械能的一种设备，它利用励磁线圈产生旋转磁场，进而形成磁电动力旋转力矩，导线在磁场中受力的作用，使电机输出转矩。

动力电池的直流电经过高压配电箱，通过电机控制器中的DC/AC变换器将直流电逆变成交流电，提供给永磁同步电机，进而通过永磁同步电机驱动汽车行驶。

当车辆滑行或制动时，电机控制器控制驱动电机使其处于发电状态，驱动电机利用车辆动能发电，通过电机控制器中的AC/DC变换器将三相交流电整流成直流电，回收能量存入动力电池。

为避免驱动电机在工作过程中温度过高，电机冷却循环水管中的冷却液可将多余的热量带走，使其保持在正常的工作温度范围内。

一、驱动电机作用

如图4-2-1所示，驱动电机是将电能转换成机械能，并且为车辆行驶提供驱动力的电气装置，该装置也具备将机械能转化为电能的功能。

二、驱动电机分类

按用电类型，电动汽车的驱动电机可分为以下2种：直流电机和交流电机。

按驱动电机的转速与电网电源频率之间的关系，电动汽车的驱动电机可分为以下两种：同步电机和异步电机。

图4-2-1 驱动电机

根据驱动原理，电动汽车的驱动电机可分为以下4种：直流电机（DC Motor）、永磁同步电机（Permanent Magnet Synchronous Motor）、交流感应（异步）电机（AC Induction Motor）、开关磁阻电机（Switch Reluctance Motor）。

1. 直流电机

现状：已淘汰。

优点：成本低、易控制、调速性能良好。

缺点：结构复杂、转速低、体积大、维护频繁。

早期开发的电动汽车多采用传统的直流电机。电机工作时，电能是以直流电的方式经过转换器输送至驱动电机。按有无电刷分为：有刷直流电机和无刷直流电机。有刷直流电机因维护不方便，故已被无刷直流电机取代，根据电动汽车对电机的技术要求，直流电机能够满足电动汽车运行的基本需求。另外，无刷直流电机也不需要用户在用车期间去考虑它的维护问题，基于这样的特性，无刷直流电机已成为入门级电动汽车所使用的最为普遍的一种类型。

之所以说它是入门级电机的首选，是因为这种电机自身也存在一些弊端，这些弊端会阻碍它在电动汽车行业里的发展。直流电机的转速范围不算宽泛，而且最高转速仅为6 000 r/min左右，这样的转速属性很难满足电动汽车的工况需求，所以，有些厂商通过为其匹配二级减速器或具备一定传动齿比范围的CVT变速箱来弥补直流电机在转速方面的缺陷。显然，这样的技术结构在空间布置以及重量控制方面对整车的设计都有不利的影响。当然，也可以只为电机匹配一个单级减速器，但车辆的动力性能以及最高车速都会受到影响。由于直流电机的缺点非常突出，故目前的电动汽车已经将直流电机淘汰。

2. 永磁同步电机

现状：应用广泛。

优点：效率高，结构简单，体积小，重量轻。

缺点：成本较高，高温下磁性衰退。

所谓永磁，是指在制造时利用永磁体作为电机转子，它使电机的性能得到进一步提升。所谓同步，指的是转子的转速与定子绕组的电流频率始终保持一致。因此，通过控制电机的定子绕组输入电流频率，电动汽车的车速将最终被控制。永磁同步电机的最大优点就是具有较高的功率密度和转矩密度，也就是相比于其他种类的电机，在相同质量和体积下，永磁同步电机能够为汽车提供更大的动力输出和加速度。

但是，永磁同步电机也有自身的缺点，转子上的永磁材料在高温、振动的条件下会产生磁性衰退的现象，所以在相对复杂的工作条件下，电机容易发生损坏，而且永磁材料价格较高，因此整个电机及其控制系统成本较高。

根据电机驱动电流的波形不同，永磁同步电机分为正弦波电流驱动的永磁同步电机（PMSM）和方波电流驱动的无刷直流电机（BLDCM），其中无刷直流电机具有控制简单、成本低、检测装置简单、输出转矩大等优点，但是转矩波动较大。交流永磁同步电机具有效率高、功率密度大、可靠性高、一级调速范围宽等优点，发展前景十分广阔，已经在国内外多种电动车辆中获得应用。电动汽车所用的交流永磁同步电机正在向大功率、高转速、高效率和小型化方向发展。目前，国内电动汽车大多数采用交流永磁同步电机。

3. 交流感应（异步）电机

现状：少量车辆使用。

优点：结构简单，可靠性好，成本易控。

缺点：效率差，调速性差。

交流异步电机是目前工业中应用十分广泛的一类电机，其特点是定、转子由硅钢片叠压而成，两端用铝盖封装，定、转子之间没有相互接触的机械部件，结构简单，运行可靠，耐用，维修方便。交流异步电机与同功率的直流电机相比效率更高，质量约轻了1/2。如果采用矢量控制的控制方式，则可以获得与直流电机相媲美的可控性和更宽的调速范围。由于有着效率高、比功率较大、适合于高速运转等优势，故交流异步电机是目前大功率电动汽车上应用最广的电机。

但在高速运转的情况下电机的转子发热严重，工作时要保证电机冷却，同时异步电机的驱动、控制系统很复杂，电机本体的成本也偏高，另外运行时还需要变频器提供额外的无功功率来建立磁场。与永磁电机和开关磁阻电机相比，异步电机的效率和功率密度偏低，不是能效最优化的选择。

相比于永磁同步电机，异步电机的优点是成本低、工艺简单、运行可靠、耐用、维修方便，而且能忍受大幅度的工作温度变化；反之，温度大幅度变化会损坏永磁同步电机。尽管在重量和体积方面，异步电机并不占优势，但其转速范围广泛以及高达 20 000 r/min 左右的峰值转速，即使不匹配二级差速器也能够满足车辆高速行驶的转速要求。此外，异步电机的稳定性优秀也是被特斯拉选中的重要原因。

异步电机应用较多的地区是美国，这也被认为是与路况有关。在美国，高速公路已经具有一定的规模，除了大城市外，汽车一般以一定的高速持续行驶，所以能够让高速运转而且在高速时有较高效率的异步电机得到广泛应用。

4. 开关磁阻电机

现状：暂未广泛应用。
优点：结构简单，体积小，效率高，成本低。
缺点：噪声振动大，输出扭矩脉动。

开关磁阻电机作为一种新型电机，相比于其他类型的驱动电机而言，它的结构最为简单，定子和转子均为普通硅钢片叠压而成的双凸极结构，转子上没有绕组，定子装有简单的集中绕组，具有结构简单坚固、可靠性高、质量轻、成本低、效率高、温升低、易于维修等诸多优点。而且它具有直流调速系统可控性好的优良特性，同时适用于恶劣环境，非常适合作为电动汽车的驱动电机使用。

但开关磁阻电机具有转矩波动大、需要位置检测器、系统非线性特性、磁场为跳跃性旋转、控制系统复杂、对直流电源会产生很大的调制脉宽电流等缺点。另外开关磁阻电动机为双凸极结构，不可避免地存在转矩波动，这类电机或许未来能够通过技术优化在克服致命硬伤的前提下，广泛应用于电动汽车领域，以帮助电动汽车提高续航里程。

从表4-2-1中我们可以看出，永磁同步电机在性能方面占据绝对优势，这也是为什么永磁同步电机是广大新能源汽车制造商的首选。2016年，我国新能源汽车驱动电机的装机量达59.5万台，其中永磁同步电机装机量超过45万台，占比达77%；交流异步电机装机量超过14万台，占比23%；其他类型近2 000台，占比仅1%。

表 4-2-1　电动汽车用驱动电机性能对比

项目	直流电机	交流感应（异步）电机	永磁同步电机	开关磁阻电机
转速/（r·min^{-1}）	4 000~6 000	12 000~20 000	4 000~10 000	>15 000
功率密度	低	中	高	较高
重量	重	中	轻	轻
体积	大	中	小	小
可靠性	差	好	一般	好
结构坚固性	差	好	好	好
控制器成本	低	高	高	一般

三、驱动电机结构与原理

1. 交流永磁同步电机

交流永磁同步电机具有效率高、体积小、重量轻及可靠性高等优点，是动力系统的重要执行机构，是电能与机械能转化的部件，且自身的运行状态等信息可以被采集到驱动电机控制模块。

交流永磁同步电机依靠内置传感器来提供电机的工作信息，这些传感器包括：
（1）电机转速位置传感器：用以检测电机转子位置，控制器解码后可以获知电机转速。
（2）电机温度传感器：用以检测电机的绕组温度，控制器可以保护电机避免过热。

1) 永磁同步电动机结构

永磁同步电动机主要由定子线圈、永磁转子、位置传感器等部件组成，如图 4-2-2 所示。定子和转子之间存在气隙，以防止转子转动时产生干涉。

（1）定子。

电机的定子由定子铁芯和定子绕组组成，用于产生旋转磁场。

①定子铁芯。

定子铁芯是电动机磁路的一部分，并在其上放置定子绕组。定子铁芯一般由 0.35~0.5 mm 厚且表面具有绝缘层的硅钢片冲制、叠压而成，在铁芯的内圆冲有均匀分布的槽，用以嵌放定子绕组，如图 4-2-3 所示。定子铁芯槽有半闭口型槽、半开口型槽和开口型槽三种。

图 4-2-2 永磁同步电动机结构

图 4-2-3 定子铁芯

②定子绕组。

定子绕组内嵌在定子铁芯槽内，它是电机的电路部分，接入三相交流电会产生旋转磁场。定子绕组由三个在空间互隔 120°电角度、对称排列、结构完全相同的绕组连接而成，三相绕组有星形（Y 形）和三角形（△形）两种接线方式。

a. 星形连接。

星形连接是指三相绕组的线圈在电机内部铰接在一个铰接点上，如图 4-2-4（a）所示。

b. 三角形连接。

三角形连接是指三相绕组在电机内部两两铰接在一起，共有 3 个铰接点，如图 4-2-4（b）所示。

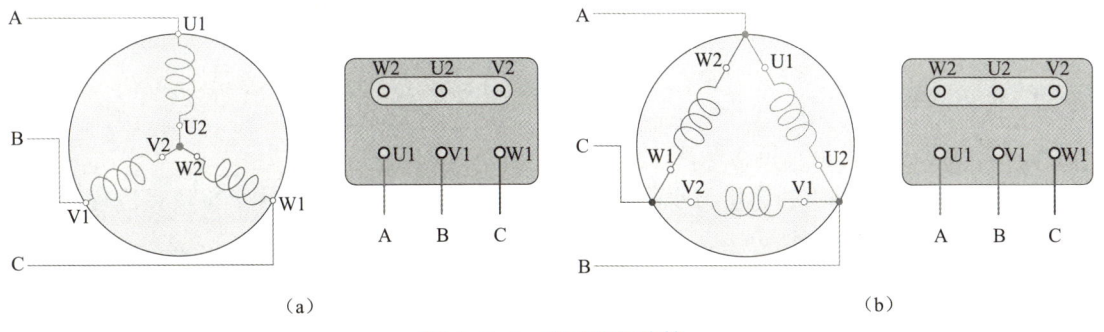

图 4-2-4 定子绕组连接

（a）星形连接；（b）三角形连接

(2) 永磁转子。

永磁转子由转子铁芯、永磁体和转子轴组成。

转子铁芯的材料与定子铁芯相同，都是由导磁性良好的硅钢片冲制、叠压而成。转子上，永磁体均匀地嵌入转子铁芯的凹槽中，在其两端通常设计有气隙或安装有隔磁材料，防止漏磁。

转子上永磁体产生的磁场均匀地分布在转子的周围，在定子线圈旋转磁场的作用下，产生转矩带动转子旋转。如图4-2-5所示。

气隙是电机定子和转子之间的空隙，用于防止定子和转子相互干涉。气隙的大小决定磁通量的大小，气隙越大，漏磁越多，电机的效率会降低。根据电机不同，气隙的大小也不相同，通常同步电机的气隙大，异步电机的气隙小。

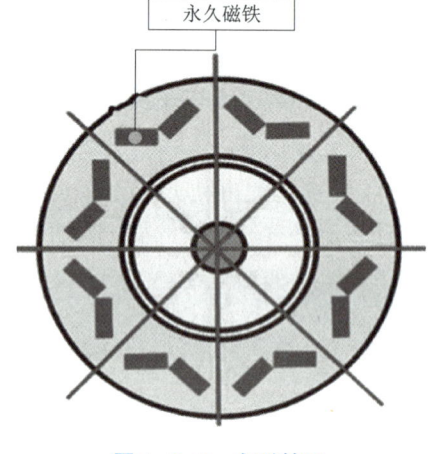

图4-2-5　永磁转子

2) 交流永磁同步电机工作原理

图4-2-6所示为交流永磁同步电机工作原理。

电机的三相定子绕组通入三相交流电后，将产生一个旋转磁场。定子的旋转磁场与永磁转子中的磁场相互作用，产生转矩，带动转子转动，转子的转动速度与旋转磁场同步。

停止工作。电机内部没有接入三相交流电，定子中无旋转磁场产生，电动机处于静止状态。

正转。当转子位置确定后，通过给三相绕组提供一定相序的交流电，电机实现正转。

反转。当转子位置确定后，通过改变三相绕组的相序进行供电，即可实现电机反转。

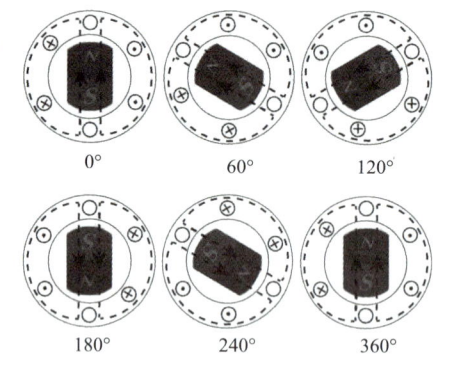

图4-2-6　交流永磁同步电机工作原理

改变转速。电机控制模块通过改变供电的频率来调整电机转速。

发电。车辆减速时，永磁电机就相当于一个三相交流发电机，转子转动提供旋转磁场，定子内的三相绕组切割磁力线发电，发出的电量通过电机控制器内的整流器整流，输送给动力电池。

2. 交流感应（异步）电机

1) 交流感应（异步）电机结构

电动汽车用异步电机的结构与永磁同步电机相似，也是由定子、转子、位置传感器等部件组成，如图4-2-7所示。

它们的区别在于三相异步电机使用绕组式或鼠笼式转子取代了永磁转子。

异步电机的转子由转子铁芯、转子绕组和转轴组成。

（1）转子铁芯。

转子铁芯由 0.5 mm 厚的硅钢片冲制、叠压而成，硅钢片外圆冲有均匀分布的孔，用来安置转子绕组，它是电机磁路的一部分，如图 4-2-8 所示。

一般小型异步电机的转子铁芯直接压装在转轴上，大、中型异步电机（转子直径为 300~400 mm）的转子铁芯则借助于转子支架压在转轴上。

图 4-2-7 电动汽车用异步电机

图 4-2-8 转子铁芯

（2）转子绕组。

转子绕组是转子的电路部分，它的作用是切割定子旋转磁场产生感应电动势及电流，并形成电磁转矩而使电机旋转。

转子绕组分为笼式转子和绕线式转子。电动汽车用三相异步电机转子通常使用的是如图 4-2-9 所示的鼠笼式转子。

2）交流感应（异步）电机工作原理

图 4-2-10 所示为鼠笼随磁场旋转的图形，图中标有磁力线与旋转方向，铜条端面的符号代表电流的方向，"⊙"表示电流指向屏幕外，"⊗"表示电流指向屏幕内，"○"表示无电流。

图 4-2-9 转子绕组

当三相异步电机接入三相交流电源时，三相定子绕组流过三相对称电流产生的三相磁动势（定子旋转磁动势）并产生旋转磁场。

该旋转磁场与转子导体有相对切割运动，根据电磁感应原理，转子导体产生感应电动势并产生感应电流。

根据电磁力定律，载流的转子导体在磁场中受到电磁力作用，形成电磁转矩，驱动转子旋转，当电机轴上带机械负载时，便向外输出机械能。

异步电机是一种交流电机，其负载时的转速与所接电网的频率之比不是恒定关系。此外其还随着负载的大小而发生变化，负载转矩越大，转子的转速越低。

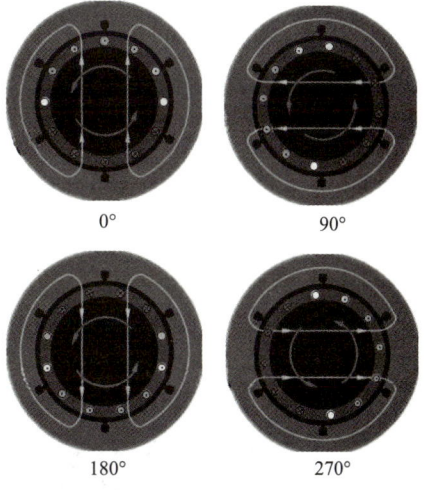

图 4-2-10 交流感应（异步）电机工作原理

151

异步电机的定子是三相绕组，转子是闭环绕组，本身没有磁场。所以，异步电机只有原动机带动是发不出电来的。虽然，理论上说利用剩磁也能发出电来，但并无实际意义。

异步电机要想发电，首先必须建立磁场。异步电机是在定子的三相绕组中通入三相交变电流后才产生旋转磁场的。也就是说，异步电机为了得到磁场，其定子绕组必须和三相电源相接。毫无疑问，在这种情况下，它将作为异步电动机而运转起来了。但是，如果用一台原动机带动，使转子的转速超过同步转速，就成了异步发电机。

四、驱动电机诊断维修

驱动电机在运行过程中，可能会出现以下常见故障：
（1）电机线圈匝间短路，导致电流过大报警。
（2）电机线圈断路，导致电机无力。
（3）线路与壳体绝缘性能下降，导致漏电故障。
（4）电机轴承过紧，导致电机温度过高报警。
（5）电机转子扫膛，导致异响甚至抱死。
（6）电机转子消磁，导致电机无力。
（7）电机内部异响。
（8）电机输出轴花键磨损等。

五、驱动电机故障的检测

1. 电机线圈阻值的检查

图 4-2-11 所示为测量电机线圈阻值，利用万用表电阻挡测量电机输入三相电之间的电阻，来判断线圈的情况，正常情况下每两相电之间的电阻都小于 1 Ω。

当驱动电机线圈阻值异常时，需要更换新的驱动电机。

2. 电机绝缘性能检查

图 4-2-12 所示为电机绝缘性能检查，利用绝缘表分别测量电机输入三相电引入端子对壳体之间的绝缘性能，正常值应大于 20 MΩ。

当驱动电机的绝缘电阻异常时，需要更换新的驱动电机。

图 4-2-11 测量电机线圈阻值

图 4-2-12 电机绝缘性能检查

3. 电机工作噪声

电机工作噪声检查如图 4-2-13 所示，主要分为以下两种：

（1）电磁噪声（高频较尖锐）。电磁噪声属于正常。

（2）机械噪声，可能是来自减速器、悬置、电机本体（轴承）。若确定电机内部出现轴承或转子与定子摩擦，则只能通过更换电机总成来解决。

4. 花键磨损

目测检查输出轴花键是否存在磨损或变形，若存在磨损或变形，则通过更换电机总成的方式来维修。

图 4-2-13　电机工作噪声检查

驱动电机的维修。驱动电机的安装精度要求高，密封性要求高，所以当电机出现上述任何一种故障时，都可通过更换电机总成的方式来维修。

5. 驱动电机的拆卸

（1）将车钥匙置于"OFF"挡并关闭所有用电器。

（2）断开蓄电池低压负极电缆，断开高压安全维修开关。

（3）使用可回收加氟机将空调系统中的氟进行回收。

（4）排空冷却系统的防冻液。

注意：当冷却系统仍处于烫热状态时，勿打开膨胀水壶盖，否则热的蒸汽或沸腾的冷却液会从散热水箱中飞溅出来对人体造成伤害。

（5）排放减速器齿轮油。

（6）拆卸驱动电机上的高、低压线路插头和冷却管路。

注意：拆装过程中电机控制器内会有少量冷却液流出，注意采取措施，避免冷却液洒落到高压线上。

（7）拆卸驱动电机搭铁线。

（8）拆卸两前轮胎。

（9）拆卸两个驱动轴。

（10）拆卸空调压缩机插头及高低压管。

注意：拆卸空调压缩机管路后做好防护，避免灰尘或异物进入空调压缩机。

（11）将真空泵从空调压缩机上拆下。

（12）拆下后悬置软垫。

（13）使用千斤顶顶住驱动电机总成。

（14）拆下驱动电机的左侧和右侧悬架。

（15）使用千斤顶缓慢放下驱动电机和减速器总成。

（16）将驱动电机和减速器分离。

6. 驱动电机的安装

安装以倒序进行。

系统安装完成后，对系统进行以下检查：

（1）水路系统安装的正确性，是否有管路接错或者滴漏等异常情况。

（2）各部件机械安装的牢固性。

（3）各线缆所连接电源的极性及其连接的正确性。

（4）各电气连接器连接是否到位，相应的卡口或锁紧螺丝是否卡紧或拧紧。

（5）各高、低压部件的绝缘性。

4.2.2 驱动电机控制模块-MCU 的原理与诊断

一、驱动电机控制模块-MCU 作用

驱动电机控制模块（MCU）是电机驱动系统的控制中心，又称智能功率模块，它接收整车控制模块 VCU 的指令对电机进行控制。驱动电机控制模块将动力电池提供的直流电转化为交流电，然后输出给电机，通过电机的正转来实现整车的加速和减速，通过电机的反转来实现倒车，如图 4-2-14 所示。

在减速时，将电机输出的交流电转化为直流电为动力电池充电。

驱动电机控制模块的另一个重要功能是通信和保护，实时进行驱动电机状态和故障检测，保护电机驱动系统和整车安全、可靠运行。驱动电机控制模块对所有的输入信号进行处理，并将驱动电机控制系统运行状态的信息通过 CAN 网络发送给整车控制模块。驱动电机控制模块内含故障诊断电路，当诊断出异常时，它将会激活一个错误代码，发送给整车控制模块，同时也会存储该故障码和数据。

驱动电机控制器电器与 DC 总成工作原理

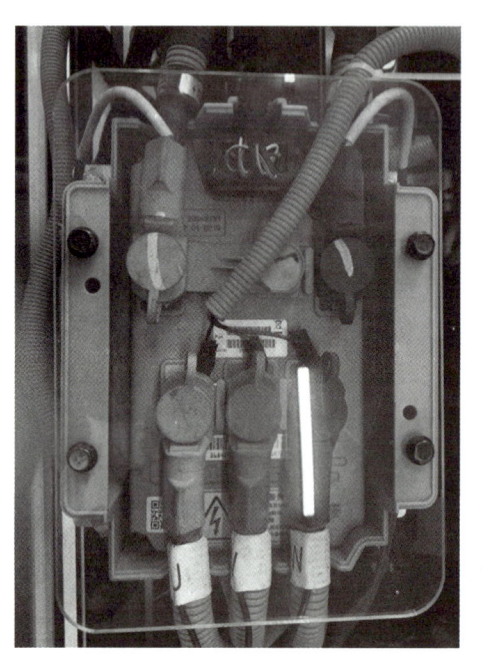

图 4-2-14 驱动电机控制模块 MCU

二、驱动电机控制模块-MCU 结构

驱动电机控制模块以 IGBT（绝缘栅双极型晶体管）模块为核心，辅以驱动集成电路、主控集成电路，负责对电机的驱动。

如图 4-2-15 所示的驱动电机控制模块使用了以下传感器来检测电机的工作信息，包括：

（1）电流传感器：用以检测电机工作的实际电流（包括母线电流、三相交流电流）。

（2）电压传感器：用以检测供给电机控制器工作的实际电压（包括高压电池电压、低压蓄电池电压）。

（3）温度传感器：用以检测电机控制系统的工作温度（包括模块温度、电机控制器温度）。

动力电池的直流电通过高压盒提供给驱动电机控制模块，在电机控制器上布置有 2 个安菲诺高压连接插座。

驱动电机控制模块提供三相交流电到驱动电机，主要依靠三根电缆及高压连接器，如图 4-2-16 所示。

图 4-2-15　驱动电机控制模块结构　　图 4-2-16　驱动电机控制模块线路连接图

逆变器的作用是将高压直流电逆变为高压三相交流电。逆变器以 IGBT（绝缘栅双极型晶体管）模块为核心元件。图 4-2-17 所示为整体式 IGBT 模块，图 4-2-18 所示为单体 IGBT 元件及其电路符号。

图 4-2-17　逆变器　　图 4-2-18　单体 IGBT 元件及其电路符号

三、驱动电机控制模块-MCU 工作原理

在电机驱动系统中，驱动电机的输出动作主要是靠控制单元给定命令执行，即控制器输出命令，如图 4-2-19 所示。控制器主要是将输入的直流电逆变成电压、频率可调的三相交流电，供给配套的三相交流永磁同步电机使用，如图 4-2-20 所示。

图 4-2-19　驱动电机控制模块-MCU 工作原理图

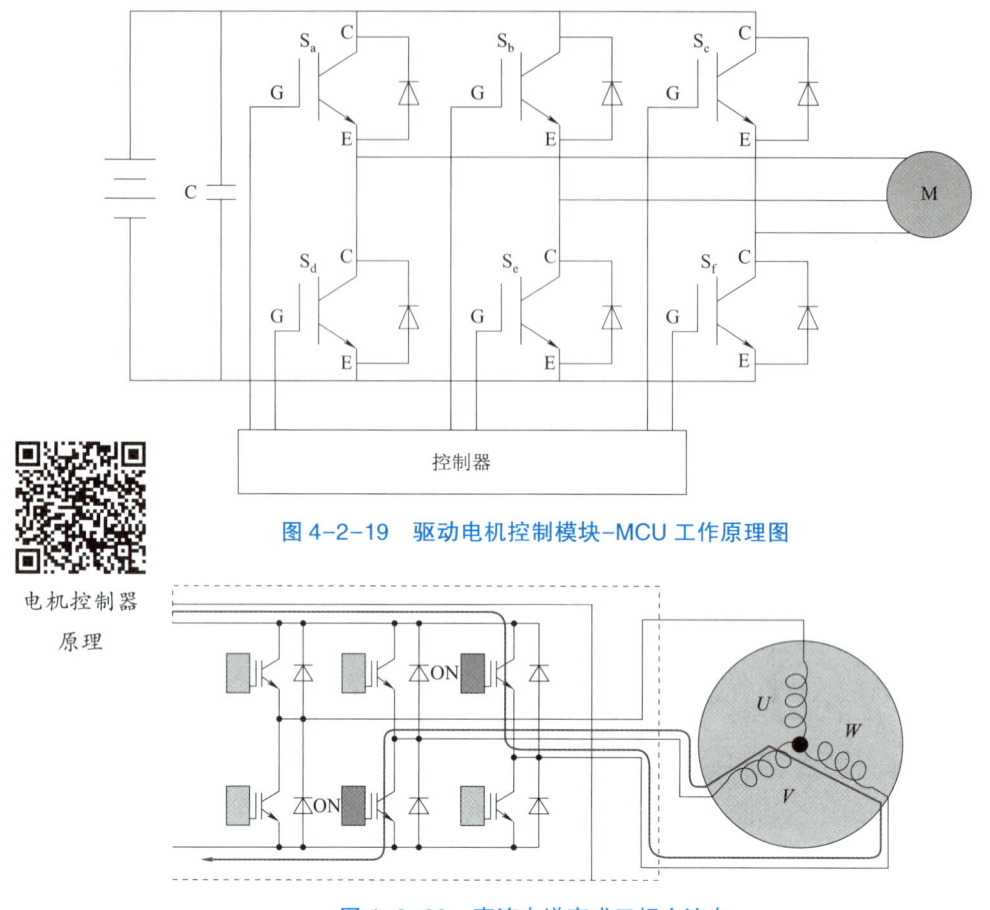

图 4-2-20　直流电逆变成三相交流电

三相交流电按照一定时序向外供电，加载到电机三相定子绕组后就会形成一个旋转磁场。

图 4-2-21 所示为驱动电机三相绕组的电流波形图，电机控制模块通过频率来控制流过三相绕组的电流。

四、驱动电机控制模块-MCU 诊断维修

（1）检查 MCU 低压线束端子、电机低压线束端子是否有退针、进水或插接不到位等异常情况。若异常，则更换低压线束。

（2）在电机插头位置测量电机旋变传感器的阻值是否正常。若异常，则更换。

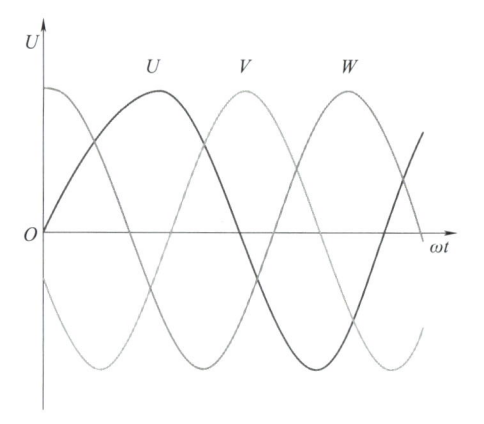

图 4-2-21　电机三相绕组的电流波形图

（3）在电机控制器插头位置测量电机旋变传感器的阻值是否正常。若异常，则更换电机到 MCU 的低压线束；若无异常，则联系售后工程师。

五、驱动电机控制模块-MCU 供电测量

（1）励磁信号电阻正常范围为（16±2）Ω。

（2）cos 信号电阻正常范围为（31.5±2）Ω。

（3）sin 信号电阻正常范围为（29.5±2）Ω。

（4）温度信号电阻值正常范围为 1 000~1 155 Ω。

4.2.3 驱动电机其他部件的原理与诊断

一、驱动电机旋变传感器的原理与诊断

1. 驱动电机转速位置传感器（旋变传感器）的作用

电机控制单元为了精准控制电机方向与转速，设置有旋变传感器，如图 4-2-22 所示。磁阻式旋变传感器的作用是检查电机输出轴的旋转角度和转速。

2. 驱动电机转速位置传感器（旋变传感器）结构

磁阻式旋变传感器是一种输出电压随转子转角变化的信号元件，如图 4-2-23 所示。它主要由传感器本体和传感器的信号靶轮组成。

传感器本体共有三个绕组。

（1）励磁绕组由电机控制单元按照一定频率加载交流电。

（2）传感绕组有两组，分别叫作正弦绕组和余弦绕组，作用是产生成正弦、余弦变化曲线的感应电压。

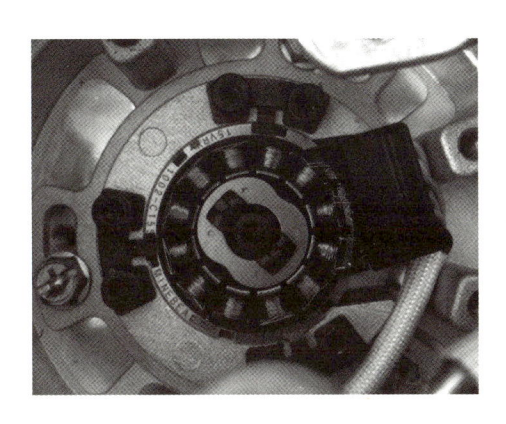

图 4-2-22 旋变传感器　　图 4-2-23 磁阻式旋变传感器

3. 驱动电机转速位置传感器（旋变传感器）工作原理

磁阻式旋变传感器是一种利用气隙磁阻变化而输出信号变化的旋转变压器，其是依据电磁感应原理，利用气隙变化导致磁阻变化，而使得输出绕组的感应电压随凸轮转角做相应正弦与余弦变化的角度和转速监测的传感器，如图 4-2-24 所示。

当电机控制模块以一定频率的交流电压给励磁绕组供电时，位于中心的转子也会产生磁

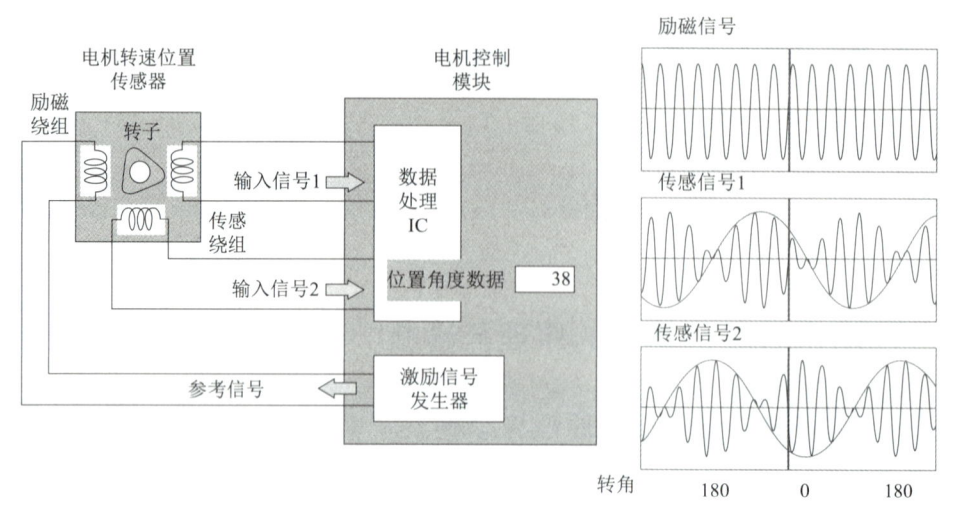

图 4-2-24 旋变传感器工作原理

场。转子四周有若干个椭圆形信号凸起，使得转子磁场分布不均匀，当转子转动时，转子磁场会发生强弱不同的变化，其他两组传感绕组就会产生交流电压信号。电机实际转角为 arctan（$\sin\theta_1 / \cos\theta_2$）。

图 4-2-25 所示为驱动电机转速位置传感器的电路图。

图 4-2-25 驱动电机转速位置传感器电路

4. 驱动电机转速位置传感器（旋变传感器）诊断维修

当驱动电机出现旋变故障时（电机与控制器旋变线连接正确），一般分为两种情况：一种为电机旋转变压器故障；另一种为控制器旋转变压器解码电路故障。不管是哪一种故障，都将会导致电机系统无法启动或电机输出转矩偏小等现象。若出现以上情况，应检查电机旋转变压器是否损坏，检测步骤如下：

根据电气接口表定义，通过用万用表电阻挡测量传感器的三组绕组阻值，来判断绕组是否存在故障。若为无穷大，则表示损坏，需更换旋转变压器；若显示正常值，则表示控制器内部旋变解码电路故障，需更换控制器主控板。

三相绕组阻值的标准值如下：
(1) 励磁绕组的电阻为 33×（1±10%）Ω。
(2) 正弦绕组的电阻为 60×（1±10%）Ω。
(3) 余弦绕组的电阻为 60×（1±10%）Ω。

注意：不同品牌电机的传感器线圈阻值可能存在差异。

用万用表测量每个绕组与电机壳体的电阻大于 1 MΩ。如果阻值过小，则说明线圈存在短路故障。

注意：该传感器在售后维修过程中不能随意拆装。拆装后，必须进行标定，否则车辆可能无法正常行驶。

二、电机温度传感器

驱动电机控制模块利用电机温度传感器检测电机的绕组温度，驱动电机控制模块利用此信号保护电机，避免其过热。

1. 电机温度传感器功能

电机温度传感器是一个负温度系数热敏电阻，安装在电机的尾部，夹杂在定子绕组线束中，感知电机的温度，如图 4-2-26 所示。

2. 电机温度传感器工作原理

电机温度传感器的传感元件是一个负温度系数的热敏电阻，受温度变化时，其阻值会发生变化，温度越高其阻值越小；相反，温度越低其阻值越大。

温度传感器的检测原理在动力电池供电系统已经介绍过，这里就不再赘述了。

图 4-2-26　电机温度传感器

3. 电机温度传感器诊断维修

在打开点火开关，不拔下传感器线束连接器的状态下测量信号线对地电压，随着电机温度升高，信号电压呈线性下降的趋势。

关闭点火开关，在驱动电机控制模块端拔下低压插头，找到电机温度传感器的两根线，用万用表测量传感器电阻，其阻值应该和标准值一致。

如果发现信号电压或电阻异常，则需要进行以下检查：
(1) 检查信号线路是否开路、对地短路或对电源短路；
(2) 检查传感器的接地是否存在开路。

如果以上检查都正常，则更换驱动电机总成。

4. 电机温度传感器诊断仪数据认知

我们可以通过诊断仪显示的电机温度数据和实际的电机温度进行对比，推断电机温度传感器是否正常，如图 4-2-27 所示。

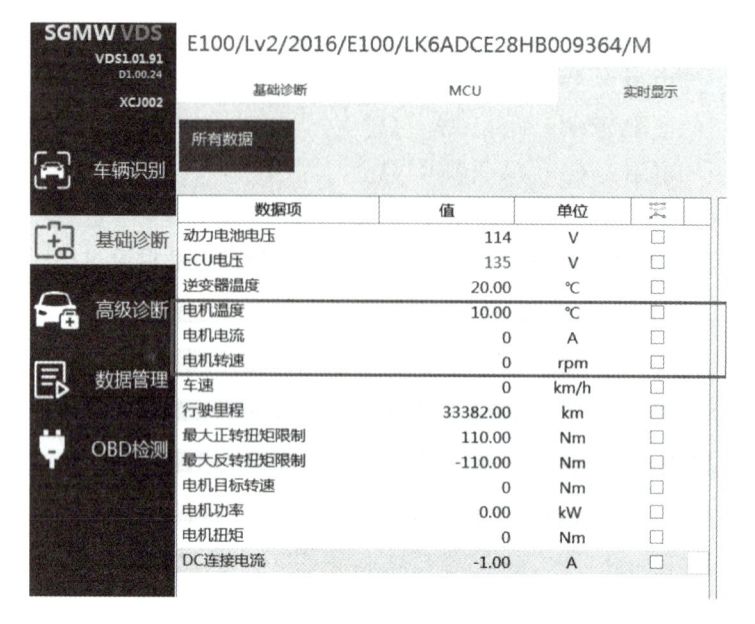

图 4-2-27　电机温度传感器诊断仪数据

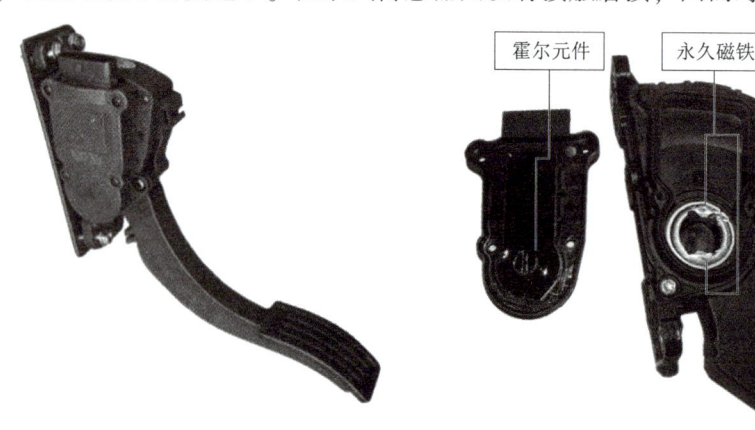

三、加速踏板位置传感器

1. 加速踏板位置传感器作用

加速踏板位置传感器安装在加速踏板顶部,与加速踏板联动,如图 4-2-28 所示。其作用主要有以下几点:

(1) 向整车控制单元（VCU）反馈加速踏板所处的位置,实现不同的控制模式。

(2) 反映加速踏板位置变化的快慢,实现加速和减速控制。

2. 加速踏板位置传感器结构

加速踏板位置传感器内部集成有 2 个传感器,其结构为霍尔式或滑动电阻式。

图 4-2-29 所示为霍尔式加速踏板位置传感器的内部结构。霍尔式传感器的原理在前面已经介绍过,在这里就不再赘述了。霍尔式传感器因没有接触磨损,因而寿命较高。

图 4-2-28　加速踏板位置传感器　　图 4-2-29　霍尔式加速踏板位置传感器内部结构

图 4-2-30 所示为滑动电阻式加速踏板位置传感器的内部结构，其主要元件是一个滑动电阻。滑动电阻的原理我们在"电气基础"课程中已经介绍过，在这里就不再赘述了。

四、制动踏板传感器

1. 制动踏板传感器作用

制动踏板传感器的作用是监测驾驶员踩下制动踏板行程的大小，如图 4-2-31 所示。制动踏板传感器安装在驾驶舱内制动踏板左侧的支架上。

目前宝骏新能源汽车没有制动踏板传感器，其通过电子制动系统的压力传感器来替代。

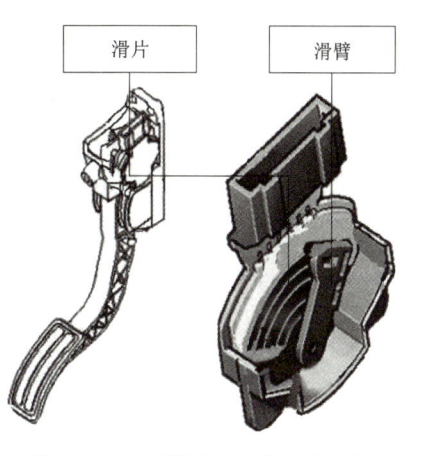

图 4-2-30　滑动电阻式加速踏板位置传感器的内部结构

2. 制动踏板传感器工作原理

制动踏板传感器的形式有两种，即滑动电阻式和霍尔式，其共有 3 根线，分别是电源线、接地线和信号线，制动行程越大，传感器产生的信号电压越大，如图 4-2-32 所示。

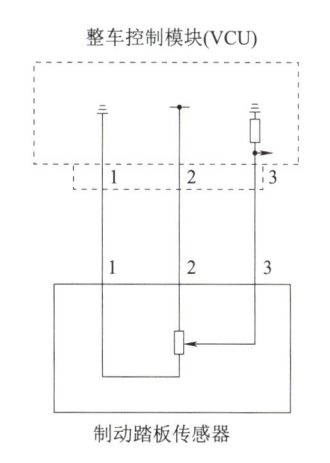

图 4-2-31　制动踏板传感器　　　　图 4-2-32　制动踏板传感器工作原理

五、挂挡手柄开关

1. 挂挡手柄开关作用

挡位开关的作用是向整车控制模块（VCU）提供车辆的挡位信号。挡位开关提供的挡位包括前进挡 D、倒挡 R、驻车挡 P 和空挡 N，换挡旋钮可以在 P、R、N、D 四个挡位间进行切换，同时仪表面板上显示相对应的挡位字母。

宏光 MINI EV 换挡旋钮有 R、N、D 三个挡位，可在其间进行切换，停车时应旋到 N 挡并拉驻车制动杆，充电时换挡旋钮充电指示灯会亮，如图 4-2-33 所示。

图 4-2-33 挡位开关

2. 挂挡手柄开关分类

挡位开关可以分为以下几种类型：开关式、霍尔式、光电式。

1）光电式挡位开关

光电式挡位开关由选挡旋钮、塑料外壳和电路板组成。宝骏 E100、宏光 MINI EV 采用此类型，如图 4-2-34 所示。

在充电式挡位开关的塑料外壳中有一圈塑料挡片，该挡片与旋钮同步旋转。

在电路板上有一组光敏传感器，其内部有两个光敏元件，该元件在电路板上固定不动。电路板上也集成了挡位指示灯。

2）光电式挡位开关工作原理

如图 4-2-35 所示，当旋转选挡旋钮时，塑料挡片会不断地遮挡、离开光敏元件，光敏元件将有、无光源的信号转换为电压信号输送给 VCU，VCU 通过 2 个信号电压的变化来识别出旋钮的旋转方向和位置。VCU 识别出挡位后，即可通过专线点亮选挡开关上与当前挡位对应的指示灯。

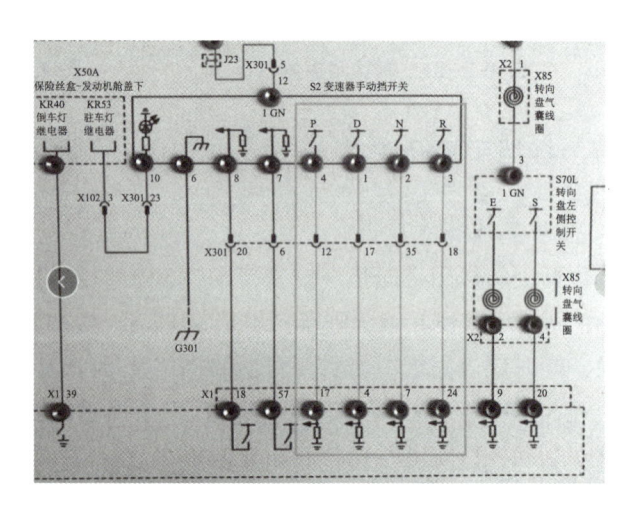

图 4-2-34 光电式挡位开关　　图 4-2-35 光电式挡位开关工作原理

3. 挂挡手柄开关诊断维修

1）仪表显示和诊断仪数据流检查

如果在驾驶员挂入不同挡位时,仪表挡位显示不正确,说明挡位开关可能存在故障。

利用诊断仪进入整车控制模块（VCU）查看挡位信号数据流,如图 4-2-36 所示,观察在驾驶员挂入不同挡位时,数据是否正常变化。另外还可以通过观察仪表的挡位显示来判断挡位开关是否正常。

图 4-2-36　挡位开关数据流

2）万用表检查

打开点火开关,不断开开关插头,用万用表测量开关信号线电压,当挂入 D 挡或 R 挡时,D 挡或 R 挡信号线的电压应该由高电位变为低电位。

如果发现异常,则应进行以下检查：

（1）检查 2 个传感器电源线是否存在开路和对地短路。

（2）检查 2 个传感器信号线路是否存在开路、对地短路或对电源短路。

如果以上检查都正常,则更换挡位开关。

4.2.4　整车控制模块（VCU）诊断与维修

整车控制器 VCU 作为新能源车中央控制单元,是整个控制系统的核心。VCU 采集电机和电池状态,以及加速踏板信号、制动踏板信号、执行器及传感器信号,根据驾驶员的意图综合分析并做出相应判定后,监控下层各部件控制器的动作,它负责汽车的正常行驶、制动能量回馈、整车驱动系统及动力电池的能量管理、网络管理、故障诊断及处理、车辆状态监控等,从而保证整车在较好的动力性、较高的经济性及可靠性状态下正常稳定地工作。可以说整车控制器性能的好坏直接决定了新能源汽车整车性能的好坏,起到了中流砥柱的作用。

163

一、整车控制模块（VCU）作用

整车控制模块（VCU）根据驾驶员意图发出各种指令，电机控制器响应并反馈，实时调整驱动电机输出，以实现整车的怠速、前行、倒车、停车、能量回收以及驻坡等功能。

整车控制模块（VCU）的另一个重要功能是通信和保护，实时进行状态和故障检测，保护电机驱动系统和整车安全可靠运行。

图 4-2-37 所示为整车控制模块（VCU），VCU 向电机控制器发送的指令包含三个部分的信息，即电机使能信息、电机模式信息（再生制动、正向驱动、反向驱动）以及相应模式下的电机转矩。电机控制器向 VCU 上报电机和控制器的各种参数（主要参数包括电机转速、电机转矩及电机电压和电流）及故障报警信息。

图 4-2-37 整车控制模块

二、整车状态获取

整车控制模块（VCU）的控制策略主要包括整车状态的获取、整车工作模式控制以及整车高压和辅助系统控制等几个方面，如图 4-2-38 所示。

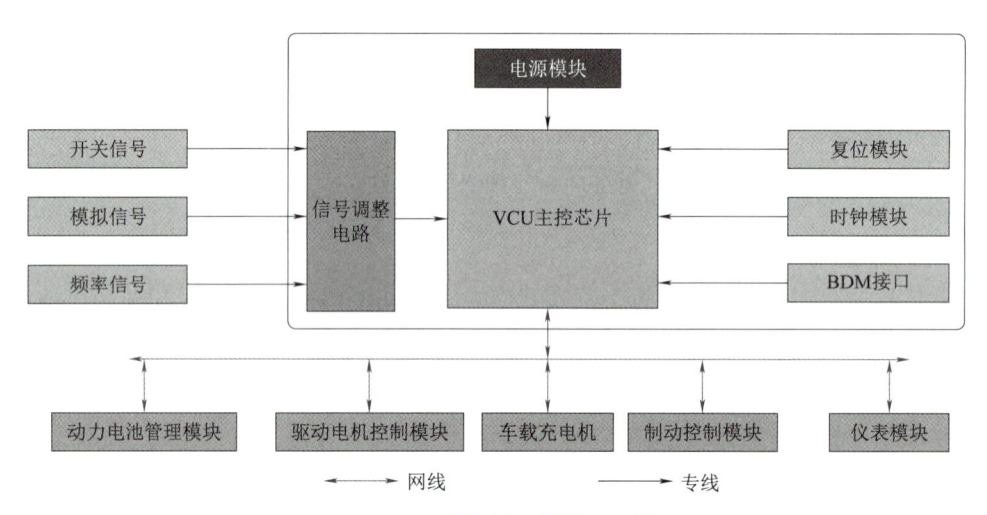

图 4-2-38 整车控制模块控制策略

1. 整车状态获取方式

（1）通过车速、挡位信号、加速踏板、制动行程传感器、制动开关、点火开关等检测整车的运行状态。

（2）通过 CAN 总线获得原车功能模块、动力电池系统、电机驱动系统等状态信息。

2. 整车状态获取内容

（1）点火钥匙状态：OFF、ACC、ON、START。

（2）充电监控状态：充电唤醒、快充门板信号、慢充门板信号。

（3）挡位状态：P、R、N、D。

（4）加速踏板位置：加速踏板开度。

（5）制动踏板状态：制动、未制动。

（6）动力电池管理系统（BMS）状态：继电器、电压、电流等。

（7）动力电机控制模块（MCU）状态：工作模式、转速、扭矩等。

（8）电子空调系统（EAS）、空调暖风系统（PTC）信息。

（9）电子制动系统（ABS）状态、仪表（ICM）状态。

三、整车工作模式控制

VCU作为车辆的核心，控制和监测着车辆的每一个动作。车辆的控制过程就是针对车辆不同工况的控制过程。VCU首先对几个相关参数进行比较来确定车辆目前所处的工况，然后针对不同工况采取不同的运行模式。

纯电动汽车整车分为以下几种工作模式：充电模式、行驶模式、失效保护模式。其中行驶模式又可以进一步细分为以下几种模式：

（1）空挡模式。

（2）起步模式。

（3）正常驱动模式。

（4）制动模式。

车辆控制模块被唤醒后，周期性执行整车模式的判断，其中，充电模式优先于行驶模式。

充电模式的确定：有充电唤醒信号和充电（快慢充）门板打开信号。

行驶模式的确定：点火钥匙"ON"挡、无充电唤醒信号、无充电门板打开信号。

1. 模式切换

1）充电模式下不能切换到行驶模式

如果车辆在充电状态，则打开点火开关后车辆也不会进行上电操作。

2）行驶模式退出转变为充电模式

钥匙在"ON"挡，且高压系统处于上电状态时，如果监测到充电门板打开（对于有充电门板状态监测的车辆），且有供电装置连接器插入汽车，则车辆立即下电。之后判断条件满足时，进入充电模式。如果此时断开连接器，并关闭充电门板，车辆也不会上电进入行驶模式，必须关闭点火开关（若点火开关没有起动挡，则离开"ON"挡即可），再次打开到"ON"挡时，其他条件满足后才能进行上电操作。

3）行驶模式可以切换到充电模式

整车在行驶模式时，如果检测有充电请求，则车辆控制模块立即执行高压下电，充电条件满足并开始充电。

2. 空挡模式

车辆处于空挡模式时，电机不会向外输出动力。

3. 起步模式

起步模式最重要的特点是：进入起步模式以后，如果车辆处于水平路面，则车辆会以较小的速度开始行驶；如果车辆处于斜坡上，则车辆至少会维持住原地不动的状态。这是起步模式的特殊设计，该模式下不必踩踏加速踏板，电机会自动输出一个基础转矩，防止溜车。

4. 正常驱动模式

正常驱动模式指车辆处于正常运行状态，包括加速、减速、倒车。在这个过程中，车辆控制模块会持续监测各个电气系统的电流、电压、温度等，以及车辆自身的车速、滑移率等行车参数，识别驾驶员意图，按照加速踏板的开度与开度变化率计算电机的驱动转矩和电池的输出功率。

5. 制动模式

制动踏板被踩下，启动制动模式。VCU 分析制动踏板的开度和开度变化率以及车速，结合车辆自身的车型参数，推算制动力矩，指挥制动控制器做出最合理的制动力矩分配方案（提供制动力矩的主体包括液压制动系统和电机回收制动系统），以及是否优先启动 ABS 主导制动过程，安全有效地实现驾驶员的制动意图。

6. 失效保护模式

电动汽车运行过程中，把系统内出现的故障定义成以下几个等级。

（1）故障等级最低的三级故障，一般只是提示驾驶员。

（2）故障等级最高的一级故障，会强制车辆在短时间内停车，比如检测出了系统绝缘故障。

（3）介于一级和三级之间的二级故障，不会强制停车，但会对车辆的运行状态进行限制。比如当电池电量 SOC 低于 30% 时，车辆会限速行驶，此时的动力电池系统已经无法输出额定功率，只能以一个较小的功率工作。

7. 充电模式

充电枪与车辆充电插座物理连接确认后，辅助电源上电，控制模块之间相互发送握手报文并完成绝缘检测。

握手完成后进行参数确认。充电机发送充电机最大输出能力报文，BMU 确认是否可以最大能力充电，若不可，则发送电池包的最大接受能力。

进入正式充电阶段，在此过程中，充电机和 BMS 实时互相发送状态信息，BMS 周期性发送需求参数。

充电结束，其判别条件根据 BMS 的不同设置而有所不同，一般做法，充电最后恒压阶段，电流衰减到一个设定值或者设定的倍率，即认为电池包已经充满，充电过程可以结束。

充电过程中，任何一方发生故障，比如过温、过流等，充电机都会发出报警，可根据故障等级的不同，直接终止充电或存储故障等待处理。

四、驱动行驶策略

整车控制模块根据车辆运行的不同情况，包括车速、挡位、电池 SOC 值来决定电机输出的扭矩/功率。当电机控制器从整车控制模块处得到扭矩输出命令时，即将动力电池提供的直流电转化成三相正弦交流电，驱动电机输出扭矩，通过机械传输来驱动车辆，如图 4-2-39 所示。

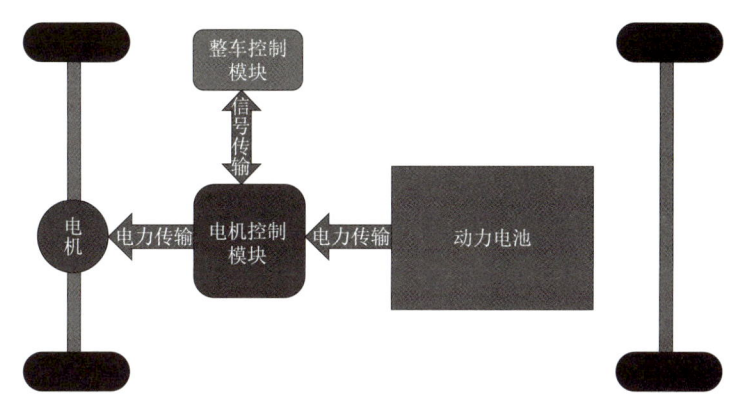

图 4-2-39 驱动行驶策略

整车驱动控制即扭矩控制，其是整车控制模块的主要功能之一，扭矩控制的核心包括工况判断、需求扭矩、扭矩限制和扭矩输出四部分。

1. 工况判断及需求扭矩

VCU 根据判断得出的整车工况及动力电池系统和电机驱动系统的状态，计算出当前车辆需要的扭矩。各工况的需求扭矩如下：

（1）紧急故障工况，零扭矩后切断高压。
（2）怠速工况，目标车速。
（3）加速工况，加速踏板的跟随。
（4）能量回收工况，发电。
（5）零扭矩工况，零扭矩。
（6）跛行工况，限功率、限车速。

2. 扭矩限制与输出

VCU 根据整车当前的参数和状态及前一段时间的参数及状态，计算出当前车辆的扭矩能力，根据当前车辆需要的扭矩，最终计算出合理且最终需要实现的扭矩。

限制因素：

（1）动力电池的允许充放电功率，包括温度限制、SOC 值限制。
（2）驱动电机的允许驱动扭矩，包括电机过温保护和控制器过温保护。当控制器监测到驱动电机温度为高于等于 120 ℃ 但低于 140 ℃ 时，降功率运行；温度大于等于 140 ℃ 时，降功率至 0，即停机。当控制器监测到控制器散热基板温度高于等于 75 ℃ 但低于 85 ℃ 时，降功率运行；温度高于等于 85 ℃ 时，超温保护，即停机。

（3）最大车速限制。

五、能量回收控制策略

能量回收控制是由整车控制模块进行控制，整车控制模块对整车的状态信息进行分析，正确判断进行能量回收的条件，并计算能量回收的大小，通过 CAN 总线与驱动电机控制模块进行控制指令交互，要求电机控制系统切换到发电模式，进行一定扭矩的发电输出，此部分发电量可存储在动力电池内部，或提供给车辆的用电设备，实现制动能量的转换与回收。同时，电机发电模式会产生电制动力，通过传动系统和驱动轮对整车产生制动作用，如图 4-2-40 所示。

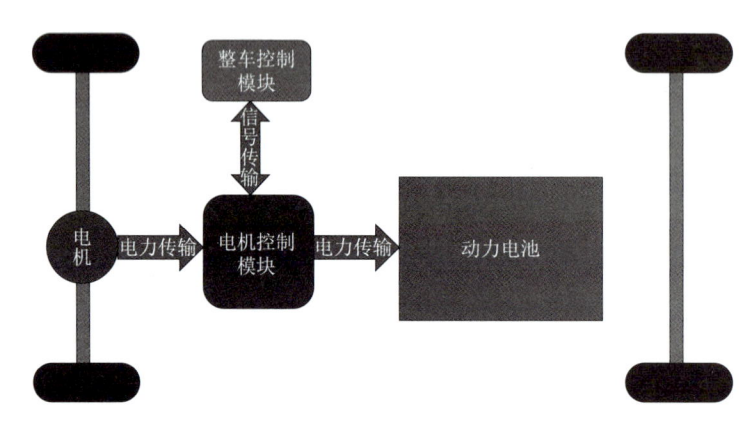

图 4-2-40 能量回收控制策略

能量回收包括滑行能量回收和制动能量回收两部分。

当车辆在溜车或制动时，电机控制器从整车控制模块得到发电命令后，驱动电机控制模块使电机处于发电状态，此时电机会将车辆的动能转化成电能，然后三相正弦交流电通过电机控制器转化为直流电，存储到电池中。

采用复合制动系统的电动汽车，需要综合考虑液压制动系统、电机制动和防抱死系统（ABS）的协调一致性，进而需要有自己的管理系统，即制动管理系统（BCU）。BCU 可以独立于 VCU 之外，两者之间通过 CAN 通信；也可以把 BCU 功能集成到 VCU 内部。

VCU 根据制动踏板的开度及开度变化的速度，计算出车辆的制动需求力矩，传递给 BCU，BCU 根据车辆的具体状态做出具体力矩分配。驱动轮在制动时采用液压制动和电机制动联合制动，非驱动轮采用液压制动。

（1）车速中等的一般制动，直接切入电机能量回馈制动，以最大数量地回收制动能量。

（2）车速高，驾驶员急踩踏板，需要紧急制动，则 BCU 首先会启动液压制动系统，待减速状态稳定后再引入能量回馈制动，并逐渐加大比例。

（3）行驶在冰雪路面，BCU 则会引入 ABS，并将其优先级设置为最高，以车辆正常、安全行驶为主。

课外拓展

新能源汽车的"大脑"VCU整车控制器原理分析

作为新能源汽车车主,很多朋友在用车的过程中会觉得,踩下电门踏板就是控制流向驱动电机的电流,使得电机在我们的控制下驱动车辆前进。其实不然,车辆的整体控制其实有着一套科学严谨的执行策略,需要协调各种设备经过复杂的运算后才可以执行。就如同人类的大脑一样,当接到某项指令后,需要思考这件事可不可以做,又该如何去做。而新能源汽车负责思考做出决策的"大脑",就是VCU整车控制器,如图4-2-41所示。

图 4-2-41 VCU 整车控制器

随着我们的车辆越来越智能,需要处理的数据也会越来越多,而VCU整车控制系统就能够实现对车辆动力、舒适度、安全性以及能耗等多方面进行调整优化,再配合OTA升级,可以让汽车拥有更好的操作性和可靠性。那么我们在用车的过程中它又帮我们做了些什么呢?

通过图4-2-42可以看出,VCU整车控制器管理着7个控制单元,分别是:电池控制器(BMS电池管理系统)、充电控制器、空调控制器、仪表处理器、电机控制器、真空泵和散热风扇。其中真空泵和散热风扇是直接由VCU通过导线控制的,而其他5个控制模块将通过新能源内部CAN线网络进行通信。那么,VCU又是如何完成各项控制策略的呢?接下来我们将各控制单元分别展开来讲。

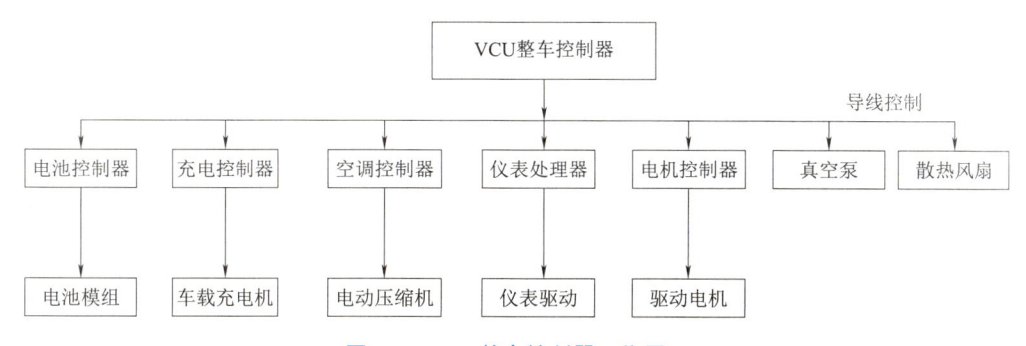

图 4-2-42 整车控制器工作原理

（1）电池控制器，也就是我们所说的 BMS 电池管理系统，VCU 通过 CAN 线和 BMS 进行信息交互，实时获取电池组的状态，同时也会根据车主给出的指令，控制高压电是否可以输出，以及能量回收等功能。

（2）充电控制器：当我们插上充电枪进行充电时，VCU 整车控制器接收到充电唤醒信号后会确认充电枪是否已经正确连接，然后向充电控制器发送充电指令，并根据此时电池组状态信息选择合适的充电电流让充电机进行充电。

（3）空调控制器：这个就比较简单了，当我们通过空调控制面板开启空调选择合适的制冷或制热模式后，VCU 便向电动压缩机或 PTC 加热器发送开启或关闭的指令。

（4）仪表处理器：VCU 通过内部 CAN 线网络实时监控车辆状态，并通过仪表处理器将各项信息呈现在仪表上，当车辆某项参数异常时，VCU 同时也会发出报警信号，并将故障通过仪表进行警示。

（5）电机控制器：当我们踩下电门踏板时，VCU 根据此时车辆状态，判断车主意图，当车辆符合行驶条件时，便向电机控制器传达驱动电机的信号，此时电机控制器再通过 VCU 给出的电门踏板信号控制驱动电机的转速和扭矩输出，使车辆根据车主的意图行驶。

看到上面 VCU 的控制策略后是不是感觉很简单呢？其实 VCU 需要处理的信息远不止这些，随着车辆智能化的发展，通信信息量也会大大增加，这也考验着 VCU 的信息处理能力。相信随着 VCU 整车控制器算力的加强，我们的用车环境也将会变得越来越舒适、越来越智能。

读完上面的案例，你觉得未来汽车将会怎么发展呢？

_____
_____
_____
_____
_____

任务4.3 驱动电机系统的故障诊断与维修

学习目标

顺利完成本任务内容后，可以达到以下目标：

素质目标

（1）养成良好的安全意识和规范操作意识；
（2）能够遵守劳动纪律和环保的要求；
（3）能与他人进行有效的交流和沟通，具备较强的团队协作精神；
（4）培养学生的民族自信、文化自信；
（5）培养学生勇于探索的创新精神、精益求精的工匠精神。

知识目标

（1）了解新能源汽车驱动电机系统的故障诊断；
（2）掌握新能源汽车驱动电机系统的故障分析；
（3）掌握新能源汽车驱动电机系统的故障维修。

能力目标

（1）能够分析新能源汽车驱动电机的系统故障；
（2）能够检测新能源汽车驱动电机的系统故障；
（3）能够维修新能源汽车驱动电机的系统故障。

4.3.1 驱动电机系统的故障分析

一、数据流分析

通过诊断仪的数据流可以确认电机驱动系统各种参数是否正常，还可以确认电机驱动系统的执行器状态以及其他控制器状态，如图4-3-1所示。

二、动作测试功能

动作测试功能用于对执行器的驱动，以检查执行器的工作情况是否正常。

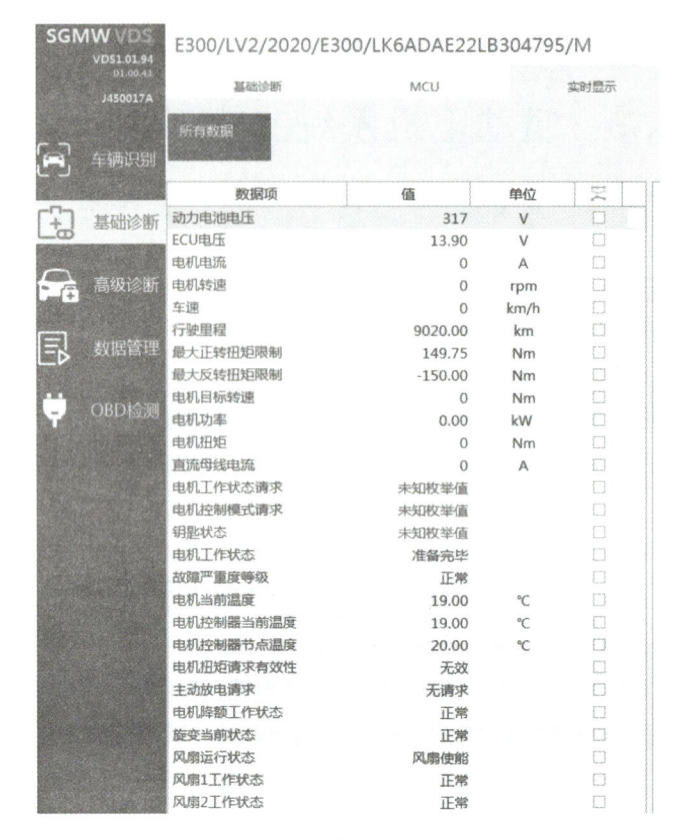

图 4-3-1 驱动电机系统数据流

4.3.2 驱动电机系统的故障诊断

一、驱动电机故障诊断

汽车电机驱动系统检测（比亚迪秦）

电机在运行过程中，可能会出现以下故障：
（1）电机线圈匝间短路，导致电流过大报警。
（2）电机线圈断路，导致电机无力。
（3）线路与壳体绝缘性能下降，导致漏电故障。
（4）电机轴承过紧，导致电机温度过高报警。
（5）电机转子扫膛，导致异响甚至抱死。
（6）电机转子消磁，导致电机无力。
（7）电机内部异响。
（8）电机输出轴花键磨损等。

1. 电机定子线圈阻值的检查

通过用万用表电阻挡测量电机输入三相绕组之间电阻的阻值来判断线圈的情况，正常情况下每两相之间的电阻都应接近 0 Ω。

当驱动电机线圈阻值异常时，需要更换新的驱动电机。

2. 电机绝缘性能检查

利用绝缘表分别测量电机输入三相电引入端子对壳体之间的绝缘性，标准值可根据 1 V 电压大于 500 Ω 计算。

当驱动电机的绝缘电阻异常时，需要更换新的驱动电机。

3. 电机工作噪声

电机工作噪声主要有电磁噪声和机械噪声。

电磁噪声高频且较尖锐，属于正常现象。

机械噪声可能是来自减速器、悬置及电机本体（轴承）。若确定电机内部存在轴承或转子与定子摩擦，则只能通过更换电机总成来解决。

二、旋变传感器故障诊断

旋变传感器故障一般分为两种情况：一种为电机旋转变压器故障，另一种为控制器旋转变压器解码电路故障。不管哪一种故障，都会导致电机系统无法启动或电机输出转矩偏小等现象。若出现以上情况，则应首先检查电机旋转变压器是否损坏，检测步骤如下：

（1）根据电气接口表定义，通过用万用表电阻挡测量传感器的 3 组绕组阻值来判断绕组是否存在故障。若为无穷大，则表示损坏，需更换驱动电机；若显示正常值，则表示控制器内部旋转变压器解码电路可能存在故障，需更换电机控制器。

（2）使用万用表测量每个绕组与电机壳体的电阻，应大于 1 MΩ。如果阻值过小，则说明线圈存在短路故障。

注意：该传感器在售后维修过程中不能拆装。若必须拆装，则拆装后必须进行标定，否则车辆可能无法正常行驶。

三、驱动电机的拆装要点

下面以宝骏 EV300 车型为例介绍驱动电机的拆卸要点。

（1）按照安全防护规范，断开高压电源。

（2）拔下高低压接插件。

（3）拆下电动空调压缩机，并用绳索固定到车身上。

（4）拆下后桥的四颗固定螺栓，将驱动电机和后桥整体拿下。

注意：安装的顺序和拆卸的顺序相反。

课外拓展

2022 年新能源驱动电机行业现状及发展前景分析

根据中研普华研究报告《2022—2027 年中国新能源驱动电机行业市场发展环境与投资风险预测报告》统计分析如下。

1. 中国新能源驱动电机市场供应格局分析

电驱动系统行业格局较为分散，车厂自供占据较大份额，形成了自主供应商、车企、国际零部件巨头三股势力相互竞争的格局，同时以华为为代表的电驱动新势力也在加速进入市场。

（1）车企旗下：通常资金实力更强、产销量规模大，具有更专业的零部件产业布局和生产经验。如特斯拉、比亚迪（弗迪动力）、蔚来（蔚然动力）、上汽（上海变速器）、长城（蜂巢）、吉利（威睿）等车企均有电驱动系统的部门或子公司。

（2）外资巨头：通常为海外汽车零部件巨头，凭借深厚的技术和工艺积淀，拓展至新能源汽车领域，产品力强、产能规模大，具备全球主流车企客户资源。其代表企业有日本电产、博格华纳、联合电子、法雷奥西门子、纬湃科技、采埃孚等。

（3）自主头部（第三方供应商）：通常包括切入新能源汽车领域的电机供应商和业务主攻新能源汽车电机电控的创业企业。前者依靠电机电控技术同源性和雄厚的资金实力，横向扩展至新能源汽车领域；后者则深耕新能源汽车电驱动领域，更为专注。其代表企业包括汇川技术、上海电驱动、精进电动、英搏尔、中车时代电气和巨一动力等。

2. 中国新能源驱动电机装机量分析

随着新能源汽车产销量的高速增长，我国新能源汽车电机电控装机市场也呈现出高速增长的态势。根据工信部整车出厂合格证数据统计可知，2019 年新能源驱动电机总装机量已达到 126 万台，2021 年全年中国新能源驱动电机装机量突破 360 万台，较 2019 年增长 185.7%。

图 4-3-2 所示为 2019—2021 年中国新能源驱动电机装机量分析。

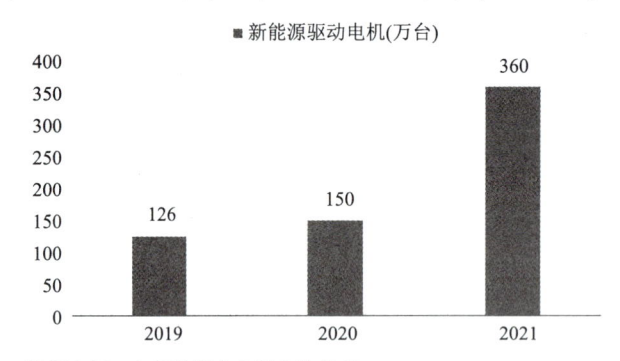

图 4-3-2　2019—2021 年中国新能源驱动电机装机量分析

3. 2021 年中国新能源驱动电机装机排行 TOP10

图 4-3-3 所示为 2021 年中国新能源驱动电机装机排行 TOP10。

图 4-3-3　2021 年中国新能源驱动电机装机排行 TOP10

2021年，比亚迪、特斯拉和方正电机的市场份额位居前三，分别为14.3%、10.1%和6.8%。其中比亚迪和特斯拉均为整车企业，方正电机为第三方独立电机公司。

4. 中国新能源驱动电机进口量分析

图4-3-4所示为2017—2022年Q1新能源驱动电机进口量分析【海关编码：85015300】。

数据来源：海关总署、中研普华产业研究院整理

图 4-3-4 2017—2022 年 Q1 新能源驱动电机进口量分析【海关编码：85015300】

根据海关总署数据统计，我国新能源驱动电机进口量呈现波动趋势，2021年新能源驱动电机进口量为33 985台，2022年Q1进口量为13 472台。

5. 中国新能源驱动电机出口量分析

图4-3-5所示为2017—2022年Q1新能源驱动电机出口量分析【海关编码：85015300】。

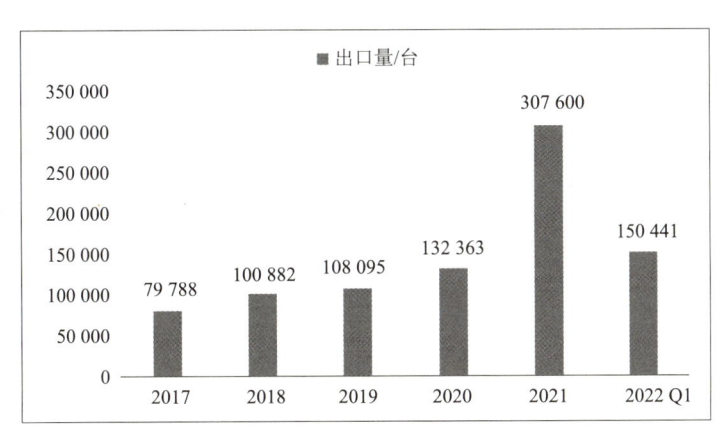

数据来源：海关总署、中研普华产业研究院整理

图 4-3-5 2017—2022 年 Q1 新能源驱动电机出口量分析【海关编码：85015300】

根据海关总署数据统计，我国新能源驱动电机出口量呈现增长趋势，2021年新能源驱动电机出口量为307 600台，2022年Q1出口量为150 441台。

读完上面的案例，谈谈你对中国新能源驱动电机行业市场发展环境有什么看法。

项目 5　热管理系统故障诊断与维修

汽车热管理系统是从系统和整车的角度出发，统筹调控整车热量与环境热量，采用综合手段控制和优化热量传递，保证各部件工作在最佳温度范围，改善汽车各方面性能。

传统汽车的热管理主要有发动机、变速箱的冷却以及空调系统的热管理，新能源汽车热管理主要有电机和电控系统热管理、电池系统热管理及乘员舱空调热管理。热管理系统的主要作用是：通过散热、加热、保温等手段，让不同的零件都能工作在合适的温度下，以保障汽车的功能安全和使用寿命。

任务 5.1　热管理系统认知

学习目标

顺利完成本任务内容后,可以达到以下目标:

素质目标

(1) 养成良好的安全意识;
(2) 能够遵守 7S 操作规范;
(3) 培养学生团队协作精神;
(4) 培养学生的文化自信;
(5) 培养学生勇于探索的创新精神。

知识目标

(1) 了解新能源汽车热管理系统及其功能;
(2) 了解新能源汽车热管理系统的类型。

能力目标

(1) 能够说出新能源汽车热管理系统的功能;
(2) 能够说出新能源汽车热管理系统的类型。

热管理系统的重要性是不言而喻的,于整车而言关乎的是安全性,于驾乘人员而言影响的是舒适性,所以热管理系统在整车中非常重要,同时也是新能源汽车渗透提升中比较重要的影响因素。

5.1.1　热管理系统介绍

整车热管理系统是从整车角度统筹空调、电池、电机等相关部件及子系统相关匹配、优化与控制,有效解决新能源汽车整车热的相关问题,使得各功能模块处于最佳温度工况区间,提高整车的经济性和动力性,保证车辆安全行驶。

一、新能源汽车热管理系统介绍

新能源汽车热管理系统是从传统燃油车热管理系统衍生过来的,既有传统燃油车热管理系统的共同部分,如发动机冷却系统、空调系统等,又多了电池、电机、电控等新增部分的冷却系统。新能源汽车以三电系统取代发动机和变速箱,较传统燃油车在热管理系统上的主要变化为：以电动压缩机替代普通压缩机，新增了电池冷却板、电池冷却器、PTC加热器或热泵等部件。

传统燃油车的热管理系统包括传统的空调热管理系统以及传统的动力总成热管理系统，如图5-1-1所示。而现有的新能源汽车热管理系统在原有传统车身空调系统的基础上，还囊括了电机和电控热管理系统以及动力电池热管理系统，涉及的零部件包括控制部件（电子膨胀阀、水阀等）、换热部件（冷却板、冷却器、油冷器等）与驱动部件（电子水泵与油泵等），如图5-1-2所示。其中，动力电池热管理系统最为关键，动力电池的热相关问题是决定其使用性能、安全性、寿命及使用成本的关键因素。

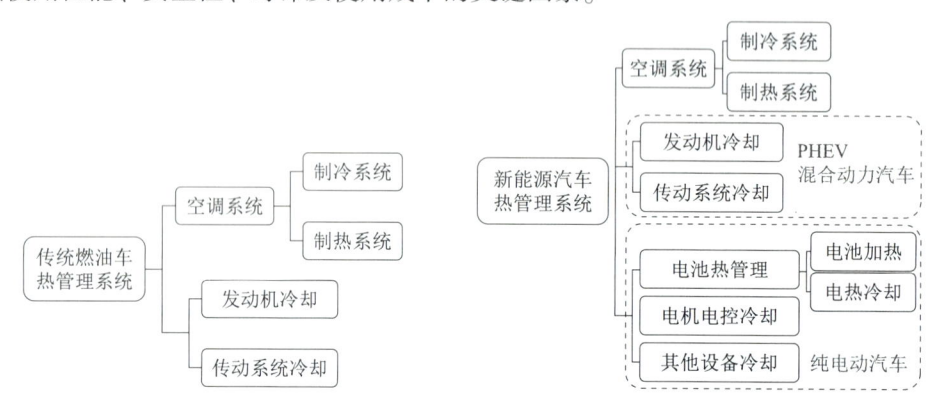

图 5-1-1　传统燃油车的热管理系统　　　图 5-1-2　新能源汽车热管理系统

动力电池长期工作于比较恶劣的热环境中，将缩短电池的使用寿命、降低电池的性能；动力电池箱内温度场的长久不均匀分布将造成各电池模块单体性能的不均衡。因此，动力电池的热监控和热管理对整车运行安全意义重大。

为了提高电动汽车电池模组的性能，一方面电池生产商努力开发满足电动汽车使用要求的电池，另一方面汽车生产厂商也通过优化现有电池的使用环境发掘电池的潜能。动力电池热管理系统是从使用者角度出发，用来确保电池模组工作在适宜温度范围的整套系统。

二、新能源汽车热管理系统功能

新能源汽车热管理系统具有以下主要功能：
（1）电机、电控系统以及电池模组温度的准确测量和监控。
（2）电机、电控系统以及电池模组温度过高时的有效散热和通风。
（3）动力电池低温条件下的快速加热，使电池组能够正常工作。
（4）保证动力电池温度场的均匀分布。

5.1.2　热管理系统分类

一、按照热管理系统分类

目前纯电动汽车的热管理系统主要有以下两种：
（1）电机和电控热管理系统；

（2）动力电池热管理系统。

电机和电控热管理系统只需要考虑散热即可，而动力电池热管理系统既要考虑散热问题，又要考虑加热问题。

目前有些车型的动力电池组没有冷却系统，电池组采用密封设计，外界不通风，内部也无液冷或空冷的热管理系统，但寒冷地区有加热选件。锂离子电池经过电极设计后降低了内部阻抗，减小了产热率，同时薄层结构使电池内部热量不易产生积聚，因此可以不采用复杂的主动式热管理系统。

二、按照热管理方式分类

目前纯电动汽车的热管理方式有以下几种：
（1）自然通风散热。
（2）强制通风散热。
（3）利用空调制冷系统散热。
（4）通过液体散热。
（5）通过液体加热。
（6）利用加热器加热。

1. 自然通风散热

自然风冷主要用于动力电池的热管理系统，靠电池包壳体与外界空气进行热交换来达到对电池包冷却的效果。其受电池自身发热和外界环境温度的影响较大，一般适用于使用工况较缓和、电池温升较小、外界环境温度不高的小电量电池包。自然风冷采用空气作为传热介质，具有结构简单、质量轻、产生有害气体时能有效通风、成本较低等优点；不足之处在于与电池壁面之间换热系数低、冷却速度慢、效率低。

2. 强制通风散热

强制通风散热是利用电风扇进行散热，其可以对电机、电控系统以及动力电池进行散热。

3. 利用空调制冷系统散热（直冷系统）

直冷系统是在液冷的基础上集成化了整车的热管理，这种热管理系统通过与汽车空调制冷系统结合，能够更加迅速有效地带走电池的热量。其冷却回路会与汽车空调系统共用一套制冷系统，主要器件包括冷凝器、膨胀阀、蒸发箱和压缩机。直冷系统是将传统汽车空调热管理控制与纯电动汽车的冷却需求结合起来的产物，能极大地提升换热效率。

4. 通过液体散热

液体散热是利用水泵驱动冷却液通过低温散热器来进行散热的，这里的低温散热器需要通过电风扇散热，适用于电机、电控系统以及动力电池的散热，是目前应用比较多的热管理方式。

5. 通过液体加热

通过液体还可以对动力电池进行加热控制，一般需要在管路中增加低温环境下启动的电池加热器。

6. 利用加热器加热

利用加热器加热适用于动力电池内部的加热控制，即利用电能对加热器进行加热，以此来提高动力电池的温度。

课外拓展

比亚迪e平台3.0一体化热管理（冷媒）系统

2021年4月29日，新能源情报分析网发布《深度：研判比亚迪e平台3.0架构及一体化热管理系统技术状态》一文，旨在解读比亚迪在上海车展期间推出的e平台3.0车型平台解决方案技术特点。在e平台3.0的架构下，引入车身一体化的刀片电池、基于SiC功率器件"8合1"的电驱+电控总成、域控制+BYD OS的全新设计技术同时更是全行业最先应用基于冷媒介质的一体化热管理技术（控制策略），如图5-1-3所示。

在比亚迪官方制作的e平台3.0宣传片中，提到了"宽域工作温度-摆脱地域限制"这一关键信息点。显然，基于冷媒介质的一体化热管理技术将会用于"0至100 km/h加速2.9 s"的超级电动四驱车，其在寒冷和高温环境都能保持较低的能耗状态。

截至目前，基于冷媒介质的一体化热管理系统只出现在e平台3.0架构展具中，如图5-1-3所示。

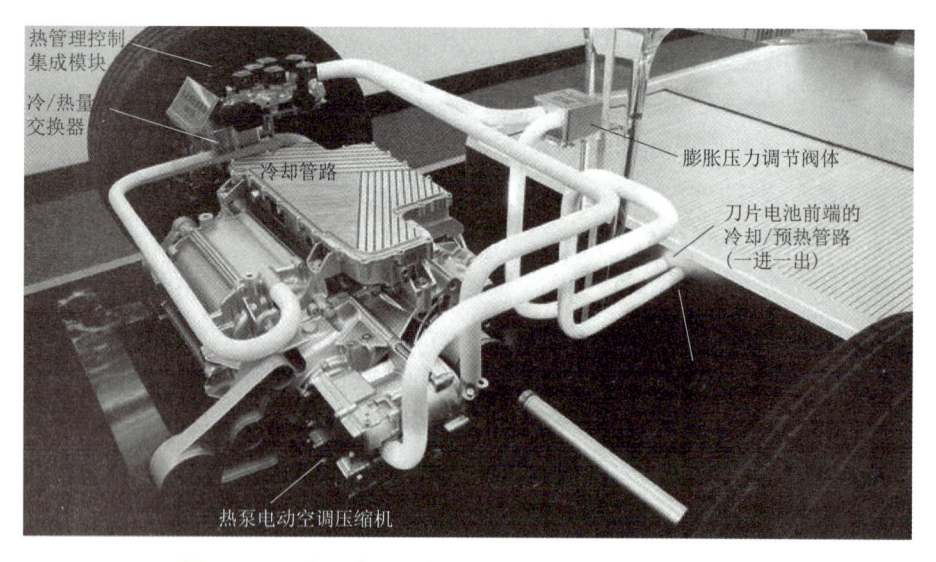

图5-1-3 比亚迪e平台3.0架构及一体化热管理系统

比亚迪e平台3.0的一体化热管理（冷媒介质）技术，是以热泵电动空调压缩机为基础、一体化热管理控制模组为核心，对产生的"冷量"或"热量"再分配至不同需求的单位（驾驶舱、刀片电池、电驱动），如图5-1-4所示。

图 5-1-4　动力电池热管理控制系统

以比亚迪汉 EV 车型为代表，动力电池热管理控制系统高温散热流程如下：电动空调压缩机输出冷量（冷媒）至水冷板控制模组，带有动力电池散发热量的冷却液循环至水冷板控制模组，进行"冷量"或"热量"交换。最终，被冷却的冷却液再次循环至动力电池内部为模组进行高温散热伺服。

动力电池热管理控制系统低温预热流程为 PTC 控制模组通高压电，加热动力电池循环管路内的冷却液，使其达到低温预热需求。

显然，传统的基于冷却液介质的动力电池低温预热模式较为简单，基于冷媒介质的动力电池高温散热模式较为复杂。

在比亚迪 e 平台 3.0 架构下，一体化热管理系统的低温预热和高温散热功能的达成，全部由冷媒作为介质，替代了传统的冷却液。

开启高温散热模式后，热泵电动空调压缩机经冷媒输出"冷量"进入刀片电池系统。

开启低温预热模式后，热泵电动空调压缩机经冷媒在"冷热"交换过程中产生"热量"，进入刀片电池系统。

2017—2021 年，e 平台 3.0 全面取消了耗能最大的 PTC 控制模组，驾驶舱制暖预热交给热泵电动空调系统以及来自"8合1"电驱+电控系统的余热，动力电池低温需求则由热泵电动空调支持。

无论是"8合1"电驱+电控，还是一体化的热管理控制技术，都凸显了比亚迪在电动汽车发展方向所坚持的高度整合与降低能耗的策略。

读完上面的案例，你对比亚迪 e 平台 3.0 一体化热管理（冷媒）系统控制技术有何感想？

任务 5.2　电机和电控散热系统的故障诊断与维修

学习目标

顺利完成本任务内容后，可以达到以下目标：

素质目标

（1）养成良好的安全意识和规范操作意识；
（2）能够遵守劳动纪律和环保要求；
（3）能与他人进行有效的交流和沟通，具备较强的团队协作精神；
（4）培养学生的民族自信、文化自信；
（5）培养学生勇于探索的创新精神、精益求精的工匠精神。

知识目标

（1）了解电机和电控散热系统的结构；
（2）掌握电机和电控散热系统的工作原理；
（3）了解电机和电控散热系统维修的注意事项。

能力目标

（1）能够通过问诊和初步观察对故障现象进行初步判断；
（2）能够根据各种设备对电机和电控散热系统进行检测；
（3）能够根据各项检测结果对电机和电控散热系统进行故障排除。

电机作为纯电动新能源汽车的驱动，可实现极低排放或零排放。纯电动汽车在驱动与回收能量时，电机的定子铁芯、定子绕组在运动过程中都会产生损耗，这些损耗会以热量的形式向外发散，因此就需要有效的冷却介质及冷却方式来带走热量，保证电机在一个稳定的冷热循环平衡的通风系统中安全可靠的运行。而电机冷却系统设计的好坏，将直接影响电机的安全运行和使用寿命。

电机和电控散热系统主要有两种形式：强制风冷散热系统和液冷式散热系统。

5.2.1　强制风冷式散热系统故障诊断与维修

采用了强制风冷式散热系统的新能源汽车，其电机自带同轴风扇来形成内风路循环或外风路循环，通过风扇产生足够的风量，以带走电动机所产生的热量。其介质为电机周围的空气，空气直接送入电机内，吸收热量后向周围环境排出。

强制风冷式散热系统的特点是结构相对简单,电机冷却成本较低,但是散热效果和效率都不太好,工作可靠性差,并且对天气和环境的要求也比较高。

一、电控系统强制风冷

电控系统在工作时会产生大量的热量,如果不进行控制,则会造成电控系统过热,影响电控系统的正常工作。风冷式电控散热系统主要利用风扇电机对其进行散热。风扇电机一般内置于控制器内部,由电控模块直接进行驱动,电控模块利用其内部的温度传感器对其工作温度进行监控。

宝骏EV100电控系统采用了电控系统强制风冷技术,因电机控制线路与车辆模块为一体,故出现故障时直接更换电机控制器总成即可,如图5-2-1所示。

图 5-2-1 电控系统强制风冷

二、驱动电机强制风冷

图5-2-2所示为驱动电机强制风冷。

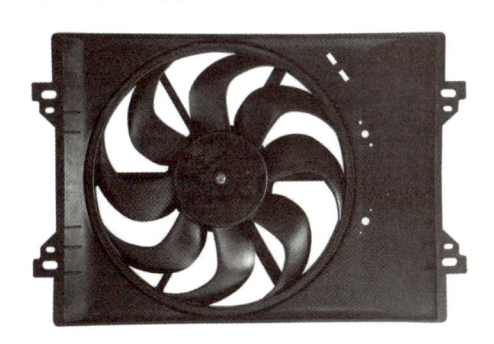

图 5-2-2 驱动电机强制风冷

1. 作用

驱动电机工作时产生的高温传导到电机壳体表面,车辆控制模块通过电机温度传感器来判断电机的温度,如果高于设定值,则控制模块通过控制位于电机前方的电子风扇工作为电机进行散热。

2. 结构

散热风扇由电机、风扇叶片和导风罩等组成。

3. 工作原理

因电机温度级别不同,故电子风扇往往也分级进行旋转,通常分为低速和高速两个级别。

电子风扇速度级别的改变,通常通过串并联式、改变磁极对数、串联电阻改变电路电流

183

三种方式来实现。

图 5-2-3 所示为北汽 EV200 电子风扇的控制电路，其是典型的通过改变磁极对数来调整转速，同时控制两个电子风扇来进行散热，散热风扇由整车控制模块控制。

散热风扇由整车控制模块根据传感器输入信号进行控制，整车控制模块根据冷却强度调节电机的转速。对于不同的温度，控制模块实现不同的级别。以 EV160 的控制策略为例，当整车控制模块监测到驱动电机温度传感器显示 45 ℃≤温度<50 ℃时，散热风扇低速启动；温度≥50 ℃时，散热风扇高速启动；温度降至 40 ℃时，散热风扇停止工作。

当整车控制模块监测到散热基板温度为温度≥75 ℃时，散热风扇低速启动；温度≥80 ℃时，散热风扇高速启动；温度降至 75 ℃时，散热风扇停止工作。

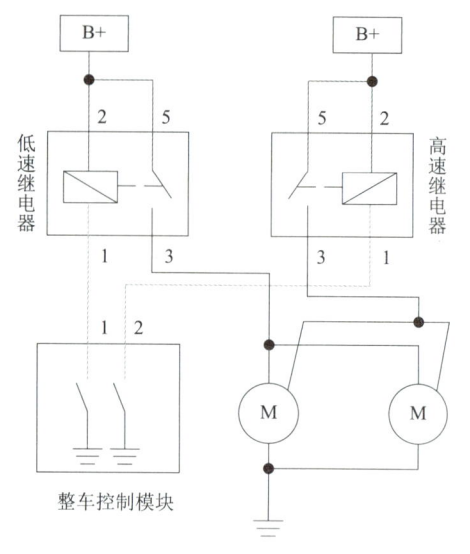

图 5-2-3　北汽 EV200 电子风扇的控制

三、强制风冷式散热系统故障诊断与维修

强制风冷式散热系统的常见故障主要有以下几种：
（1）散热风扇由于叶片不平衡或粘连异物导致工作时振动；
（2）散热风扇电机烧毁；
（3）散热风扇电机内部轴承磨损、卡滞，导致转动阻力大；
（4）由于安装方向错误或者线束连接错误，导致散热风扇反转。

5.2.2　液冷式散热系统故障诊断与维修

采用了液冷式散热系统的新能源汽车，其电机和电控系统通常通过液体管路串联的方式进行散热。

驱动电机系统在设计时预留了水路管道。驱动电机在工作时产生热量，冷却液经水套流动带走热量进入散热器。散热器与电子风扇集成，电子风扇加速散热器散热，使冷却液降温，以达到驱动电机要求的正常工作温度。经过散热的冷却液再次流经驱动电机，循环往复。

一、液冷式散热系统组成与原理

1. 组成

液冷式散热系统与发动机冷却系统相似，一般由电动水泵、散热器、散热风扇、膨胀水壶和水管等组成。

2. 工作原理

液冷式散热系统的工作原理：冷却液由电动水泵驱动，在冷却系统中循环，对电机及其他控制模块进行散热；散热风扇将散热器中的热量传递到大气中，以达到降低冷却液温度的目的，如图 5-2-4 所示。

宝骏 EV300 采用的就是液冷式电机。

图 5-2-4 液冷式散热系统

二、液冷式散热系统部件的原理与诊断

1. 电动水泵

图 5-2-5 所示为电动水泵。

1）作用

电动水泵的作用是对冷却液加压，保证其在冷却系统中循环流动。

2）结构

电动水泵主要由泵壳、泵盖、叶轮、水泵轴、轴承、油封等组成，如图 5-2-6 所示。

3）工作原理

当叶轮旋转时，水泵中的冷却液被叶轮带动一起旋转，在离心力的作用下，冷却液被甩向叶轮边缘，然后经外壳上与叶轮成切线方向的出水管压送到水道内。与此同时叶轮中心处的压力降低，故散热器中的冷却液便经进水管被吸进叶轮中心部分。如此连续作用，即可使冷却液在水路中不断地循环。

图 5-2-5 电动水泵

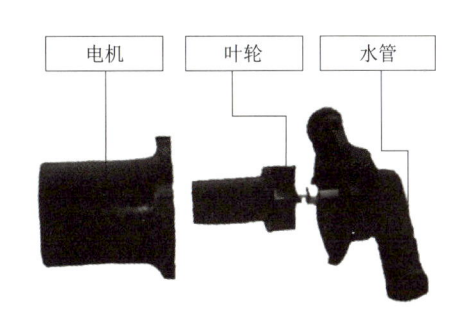

图 5-2-6 电动水泵结构

4）电动水泵的故障诊断与维修

电动水泵的主要故障是异响和不工作。

对于异响的水泵，首先将异响水泵的声音与正常工作水泵的声音进行对比，判断其是否正常，对于异响过大的水泵应进行更换处理。

如果水泵不工作，则会导致电机和电控系统温度过高，造成车辆降功率行驶。通常导致水泵不工作的原因如下：

（1）水泵本身故障。

（2）控制线路故障。

（3）控制模块故障。

荣威 E50 纯电动汽车电池冷却系统组成

（4）温度传感器故障，指示的温度过低。

首先利用诊断仪的数据流功能判断电机或控制器温度是否正常。如果异常，则对传感器电路及部件进行检查与维修。

利用诊断仪的动作测试功能对电动水泵进行检查。如果动作测试时水泵不工作，则需要对水泵及其控制电路进行检查。如果控制模块的输入和输出都正常，则需要对控制模块进行检查或者更换尝试。

2. 散热器

图 5-2-7 所示为散热器。

1）作用

散热器的作用是增大散热面积，加速冷却液的冷却。为了将散热器传出的热量尽快带走，在散热器后面装有散热风扇。散热风扇与散热器配合工作，能够快速地将散热器传出的热量带走。

2）结构

散热器由进水室、出水室、散热器芯组成。

图 5-2-7 散热水箱

HV 散热器工作原理

HV 散热器储水箱结构

3）散热器的工作原理

冷却液在散热器内流动，利用周围空气把冷却液中的热量带走。当冷却液温度过高时，散热风扇启动，加快冷却液的散热。纯电动汽车大多采用横流式散热器，冷却液从上部进水室进入，经过管道散热后进入出水室，从出水管重新进入冷却管路循环。

4）散热器的故障诊断与维修

散热器的故障主要有以下几种：

（1）内部堵塞。

（2）外部渗漏。

（3）表面脏污。

这些故障都可能导致冷却系统出现高温故障。

散热器的故障诊断：

（1）检查散热器表面温度是否均匀，如果出现局部温度较低，则说明散热器内部可能存在堵塞。

（2）检查散热器外观是否有冷却液渗漏痕迹。如果出现渗漏，则需要进行更换。

（3）检查散热器表面是否过脏。如过脏，则应及时清理。

3. 冷却液

1）作用

冷却液是电动汽车冷却系统不可缺少的一部分，它在冷却系统中循环流动，将电机和电控模块工作中产生的多余热量带走，使电机和电控模块能以正常工作温度运转，如图 5-2-8 所示。此外，具有防冻功能的冷却液还可以防止寒冷季节停车时冷却液结冰而胀裂散热器和电机与电控模块的冷却室。

冷却液应具有以下作用：

（1）冬季防冻。

为了防止冷却液结冰而造成散热器，以及电机和电控模块的冷却室胀裂，要求冷却液的冰点应低于该地区最低温度10 ℃左右。

（2）防腐蚀。

冷却系统中散热器、水泵、冷却室等部件是由钢、铸铁、铜、铝等多种金属制成的，在电解质的作用下容易发生电化学腐蚀；同时冷却液中的醇类物质分解后形成的酸性物质会导致冷却系统被腐蚀。冷却系统腐蚀会使散热器等部件发生故障，同时腐

图 5-2-8　冷却液

蚀产物会堵塞管道，引起冷却系统过热，因而冷却液中都加入一定量的防腐蚀添加剂，以防止冷却系统被腐蚀。

（3）防水垢。

冷却液在循环中应尽可能减少水垢的产生，以免影响冷却系统的散热功能。

冷却液通常由水、防冻剂、添加剂三部分组成，按防冻剂成分不同可分为酒精型、甘油型、乙二醇型等类型。

酒精型冷却液是用乙醇（又称酒精）作防冻剂，其价格便宜、流动性好、配制工艺简单，但沸点较低、易蒸发损失、冰点易升高、易燃等，现已逐渐被淘汰。

甘油型冷却液沸点高、挥发性小、不易着火、无毒、腐蚀性小，但降低冰点效果不佳、成本高、价格昂贵，用户难以接受，故只有少数北欧国家仍在使用。

乙二醇型冷却液是用乙二醇作防冻剂，并添加少量抗泡沫、防腐蚀等综合添加剂配制而成。由于乙二醇易溶于水，故可以任意配成各种冰点的冷却液，其最低冰点可达-68 ℃，这种冷却液具有沸点高、泡沫倾向低、黏温性能好、防腐和防垢等特点，是一种较为理想的冷却液，目前市场上所出售的冷却液几乎都是乙二醇型冷却液。

不同品牌冷却液的颜色不同，有粉色的，还有蓝色的等，这些都是用着色剂缔造的不同颜色效果，为的是在冷却液发生泄漏时，可以更为醒目地被人所察觉，而颜色上的差异也会很醒目地区分出不同的产品，防止错误添加不适用的产品。不同牌号的冷却液中添加的不同类型的防腐剂、防锈剂、消泡剂和色素等化学成分各不相同，相互混用容易发生化学反应，引起沉淀、结垢和腐蚀等危害，从而影响冷却效果。

4. 膨胀水壶

膨胀水壶的作用主要有以下几方面：

（1）冷却液温度升高时，储存因膨胀而从散热器溢出的冷却液。

（2）温度降低时冷却系统内的冷却液体积减小，向散热器补偿冷却液。

（3）消除冷却系统内的气泡。

（4）通过其壳体表面的刻度线确定冷却液的量是否合适，一般正常液位应保持在MIN（最底线）与MAX（最高线）之间。

膨胀水壶的故障主要有破裂、泄漏等，膨胀水壶破裂泄漏会导致冷却液缺失，造成水温升高，如图5-2-9所示。

5. 膨胀水壶盖

图5-2-10所示为膨胀水壶盖。

（1）膨胀水壶盖的功能。

①密封水冷系统。

②调高冷却系统的运行压力，增加冷却液沸点。

③减少冷却液外溢及蒸发损失。

图 5-2-9　膨胀水壶　　　　图 5-2-10　膨胀水壶盖

（2）膨胀水壶盖的结构原理。

膨胀水壶盖主要由水壶盖、密封圈、压力阀和真空阀组成。汽车冷却系统的膨胀水壶都由水壶盖紧密地盖住，一般我们把这种水冷系统称为闭式水冷系统。

这种封闭的散热系统有以下优势：

闭式水冷系统可使系统内的压力提高，从而扩大了散热器与周围空气的温差，提高了散热器的换热效率。

闭式水冷系统可减少冷却液外溢及蒸发损失，所以这种系统除故障模式外几乎不需要经常性地补液。

但这种密封必须在规定的运行范围内，否则就会由于高温高压而导致散热器被胀破，冷却后还会导致散热器被吸瘪。膨胀水壶盖除了具有密封水冷系统的作用外，还可以利用水壶盖内部的压力阀和真空阀在适当时候调节冷却系统的工作压力。

如图5-2-11所示，当冷却系统的温度逐渐升高时，由于冷却液蒸发，故使冷却系统内的压力增高。当压力超过预定值时，压力阀开启进行泄压，一部分冷却液经溢流管流入膨胀水壶，以防止冷却液胀裂散热器等部件。

停机后冷却液温度降低，冷却系统压力降低，当其低于大气压力时，真空阀开启，冷却液由膨胀水壶流回散热器。

当车辆停机后，冷却液的温度下降，冷却系统内的压力也随之降低，水蒸气冷凝，当散热器内的压力降到大气压力以下出现真空时，真空阀开启，膨胀水壶内一部分冷却液流回散热器，这样可以避免散热器被吸瘪。

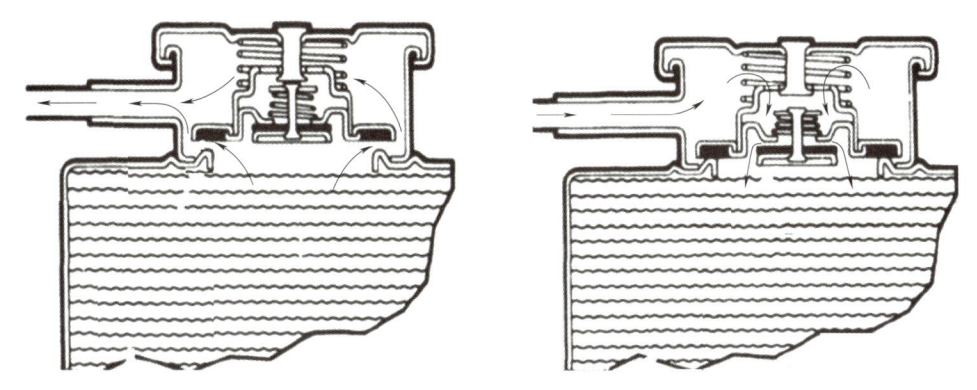

图 5-2-11　散热系统工作原理

（3）膨胀水壶盖的故障诊断与维修。

膨胀水壶盖的主要故障如下：

①水壶盖内部密封圈密封不严。

②压力阀或真空阀密封不严，导致冷却液渗漏。

膨胀水壶盖的故障检修：

①检查水壶盖内部密封圈是否损伤、密封不严。更换存在故障的水壶盖。

②检查水壶盖的压力阀和真空阀是否能正常打开和关闭。更换存在故障的水壶盖。

6. 水管

冷却系统中冷却液通过水管在系统中流动，以达到散热的目的，如图 5-2-12 所示。

由于系统压力多变，故橡胶水管应具有合适的硬度，但随着时间的推移，橡胶水管会由于老化而出现弹力不足而吸瘪或鼓包的现象，应及时更换新件。

水管的主要故障有水管老化、变形和渗漏，必要时应更换。

7. 散热风扇

当冷却液的温度升高后会进入散热器，通过散热风扇可将散热器的热量带走，达到散热的目的，如图 5-2-13 所示。

其原理和控制与强制风冷式类似，此处不再赘述。

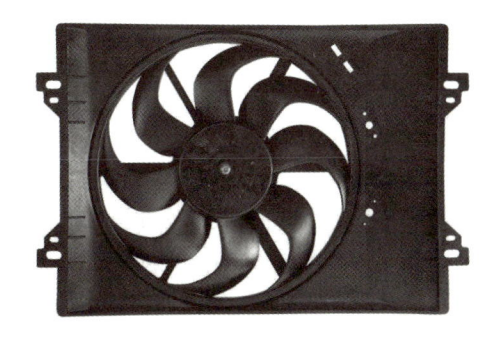

图 5-2-12　水管　　　　　图 5-2-13　散热风扇

1）散热风扇的故障诊断与维修

电机和电控热管理系统水温高，其原因有很多，如冷却液渗漏、冷却系统循环不良以及外部散热不良都会导致冷却系统水温高。

（1）冷却液渗漏。

各种原因导致的冷却液渗漏都会造成冷却液缺失，进而导致水温高。冷却液渗漏包括内部渗漏和外部渗漏。

造成冷却液外部渗漏的原因主要有膨胀水壶盖封闭不严、水管连接部位老化渗漏、散热器腐蚀渗漏；电机或电控模块的冷却室有砂眼、裂纹等都会导致冷却液内部渗漏。

（2）冷却系统循环不良。

导致冷却系统循环不良的原因有管路中存在气阻、水垢等造成水循环不良，膨胀水壶盖漏水或者其压力阀封闭不严，水泵损坏等。

（3）外部散热不良。

水箱过脏堵塞、散热风扇及其电路出现异常都会导致外部散热能力下降。

2）膨胀水壶盖的结构原理

膨胀水壶盖主要由水壶盖、密封圈、压力阀和真空阀组成。汽车冷却系统的膨胀水壶都由水壶盖紧密地盖住，一般我们把这种水冷系统称为闭式水冷系统。

这种封闭的水冷系统具有以下优势：

（1）闭式水冷系统可使系统内的压力提高，从而扩大了散热器与周围空气的温差，提高了散热器的换热效率。

（2）闭式水冷系统可减少冷却液外溢及蒸发损失，所以这种系统除故障模式外几乎不需要经常性地补液。

课外拓展

新能源汽车上的电机散热风扇

驱动电机、电控、动力电池是新能源汽车的三大核心部件。新能源汽车在运行过程中，驱动电机、电控、动力电池都会产生大量的热量，如果不及时进行散热就会危害汽车动力系统。

因此，新能源汽车需要电机冷却系统和电池冷却系统。不管新能源汽车采用哪种散热方式，也不管采用哪种冷却系统，汽车散热风扇的作用都是非常重要的。所以今天我们就来说说新能源汽车电机散热风扇。

新能源汽车电机散热风扇属于电子风扇，而不是机械风扇或者离合器风扇。另外，这里要着重说明一下，电子风扇也分很多种。在乘用车领域，发动机散热使用的电子风扇大部分都是有刷散热风扇，因为有碳刷，故其寿命短、耐用性差。新能源汽车中的油电混合动力汽车也是如此。

但是，在商用车领域，新能源客车（见图5-2-14）电机散热使用的都是无刷直流风扇，性能更稳定、寿命更长。从未来发展趋势看，直流无刷散热风扇是各种新能源汽车散热的主流。

图 5-2-14　新能源客车

在风扇参数性能方面，汽车电机散热风扇可以选配 12 V 或者 24 V 电压，转速在 2 000～4 000 r/min。至于轴承选择，含油轴承使用寿命短，价格便宜；滚珠轴承使用寿命更长，但是价格贵一点。

读完上面的案例，谈谈传统汽车发动机风扇和新能源汽车风扇有何区别。

_____
_____
_____
_____
_____

任务 5.3　动力电池散热系统的故障诊断与维修

学习目标

顺利完成本任务内容后，可以达到以下目标：

素质目标

（1）养成良好的安全意识和规范操作意识；
（2）能够遵守劳动纪律和环保要求；
（3）能与他人进行有效的交流和沟通，具备较强的团队协作精神；
（4）培养学生的民族自信、文化自信；
（5）培养学生勇于探索的创新精神、精益求精的工匠精神。

知识目标

（1）了解动力电池散热系统的功能及分类；
（2）掌握动力电池散热系统的工作原理；
（3）了解动力电池散热系统的维修注意事项。

能力目标

（1）能够通过问诊和初步观察对故障现象进行初步判断；
（2）能够根据各种设备对动力电池散热系统进行检测；
（3）能够根据各项检测结果对动力电池散热系统进行故障排除。

动力电池是电动汽车的能量来源，在充放电过程中电池本身会产生一定热量，从而导致温度上升，而温度升高会影响电池的很多特性参数，如内阻、电压、SOC、可用容量、充放电效率和电池寿命。高温将大大降低电池的日历寿命，从而影响到整车的性能和使用寿命；温度过低也会使得动力电池容量下降、充电时间过长，从而影响电动车的性能。

为了使动力电池保持在合理的温度范围内工作，电池包必须拥有科学和高效的热管理系统。

5.3.1　动力电池散热系统概述

电池热管理系统是用来确保电池系统工作在适宜温度范围内的一套管理系统，主要由电池箱、传热介质和监测设备等构成。

一、动力电池散热系统的功能

温度对锂离子电池的性能有着十分重要的影响,锂离子电池的适宜工作温度为 10~30 ℃,过高或者过低的温度会对动力电池产生不利影响。温度过低时,由于电池内部电解液黏度的增加,隔膜阻抗增大,石墨负极动力学性能变差,会导致电池的电化学极化增加,极大地降低电池充放电能力,降低续航里程。

动力电池如果没有合适的散热方案,电池包内各处的温度将会出现较大差异,影响电池单体的一致性并引发一系列的后续问题,其中较为严重的是电池过充导致"热失控",进而使电动汽车着火、爆炸。

如图 5-3-1 所示,电池热管理系统有以下几项主要功能:

(1) 电池温度的准确测量和监控。

(2) 电池组温度过高时的有效散热和通风。

(3) 低温条件下的快速加热,使电池组能够正常工作。

(4) 有害气体产生时的有效通风。

(5) 保证电池组温度场的均匀分布。

二、动力电池散热系统的分类

由于动力电池产热量大,而且电池包处于一个相对封闭的环境,故会导致电池的温度上

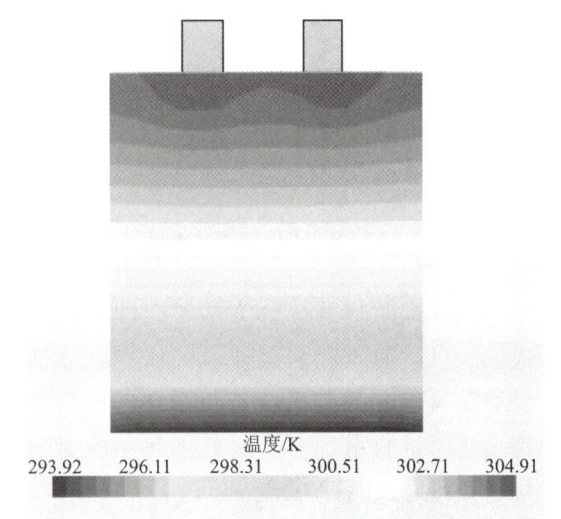

图 5-3-1 电池热管理系统

升。电池模组冷却系统是新能源汽车中用于散热的装置,通过对动力电池进行冷却或加热,保持动力电池较佳的工作温度,以改善其运行效率并延长动力电池的寿命。

动力电池系统的散热方式包括自然通风散热、强制通风散热,以及利用冷却液或者空调系统的制冷剂散热,其中自然通风散热是被动式的热管理方式,而强制通风散热、利用冷却液或者空调系统的制冷剂散热是主动式的,这三者的重要差别在于换热介质不同。此外,自然通风散热没有额外的散热装置,如图 5-3-2 所示。

图 5-3-2 动力电池系统自然通风散热

目前新能源汽车大多采用水冷散热的方式，其有以下优点：

（1）降温速率快、均温性好、流体（温度和流量）控制简单，液体冷却技术是通过液体对流换热将电池产生的热量带走，进而降低电池温度的。

（2）水的比热容要比空气高三倍，普通汽车包括新能源汽车的冷却液是乙二醇的水溶液，在同等温度下的比热容略低于纯水，但还是要比空气高很多。

5.3.2 风冷式动力电池散热系统

丰田 Prius、本田 Insight、日产聆风、通用 Volt 等汽车公司研制的热管理系统都采用过强制风冷的形式，国内各种类型的电动车用电源系统基本上也是采用风冷散热系统。

风冷式动力电池散热系统重量相对较小，没有发生漏液的可能，有害气体产生时能有效通风，成本较低。风冷式动力电池散热系统的缺点在于其与电池表面之间的热交换系数低，冷却、加热速度慢，电池箱内部温度均匀性不容易控制，电池箱的密封设计较难，防尘、防水效果较差。

一、风冷式动力电池散热系统的分类

风冷式散热系统分为两种，即自然通风和强制通风。自然通风和强制通风的区别在于强制通风需要增加风扇和控制系统进行散热，而自然通风是利用自然风进行散热。风冷式散热系统又分为并行通风和串行通风两种方式。

图 5-3-3 所示为风冷式散热系统。

串行通风方式是使空气从电池包的一侧流向另外一侧，以便达到带走电池包热量的目的。串行通风中，空气会把先流过的地方的热量带到流过的地方，从而导致电池包两处温差较大。

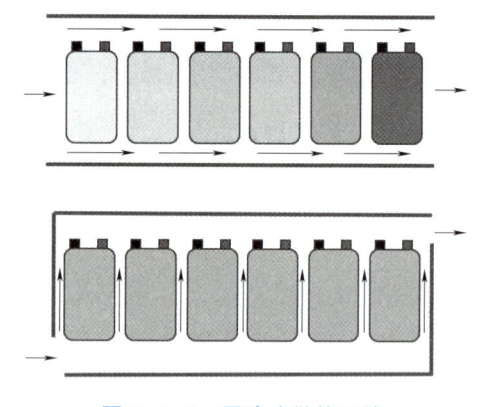

图 5-3-3 风冷式散热系统

并行通风方式是使电池包空间中的空气为下降气流，可以均匀地带走热量，从而能够保证电池包的温度均衡，不会存在串行通风时在一个区域内出现热量积累、温度较高等现象。

二、风冷式动力电池散热系统的组成和工作原理

1. 自然通风式动力电池散热系统

自然通风式动力电池散热系统由通风孔和风道组成，空气在电池模块的间隙流动，以带走动力电池工作时产生的热量。

2. 强制通风式动力电池散热系统

强制通风式动力电池散热系统由散热风扇、通风孔和风道等组成，即在电池模组一端加装散热风扇，另一端留出通风孔，使空气在电池模组的缝隙间加速流动，以带走动力电池工作时产生的热量，如图 5-3-4 所示。

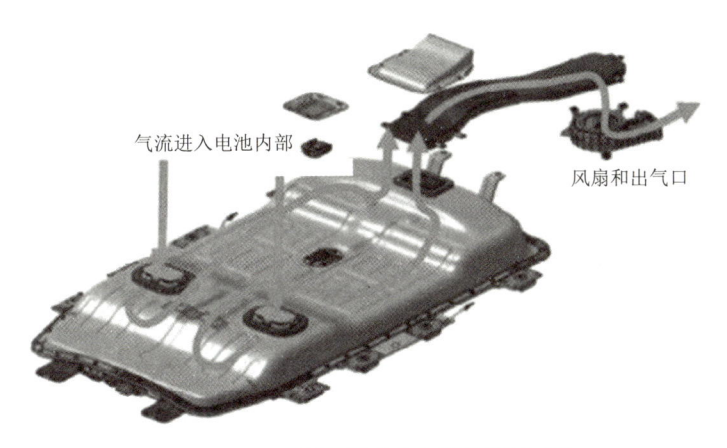

图 5-3-4　强制通风式动力电池散热系统

5.3.3　液冷式动力散热系统

一、液冷式动力电池散热系统的组成

宝骏 EV300 液冷式动力电池热管理系统主要由电动水泵、电池冷却器（Chiller）、电池散热板、PTC 加热器、膨胀水壶等组成，如图 5-3-5 所示。

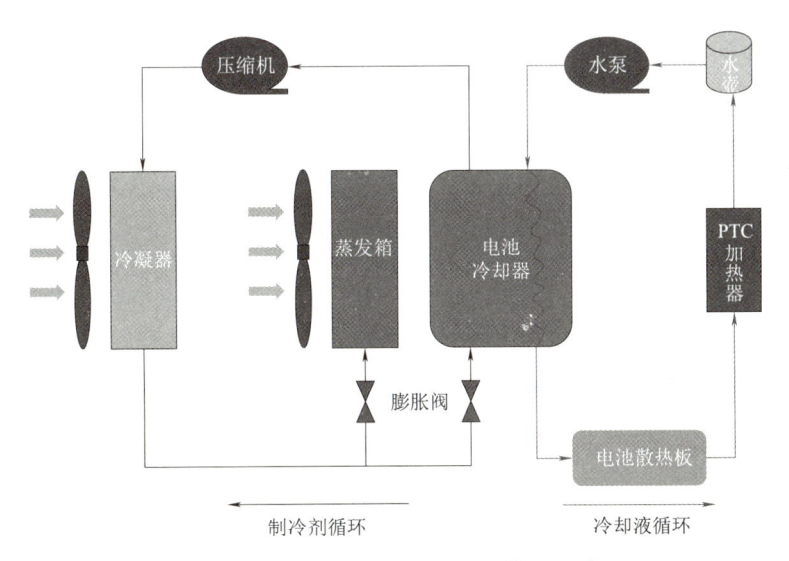

图 5-3-5　液冷式动力电池热管理系统

二、液冷式动力电池散热系统的工作原理

液冷式动力电池热管理系统一般会增加一个电池冷却器与制冷循环耦合起来，通过制冷剂将电池的热量带走。当电池需要冷却时，电池通过散热板与冷却液进行换热，加热后的冷却液被电动水泵送入电池冷却器内，在电池冷却器内部一侧通入制冷剂、一侧通入冷却液，

195

两者在电池冷却器内充分换热,热量被制冷剂带走,冷水流出电池冷却器再流入电池散热板,形成一个循环。当电池需要加热时,关闭制冷回路,开启 PTC 加热器,冷却液被加热后送入电池内部,通过散热板加热电池。通常可以通过控制制冷回路的通断以及控制 PTC 的加热功率来控制冷却液的温度,从而控制电池内部温度。此种方案系统比较复杂,成本比较高,消耗的电量多,对续航里程影响比较大。其典型车型包括宝马 i3、奔驰 S400 和特斯拉 model S(不带电池冷却器)。

BMS 用于控制动力电池冷却系统的电动水泵,在电池温度超过规定阈值时开启,在温度低于规定阈值时关闭,BMS 发出要求电池冷却器膨胀阀关闭和水泵运转的信号。

三、液冷式动力电池散热系统部件的原理与诊断

1. 电池冷却器(Chiller)

电池冷却器是纯电动汽车动力电池热管理系统的一个关键部件,它的作用是完成动力电池冷却液和制冷系统制冷剂的热交换,将电池冷却液中的热量转移到制冷剂中。电池冷却器引入空调系统中的冷媒,在膨胀阀节流后蒸发,吸收动力电池冷却回路中冷却液的热量,起到给动力电池降温的作用。

电池冷却器由两个冷却液进出管、两个冷媒进出管、一个热交换器主体、一个带电磁膨胀阀的外部蒸发器,以及管路接口和支架组成,如图 5-3-6 所示。

热交换器的主体是由许多板式换热片堆叠起来的,冷却液和冷媒以对流的形式流入热交换器主体。在热交换器主体中,冷却液和冷媒隔层间隔开,互相形成三明治结构。在对流过程中,热量从冷却液转移到冷媒上,以实现换热。热交换器的换热效率、水泵的功率大小、冷却液的流速、冷媒的流速等都会直接影响到电池冷却的效率,如图 5-3-7 所示。

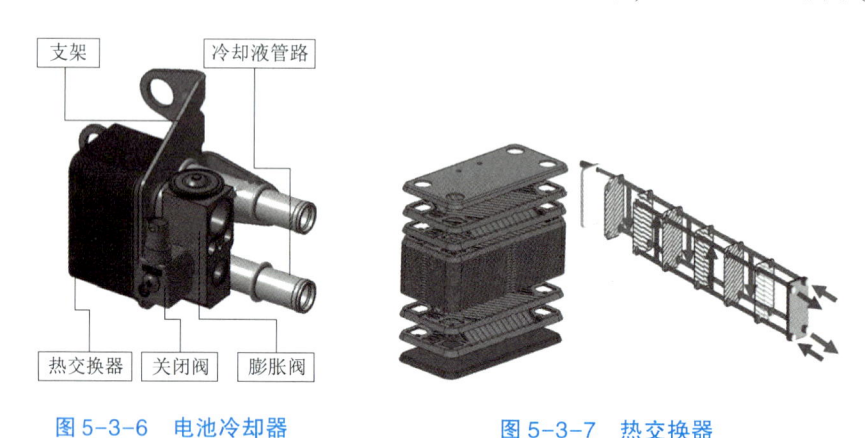

图 5-3-6 电池冷却器　　图 5-3-7 热交换器

2. 电池散热板

对于采用圆柱形电池的电池模块,目前主流方案是采用 S 形水冷扁管,扁管直接安装在模组中,与电池模块表面接触,如图 5-3-8 所示。电池工作时产生的热量通过导热硅胶垫片传递至液冷管,由冷却液热胀冷缩自由循环流动将热量带走,使整个电池包的温度均衡统一,冷却液吸收电芯工作时产生的热量,使整个电池包在安全温度内运作。

为了防止冷却液流动过程中温度逐渐升高，使末端散热能力不佳，热管理系统采用了双向流动的流场设计，冷却管道的两个端部既是进液口，也是出液口，比如特斯拉的 model S。

有些车型没有采用水冷扁管式冷却方案，而是在单体电池间间隔布置了金属散热片（厚度为 1 mm），散热片上刻有流道槽，冷却液可在流道槽内流动带走热量，如图 5-3-9 所示，比如通用的车型 VOLT。

图 5-3-8　S 形水冷扁管

图 5-3-9　金属散热片式冷却

四、液冷式动力电池散热系统的故障分析与诊断

液冷式动力电池热散热管理系统的故障主要为动力电池温度过高。造成动力电池温度过高的原因有以下几种：

（1）温度传感器指示温度过高。
（2）电机连接接触不良导致局部发热。
（3）空调系统制冷不良。
（4）PTC 加热器不受控制，一直工作。
（5）电动水泵工作不良。
（6）电池冷却器散热不好。
（7）电池散热板散热不良等。

课外拓展

比亚迪电池热管理系统来了

了解新能源汽车的用户都知道，电池是一个对热很敏感的汽车零部件，一旦电池温度过热，会影响电池的使用寿命。但电池温度过低，电池中的金属元素会出现沉积，不易与物质发生化学反应，又会影响电池的充电效率。由此一来，电池热管理需要兼顾冷却和制热功能。而比亚迪主打的电池智能温控管理系统就厉害了，可以智能调节温度，在实时监控电池热管理系统、空调系统及其他热管理系统状态参数的同时，基于电池数理模型，还能够预测当前工况下一定时间内电池包模组中电芯的表面温度和内部温度趋势。这样一来，在极端恶劣工况下，智能温控系统可以提前给 VCU（整车控制器）预警，以改变整车能量流策略与冷却策略来提高电池的安全性和使用寿命。与此同时，又可以在电池冷却需求不高时，预判电池温度的变化速率来及时控制水泵的转速和时间，以达到降低整车能耗、增加纯电行驶里程的目的。

比亚迪通过强大的智能温控系统，成功保障了电池能够在大部分环境条件下都能工作于适宜温度区间，解除了高温行车的安全问题，以及冬天行车充不上电的忧虑。比亚迪的电池热管理系统（Battery Thermal Management System，BTMS）能高效、节能、安全地保障整车动力电池系统在 $-30\sim60\ ℃$ 区间正常工作，实现全气候条件下的温度控制。在高温或恶劣工况下，比亚迪通过实行多级冷却电池热管理策略，在不同的电池温度下可以合理分配整车冷却能量。没有冷却的电池包，在炎热天气下，电池温度会上升到 $50\ ℃$ 以上，而比亚迪可以通过冷却将电池包温度控制在 $35\ ℃$ 以内，由此电池寿命相比于 $50\ ℃$ 时可延长 30%，电池功率可提升 50%。

而在低温寒冷的条件下，比亚迪的电池管理系统（BTMS）可基于电池的物理特性规律配合智能充电加热系统，高效利用加热能量提高低温下的充电电量，同时降低低温环境下的充电时间。另外，其电池热管理系统结合电池系统结构设计，大幅提高了动力电池系统低温下的保温性能，有效保证新能源汽车在低温环境下的纯电续驶里程。

读完上面的案例，请你简述一下比亚迪电池热管理系统的特点。

任务 5.4　动力电池加热系统的故障诊断与维修

学习目标

顺利完成本任务内容后，可以达到以下目标：

素质目标

（1）养成良好的安全意识和规范操作意识；
（2）能够遵守劳动纪律和环保要求；
（3）能与他人进行有效的交流和沟通，具备较强的团队协作精神；
（4）培养学生的民族自信、文化自信；
（5）培养学生勇于探索的创新精神、精益求精的工匠精神。

知识目标

（1）了解动力电池加热系统的功能及分类；
（2）掌握动力电池加热系统的工作原理；
（3）了解动力电池加热系统的维修注意事项。

能力目标

（1）能够通过问诊和初步观察对故障现象进行初步判断；
（2）能够根据各种设备对动力电池加热系统进行检测；
（3）能够根据各项检测结果对动力电池加热系统进行故障排除。

动力电池系统作为新能源汽车的动力源，其工作性能直接影响整车的动力性能。锂离子电池在不同的温度下，其充放电性能都不一样，在高温高寒环境中，电池性能下降，将影响电池的瞬时充放电功率及其充放电电量，从而影响整车的瞬时动力性及其最终续驶里程。此外，电池长期处在高温高寒的环境中工作，会大大影响电池自身的寿命。

5.4.1　动力电池加热系统概述

一、动力电池加热系统的功能

锂离子电池的适宜工作温度为 10~30 ℃。目前所有磷酸铁锂电池在 -20 ℃以下均不能充放电，只有三元锂电池放电工作温度可低至 -30 ℃，恶劣的环境极大地缩短了电池的寿命。根据美国波士顿电池公司提供的资料，一块容量为 3 500 mA·h 的电池，如果在 -10 ℃

的环境中工作，那么经过不到 100 次充放电循环，电量将急剧衰减至 500 mA·h，这对于电动车性能、续驶里程、动力特性、寿命、充电时间、安全性均会产生恶劣的影响。

为了保证动力电池能释放出更多的电量、提高寿命，动力电池系统通常设计有加热系统，目的就是在动力电池温度过低时，通过加热器对其加热，当温度上升到合适的温度时停止加热，然后执行充电或行驶的操作。

二、动力电池加热系统的分类

动力电池系统现有的加热方式主要有内部加热和外部加热两种。

1. 外部加热

外部加热主要通过外置热源的方式对热传递介质（空气、液体或相变材料）进行加热，再通过热辐射、热对流或热传导的方式实现对电池的加热。该方法的技术难度与成本均较低，但在电池包箱体内需预留大量空间作为气体流道，降低了整包结构的紧凑性；基于液体介质的电池加热方法尽管加热效率较高，但辅助设备多、结构设计复杂、成本高，同时存在密封与绝缘等安全隐患。此外，现有的加热方式无法针对每个电芯的实际温度进行加热功率的精确调节，只能在一定程度上进行总体加热功率的调节，因此完成加热时，系统内电芯的温度一致性较差。

2. 内部加热

内部加热方法是利用电流通过有一定电阻值的导体所产生的焦耳热来加热动力电池，导体为动力电池本身，根据电流的正、负流向可具体分为充电加热法、放电加热法和交流激励加热法；根据提供电流的电源不同，可分为自损耗型加热和外部能源供给加热，但须对动力电池单体结构进行较大的改动，在一定程度上减小了电池的能量密度，且存在较大的能量消耗。

动力电池系统的加热方式包括利用冷却液加热和利用加热器加热。目前大多数车辆的加热方式为加热器式，因此本部分只介绍加热器式加热系统。

加热器式加热系统通常是将加热器贴服在动力电池周围，直接对动力电池进行加热。

加热器式动力电池加热系统主要由加热元件和电路组成，其中加热元件是最重要的部分，如图 5-4-1 所示。常见的加热元件有可变电阻加热元件和恒定电阻加热元件，前者通常称为 PTC（Positive Temperature Coefficient），后者则通常是由金属加热丝组成的加热膜，譬如硅胶加热膜、挠性电加热膜等。

按照电热膜封装材料不同进行划分，主要有金属电热膜、无机电热膜（包括碳纤维电热膜、油墨电热膜等）和高分子电热膜。宝骏车型暂时没有运用此项技术。

图 5-4-1 加热器式动力电池加热系统

5.4.2 动力电池加热系统的工作原理

动力电池温度过低对其充放电效率有很大的影响，当车辆控制模块获取到电池温度传感器监测到电池温度低于 0 ℃时，如果执行充电操作，则车辆控制模块暂时不控制充电继电器工作，而是控制加热器继电器工作，此时来自车载充电机提供的直流电源首先给加热器供电。利用加热器对动力电池加热，当动力电池温度上升到设定值后，车辆控制模块停止对电池加热，车辆控制模块控制主正、主负继电器工作，对电池进行充电，如图 5-4-2 所示。

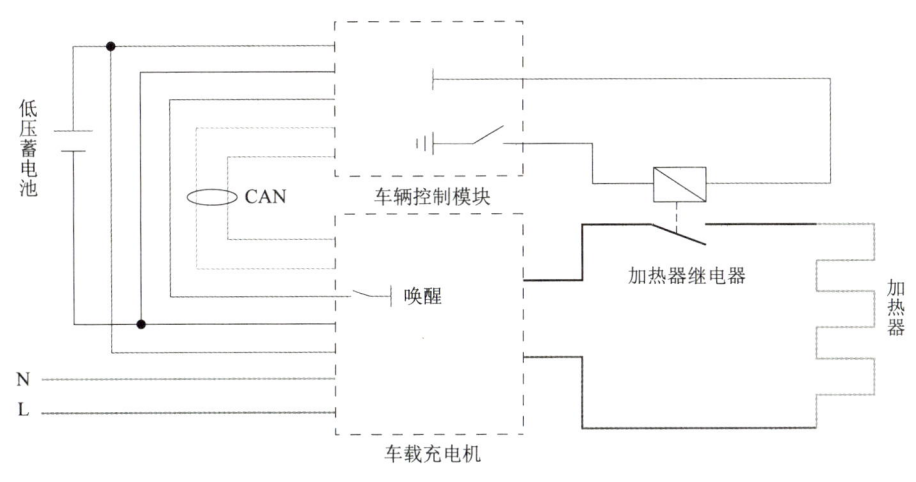

图 5-4-2　动力电池加热系统工作原理

动力电池加热参数见表 5-4-1。

表 5-4-1　动力电池加热参数

最低电池模块温度	充电状态	加热状态
<-20 ℃	不充电	加热
-20 ℃<温度<10 ℃	充电（0.1 C）	加热
10 ℃<温度<55 ℃	充电（0.1~1 C）	不加热

5.4.3 动力电池的加热系统故障诊断与维修

加热器的故障表现是：在温度低于规定数值充电时，加热器不启动。加热器不工作可能会导致纯电动汽车低温无法充电、续航里程短和电池寿命差等问题。

导致加热器不能正常工作的原因如下：

（1）低压蓄电池电压过低故障。

（2）车辆控制模块电源、接地电路故障。

（3）加热器自身故障。

（4）加热器继电器线圈电路故障。

（5）继电器高压触点电路故障。

（6）CAN 网络故障。

（7）车辆控制模块等故障。

课外拓展

浅谈比亚迪电池加热系统

如果说到新能源汽车的话，续航能力是永远绕不开的一个话题，也是人们对于购买纯电动汽车的重要参考因素。同时动力电池的续航受到温度的影响特别大，特别是在冬天，动力电池的活性降低，续航能力也会大打折扣，同时这也是比亚迪研究的重点。

如果研究电动汽车在冬天的续航能力的话，首先要研究冬天续航为什么会衰减，其主要有以下两方面的原因：

（1）电动汽车本身在冬天起动工作就比较费电，加上冬天要开暖风，暖风加热是靠电量加热，比较耗电。

（2）动力电池在冬天受到温度的影响，活性降低，电池本身就会有衰减。

针对这种情况，比亚迪在电池上加入了温度管理系统，如图 5-4-3 所示。

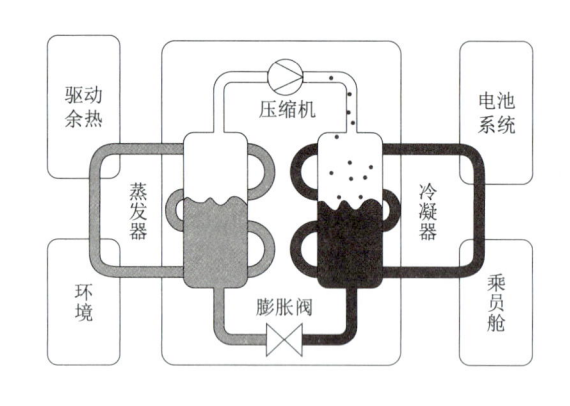

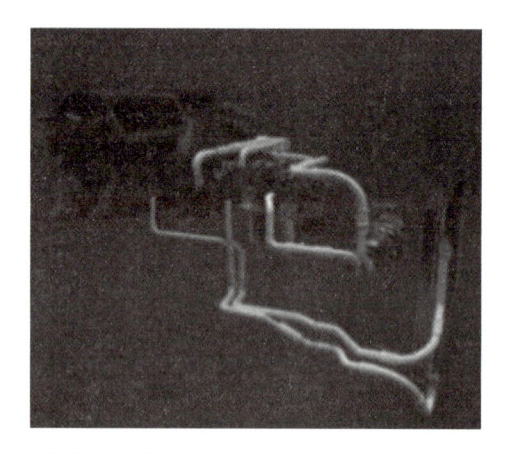

图 5-4-3　比亚迪电池温度管理系统

温度管理系统的作用就是控制动力电池的温度，使其一直处于最佳的温度状态。在夏天，温度管理系统主要用于散热；冬天，温度管理系统主要用于加热。在充电过程中，比亚迪在电池散热回路里串联 PTC 水加热器，通过调节水加热器的功率，控制进水温度及流量，以此使电池在冬季也能在适宜温度充电，保证最佳的充电效率和电池活性。在车辆行驶过程中，比亚迪通过热泵、动力电池、动力系统深度集成的方式来达到余热回收功能。同时，现在 e3.0 平台也采用了冷媒冷却的方式进行电池热管理，在能耗方面更加的低廉、方便，使电动汽车冬季续航能力获得 20% 以上的改善。

比亚迪在研发方面一直投入，引领行业。比亚迪最近研发了一种电池脉冲自加热系统，通过电池电芯中加入特殊材料和工艺改良来达到电池温度自控管理，对解决电池冬季续航方面有了极大的提升。

读完上面的案例，请你简述一下比亚迪电池加热系统的作用。

电动汽车动力系统故障诊断与维修

工作手册

主　编　黄经元　王　翠
副主编　汪洋青　杨　振
参　编　刘海龙（企业）

北京理工大学出版社
BEIJING INSTITUTE OF TECHNOLOGY PRESS

目　录

项目 1　电动汽车认知 ·· 209

　　任务 1.1　电动汽车结构认知 ··· 209

　　任务 1.2　电动汽车的使用 ·· 214

　　任务 1.3　电动汽车高压用电防护 ·· 218

项目 2　动力电池供电系统故障诊断与维修 ·· 223

　　任务 2.1　动力电池供电系统认知 ·· 223

　　任务 2.2　动力电池模组故障检测与维修 ·· 227

　　任务 2.3　动力电池管理系统故障检测与维修 ······································ 232

　　任务 2.4　动力电池供电系统综合故障诊断与维修 ································· 237

项目 3　充配电系统故障诊断与维修 ··· 241

　　任务 3.1　充配电系统认知 ·· 241

　　任务 3.2　直流快充系统故障诊断与维修 ·· 245

　　任务 3.3　交流慢充系统故障诊断与维修 ·· 250

　　任务 3.4　低压电池充电系统故障诊断与维修 ······································· 256

　　任务 3.5　DC/AC 系统故障诊断与维修 ··· 260

项目 4　驱动电机系统故障诊断与维修 ·· 264

　　任务 4.1　驱动电机系统认知 ··· 264

　　任务 4.2　驱动电机系统部件的原理与诊断 ··· 268

　　任务 4.3　驱动电机系统的故障诊断与维修 ··· 272

项目 5　热管理系统故障诊断与维修 ·· 275
任务 5.1　热管理系统认知 ··· 275
任务 5.2　电机和电控的散热系统故障诊断与维修 ························ 279
任务 5.3　动力电池的散热系统故障诊断与维修 ···························· 285
任务 5.4　动力电池的加热系统故障诊断与维修 ···························· 289

项目 1　电动汽车认知

任务 1.1　电动汽车结构认知

一、任务导入

李先生早上起动北汽 EV160 纯电动汽车,发现仪表上显示"动力电池断开",并且"READY"指示灯未点亮,车辆起动不了。作为维修站的技师,你能够对这辆车的故障原因进行解释吗?你能够对这辆车的故障进行维修吗?

二、任务目标

通过本任务的学习,应能:
(1) 说出动力系统的构成;
(2) 说出动力系统各主要部件的功能;
(3) 实车确认各高压线束的功能,并进行初步检查;
(4) 解释电动汽车常用术语。

三、任务准备

1. 注意事项

(1) 规范穿戴安全防护用品,使用专用绝缘工具;
(2) 规范执行操作流程,操作高压线路前确保断开低压蓄电池电路及手动维修开关等。

2. 物料准备

北汽 EV160 车辆 1 台、两柱举升机 1 个、安全防护设备 1 套、专用绝缘工具 1 套。

四、任务实施

1. 任务指导

完成此任务时，需要查询学习相关的项目内容或信息资源。可通过以下方式进行查找学习：

查阅教材《电动汽车动力系统故障诊断与维修》-项目索引号为"任务 1.1"的相关内容；或通过手机登录课程学习平台，学习《新能源汽车检测与维修》-基础知识-纯电动汽车概述。

2. 任务内容

（1）观察实习车辆动力系统主要部件的安装位置，在图中用高压线（用线表示）将各个部件连接起来，并将图中标注数字的名称和功能写在下表内。

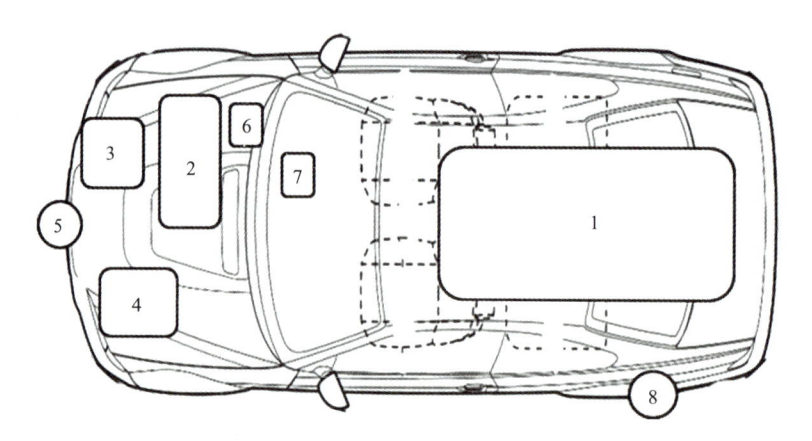

序号	部件名称	功能
1		
2		
3		
4		
5		
6		
7		
8		
9		

（2）观察实习车辆动力系统的组成，其动力系统属于以下哪种形式，在正确的选项后面打钩。

- 分体式　　　　　　　　　　　　　　　　　　　　　　　　　是　否
- 整体式　　　　　　　　　　　　　　　　　　　　　　　　　是　否

（3）观察实习车辆动力电池共有（　　）根橙色的高压线，每根高压线的功能是什么？

_____

_____

> **小贴士**
>
> 生命至上，安全第一。
> 请规范穿戴高压安全防护品，使用专用绝缘工具操作。

（4）观察电力分配单元（PDU）共有（　　）根橙色的高压线，每根高压线的功能是什么？

_____

_____

_____

_____

（5）观察电机控制模块（MCU）共有（　　）根橙色的高压线，每根高压线的功能是什么？

_____

_____

_____

（6）根据实习车辆动力系统部件的布置方式，在下图中画出动力系统相关部件的位置，并用笔画出各部件的高压线束连接走向。

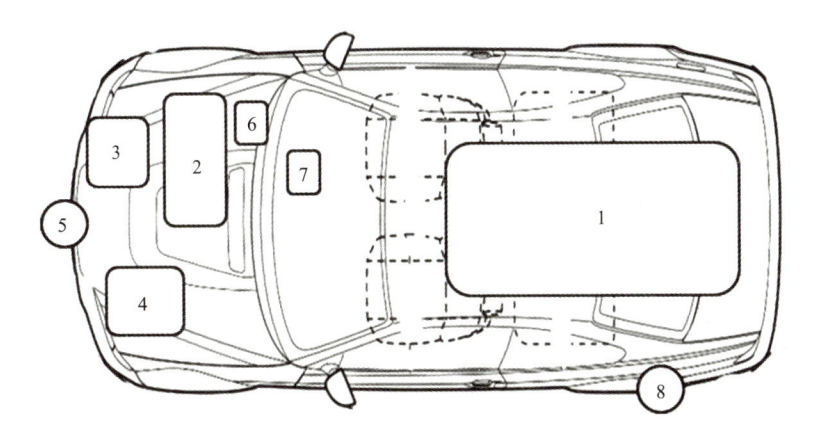

（7）讨论：为什么纯电动汽车的高压系统不利用车身作为公共的接地点，高压负极导线不经过车身搭铁，而是直接回到动力电池的负极？

211

（8）解释专业术语 SOC 的含义。

五、任务实施评价

综合小组的任务实施情况，对照纯电动汽车基本功能认知考核评价表，对每名学生进行任务实施考核。考核过程参照"1+X"考证要求，同时强调对学生思政方面的考核。学生进行自评、互评，再请教师复评，并将评价结果记录在考核评价表中。

电动汽车结构认知考核评价表

专业：					姓名：			
班级：					学号：			
评分细则								
序号	评分项	得分条件	配分	评分标准	自评	互评	师评（校内）	师评（企业）
1	作业安全/职业操守	1. 能进行工位 7S 操作（3分）； 2. 能进行设备和工具安全检查（3分）； 3. 能进行车辆安全防护操作（3分）； 4. 能进行工具清洁、校准、存放操作（3分）； 5. 能进行三不落地操作（3分）	15	依据得分条件进行评分，扣分不得超过15分				
2	应用技能/操作技能	1. 能正确找到实习车辆动力系统主要部件的安装位置（10分）； 2. 能正确判断动力系统属于哪种形式（10分）； 3. 能正确找出实习车辆动力电池的高压线，并说出每根高压线的功能（10分）； 4. 能正确在图中画出动力系统相关部件的位置（10分）； 5. 能正确解释专业术语 SOC 的含义（10分）	50	依据得分条件进行评分，扣分不得超过50分				

续表

序号	评分项	得分条件	配分	评分标准	自评	互评	师评（校内）	师评（企业）
3	工具及设备使用能力	1. 能正确使用专用绝缘工具（2分）； 2. 能正确使用两柱式举升机（4分）； 3. 能正确使用便携式充电枪（4分）	10	依据得分条件进行评分，扣分不得超过10分				
4	资料、信息查询能力	1. 能正确使用维修手册查询资料（6分）； 2. 能在规定时间内查询所需资料（2分）； 3. 能正确记录所需维修信息（2分）	10	依据得分条件进行评分，扣分不得超过10分				
5	检测和诊断分析能力	1. 能判断动力系统属于哪种形式（5分）； 2. 能对动力系统故障原因进行解释（5分）	10	依据得分条件进行评分，扣分不得超过10分				
6	表单填写和报告的撰写能力	1. 语句通顺（2分）； 2. 无错别字（1分）； 3. 无抄袭（2分）	5	依据得分条件进行评分，扣分不得超过5分				
		总评						

六、任务总结

每组派代表陈述实操结果，并利用白板进行展示，学员对结果进行讨论，最后老师进行点评，给出正确答案。

任务 1.2　电动汽车的使用

一、任务导入

张先生新买了一辆 EV160 纯电动汽车，作为维修站的员工，你能告诉他如何驾驶纯电动汽车吗？你能向他介绍纯电动汽车由哪些系统组成吗？你能教他如何对车辆进行充电吗？

二、任务目标

通过本任务的学习，应能：
（1）实车认知纯电动汽车的驱动形式；
（2）按照正确的方法进行实车充电操作；
（3）按照正确的方法驾驶纯电动汽车；
（4）实车认知纯电动汽车仪表上显示信息的含义。

三、任务准备

1. 注意事项

（1）规范穿戴安全防护用品，使用专用绝缘工具；
（2）规范执行操作流程，操作高压线路前确保断开低压蓄电池电路及手动维修开关等。

2. 物料准备

北汽 EV160 车辆 1 台、两柱举升机 1 个、便携式充电枪 1 套。

四、任务实施

1. 任务指导

完成此任务时，需要查询学习相关的项目内容或信息资源。可通过以下方式进行查找学习：

查阅教材《电动汽车动力系统故障诊断与维修》-项目索引号为"任务 1.2"的相关内容；或通过手机登录课程学习平台，学习《新能源汽车检测与维修》-基础知识-纯电动汽车的驱动形式和纯电动汽车的使用。

2. 任务内容

（1）在下图中标注出实习车辆慢充口和快充口的位置，观察充电口如何打开。

项目1　电动汽车认知

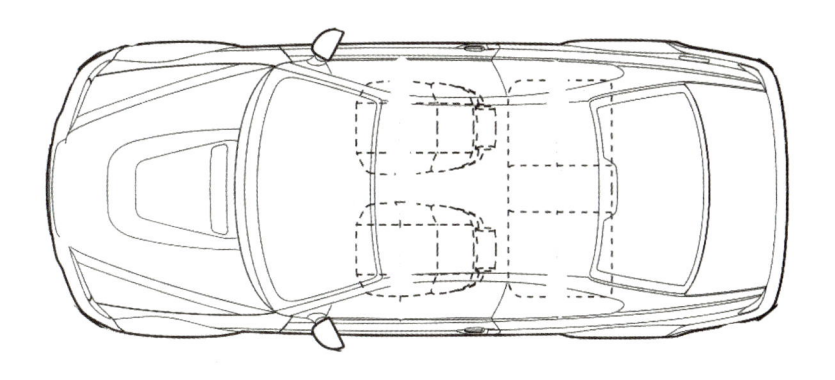

（2）从外部观察车辆的慢充口和快充口分别有几个针脚。

（3）执行车辆的充电操作，充电时的操作顺序是什么？

> **小贴士**
>
> 生命至上，安全第一；安全生产，重在预防。请规范穿戴安全防护品，使用专用绝缘工具。

（4）观察仪表上的充电指示灯，画出图形，说明其颜色，并说明指示灯在工作时的状态。

（5）按照正确的步骤操作驾驶车辆，并将步骤写入下面的方格中。

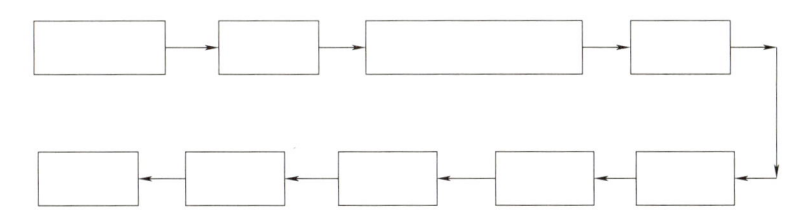

（6）观察点火开关打到"ON"挡的瞬间，仪表哪些指示灯点亮，并记录。

215

（7）观察仪表正常工作时，我们从仪表能获得哪些信息？

_____

_____

（8）实车观察实习车辆的驱动形式属于哪一种，并在正确的选项后面打钩。
- 传统驱动布置形式　　　　　　　　　　　　　　　　　　　　是　否
- 驱动电机与驱动桥组合驱动布置形式　　　　　　　　　　　是　否
- 驱动电机与驱动桥集成驱动布置形式　　　　　　　　　　　是　否
- 轮边电机驱动布置形式　　　　　　　　　　　　　　　　　　是　否
- 轮毂电机驱动布置形式　　　　　　　　　　　　　　　　　　是　否

五、任务实施评价

综合小组的任务实施情况，对照纯电动汽车基本功能认知考核评价表，对每名学生进行任务实施考核。考核过程参照"1+X"考证要求，同时强调对学生思政方面的考核。学生进行自评、互评，再请教师复评，并将评价结果记录在考核评价表中。

电动汽车的使用考核评价表

专业：				姓名：			
班级：				学号：			
评分细则							
序号	评分项	得分条件	配分	评分标准	自评	互评	师评（校内）	师评（企业）
1	作业安全/职业操守	1. 能进行工位7S操作（3分）； 2. 能进行设备和工具安全检查（3分）； 3. 能进行车辆安全防护操作（3分）； 4. 能进行工具清洁、校准、存放操作（3分）； 5. 能进行三不落地操作（3分）	15	依据得分条件进行评分，扣分不得超过15分				
2	应用技能/操作技能	1. 能正确找出实习车辆慢充口和快充口的位置（10分）； 2. 能从外部观察车辆慢充口和快充口分别有几个针脚（10分）； 3. 能正确执行车辆的充电操作（10分）； 4. 能按照正确的步骤操作驾驶车辆（10分）； 5. 能正确由仪表获取信息（10分）	50	依据得分条件进行评分，扣分不得超过50分				

续表

序号	评分项	得分条件	配分	评分标准	自评	互评	师评（校内）	师评（企业）
3	工具及设备使用能力	1. 能正确使用专用绝缘工具（2分）； 2. 能正确使用两柱式举升机（4分）； 3. 能正确使用便携式充电枪（4分）	10	依据得分条件进行评分，扣分不得超过10分				
4	资料、信息查询能力	1. 能正确使用维修手册查询资料（6分）； 2. 能在规定时间内查询所需资料（2分）； 3. 能正确记录所需维修信息（2分）	10	依据得分条件进行评分，扣分不得超过10分				
5	检测和诊断分析能力	1. 能判断充电指示灯是否正常（5分）； 2. 能判断仪表指示灯点亮是否正常（5分）	10	依据得分条件进行评分，扣分不得超过10分				
6	表单填写和报告的撰写能力	1. 语句通顺（2分）； 2. 无错别字（1分）； 3. 无抄袭（2分）	5	依据得分条件进行评分，扣分不得超过5分				
		总评						

六、任务总结

每组派代表陈述实操结果，并利用白板进行展示，学员对结果进行讨论，最后老师进行点评，给出正确答案。

任务1.3　电动汽车高压用电防护

一、任务导入

一辆宝骏 E300 进店保养，作为一名技师，你知道高压电的危害吗？你知道维修高压电有哪些注意事项吗？

二、任务目标

通过本任务的学习，应能：
（1）了解导致电动汽车高压触电的原因；
（2）了解高压安全防护设备的名称和作用；
（3）掌握电动汽车高压维修注意事项；
（4）掌握电动汽车高压下电流程并能熟练执行高压下电操作。

三、任务准备

1. 注意事项

（1）规范穿戴安全防护用品，使用专用绝缘工具；
（2）规范执行操作流程，操作高压线路前确保断开低压蓄电池电路及手动维修开关等。

2. 物料准备

宝骏 E300 车辆 1 台、两柱举升机 1 个、高压安全防护设备 1 套、绝缘工具 1 套、数字万用表 1 个、VDS 诊断设备 1 套、手电筒 1 个。

四、任务实施

1. 任务指导

完成此任务时，需要您查询学习相关的项目内容或信息资源。可通过以下方式进行查找学习：

查阅教材《电动汽车动力系统故障诊断与维修》-项目索引号为"任务1.3"的相关内容；或通过手机登录课程学习平台，学习《新能源汽车检测与维修》-高压安全防护。

2. 任务内容

（1）下列哪些情况会导致触电事故的发生，请在正确选项后打钩。
- 双手同时触摸动力电池的正极和负极。　　　　　　　　　　　　　　是　　否
- 当动力电池的正极与车身短路时，人体同时接触车身和动力电池的负极。　是　　否
- 当动力电池的负极与车身短路时，人体同时接触车身和动力电池的正极。　是　　否

- 人站在地面上，一只手触摸动力电池的正极。　　　　　　　　　　　是　否
- 人站在地面上，一只手触摸动力电池的负极。　　　　　　　　　　　是　否

（2）写出下列高压安全防护设备的名称和作用。

序号	设备	名称	作用
1			
2			
3			
4			

（3）下列关于电动汽车高压维修注意事项的描述是否正确，请在正确选项后面打钩。

- 维修电动汽车时必须有安全监护人，并穿戴好符合电压要求的绝缘手套（500 V 以上），取下服装和身体上的金属物品。　　　　　　　　　　　　　　　　　是　否
- 车辆维修环境必须处于干燥状态，车辆周围与地面禁止有水或其他液体。　是　否
- 执行高压系统相关部件作业前，必须分离辅助蓄电池负极端子，并拆卸高压电源安全插头，等待 5 min 以上，确保高压电容充分放电后才可以操作。　　　　　是　否
- 所有高电压部件都贴着"高电压"预防措施警告标签，高压导线是橙色，接触这些部件时要格外小心。　　　　　　　　　　　　　　　　　　　　　　　　是　否
- 明确高压系统维修工作人员，维修时防止其他无关工作人员触摸车辆。　是　否

- 若高压系统维修不能在短时间内完成，则在不维修时需在高压系统部件上粘贴"高压危险"标签。　　　　　　　　　　　　　　　　　　　　　　　　　　　是　否
- 如果车辆严重受损，如动力电池变形、破损或裂开等，未穿戴绝缘防护装备不能触碰车辆。　　　　　　　　　　　　　　　　　　　　　　　　　　　　　　　是　否
- 虽然点火开关处于"READY"状态时发动机没有运转，但是挡杆挂到"D"或"R"位置后车辆能够行驶，如需要挂挡时应注意车辆点火开关的状态，并使用三角木和驻车制动固定车辆。　　　　　　　　　　　　　　　　　　　　　　　　　　　　　　　是　否
- 因电动汽车系统应用了超强磁场的部件，如需要近距离接触电动汽车牵引电机或发电机前应取下随身携带的银行卡、手表、手机等易受磁场影响的物品。　　　是　否
- 使用兆欧表检测时必须严格按照维修手册要求进行操作，禁止使用兆欧表对模块正负电源端同时进行检测，避免兆欧表的高电压对模块造成损坏。　　　　　是　否
- 使用数字式万用表对高压电路的电压进行测量时，要佩戴安全防护设备。　是　否
- 针对电动汽车的特点，维修技师必须具备特殊工种上岗资格证书。　　　　是　否

（4）下列关于电动汽车充电注意事项的描述是否正确，请在正确选项后面打钩。
- 不能用湿的手操作充电器。　　　　　　　　　　　　　　　　　　　　　是　否
- 要把充电连接器正确连接到车辆充电口，并且必须确认锁止状态。　　　　是　否
- 充电中，不能随意拆卸充电连接器。　　　　　　　　　　　　　　　　　是　否
- 周期性检查充电线束护套、充电连接器等安全状态。　　　　　　　　　　是　否
- 下雨天或整理整顿时，要注意充电装置不能流入雨水。　　　　　　　　　是　否
- 实施充电前安全检查，充电后周边整理整顿。　　　　　　　　　　　　　是　否

（5）请按照下面电动汽车高压下电流程执行高压下电操作。
①点火开关置"OFF"后，分离12 V辅助蓄电池负极导线。　　　　　　　完成
②等待5 min以上，待电容器放电完成。　　　　　　　　　　　　　　　完成
③使用绝缘手套等个人保护装置。　　　　　　　　　　　　　　　　　　完成
④拆卸维修开关（如果没有维修开关，断开动力电池高压导线）。　　　　完成
⑤检查驱动电机控制模块内部电容器是否放电完成（测量驱动电机控制模块端子间电压，低于30 V）。　　　　　　　　　　　　　　　　　　　　　　　　　　　完成
⑥高压下电结束。　　　　　　　　　　　　　　　　　　　　　　　　　完成

（6）下列关于电动汽车车辆损坏或进水的应急处理的描述是否正确，请在正确选项后面打钩。
- 如果因车辆严重损坏，则在车辆室内或外部看见暴露在外的高电压线束或导线，现场救援人员应采取适当预防措施，并穿戴绝缘个人防护用具。　　　　　　　是　否
- 车辆浸水时，不要试图拆卸安全插头。　　　　　　　　　　　　　　　　是　否
- 在车辆浸水的紧急救援情况中，如果车辆没有严重损坏，无论车辆在水中还是在干的地面上，都可以安全碰触车身或车架。　　　　　　　　　　　　　　　　是　否
- 如果车辆浸没水中或部分浸水，则应把车辆从水中移出，并排出车辆内的水。一旦车辆从水中移出，必须切断高电压系统电流并关闭车辆系统。　　　　　　　是　否

五、任务实施评价

综合小组的任务实施情况，对照纯电动汽车基本功能认知考核评价表，对每名学生进行任务实施考核。考核过程参照"1+X"考证要求，同时强调对学生思政方面的考核。学生进行自评、互评，再请教师复评，并将评价结果记录在考核评价表中。

电动汽车高压用电防护考核评价表

专业：				姓名：			
班级：				学号：			
评分细则							
序号	评分项	得分条件	配分	评分标准	自评	互评	师评（校内）	师评（企业）
1	作业安全/职业操守	1. 能进行工位7S操作（3分）； 2. 能进行设备和工具安全检查（3分）； 3. 能进行车辆安全防护操作（3分）； 4. 能进行工具清洁、校准、存放操作（3分）； 5. 能进行三不落地操作（3分）	15	依据得分条件进行评分，扣分不得超过15分				
2	应用技能/操作技能	1. 能正确说出导致电动汽车高压触电的原因（10分）； 2. 能正确说出高压安全防护设备的名称和作用（10分）； 3. 能正确说出电动汽车高压维修注意事项（10分）； 4. 能正确说出电动汽车高压下电流程（10分）； 5. 能熟练执行高压下电操作（10分）	50	依据得分条件进行评分，扣分不得超过50分				
3	工具及设备使用能力	1. 能正确使用专用绝缘工具（2分）； 2. 能正确使用两柱式举升机（4分）； 3. 能正确使用诊断设备（4分）	10	依据得分条件进行评分，扣分不得超过10分				
4	资料、信息查询能力	1. 能正确使用维修手册查询资料（6分）； 2. 能在规定时间内查询所需资料（2分）； 3. 能正确记录所需维修信息（2分）	10	依据得分条件进行评分，扣分不得超过10分				

续表

序号	评分项	得分条件	配分	评分标准	自评	互评	师评（校内）	师评（企业）
5	检测和诊断分析能力	1. 能判断哪些情况会导致触电事故的发生（5分）； 2. 能判断电动汽车高压下是否完成（5分）	10	依据得分条件进行评分，扣分不得超过10分				
6	表单填写和报告的撰写能力	1. 语句通顺（2分）； 2. 无错别字（1分）； 3. 无抄袭（2分）	5	依据得分条件进行评分，扣分不得超过5分				
总评								

六、任务总结

每组派代表陈述实操结果，并利用白板进行展示，学员对结果进行讨论，最后老师进行点评，给出正确答案。

项目 2　动力电池供电系统故障诊断与维修

任务 2.1　动力电池供电系统认知

一、任务导入

王小姐购买了一辆北汽 EV160 纯电动汽车，用户报修每次打开点火开关后，车辆底部都会有"吧嗒"的一个响声。你能告诉它响声的来源是什么吗？响声是否正常？

二、任务目标

通过本任务的学习，应能：
（1）认知车辆供电系统所有部件的安装位置；
（2）说出供电系统的组成；
（3）解释上电、下电的车辆反馈特征。

三、任务准备

1. 注意事项

（1）不要随意用手触碰高压线束；
（2）车辆举升并落下安全锁之后再进入车辆下部。

2. 物料准备

北汽 EV160 车辆 1 台、两柱举升机 1 个。

四、任务实施

1. 任务指导

完成此任务时，需要查询学习相关的项目内容或信息资源。可通过以下方式进行查找学习：

查阅教材《电动汽车动力系统故障诊断与维修》–项目索引号为"任务 2.1"的相关内容；或通过手机登录课程学习平台，学习《新能源汽车检测与维修》–纯电动汽车动力电池供电系统–概述。

2. 任务内容

（1）请实车观察实训车辆，把有关供电系统的部件在下图中利用方框进行标注，并在表中说明部件的作用。

> **小贴士**
>
> 生命至上，安全第一。
> 请规范穿戴高压安全防护品，使用专用绝缘工具操作。

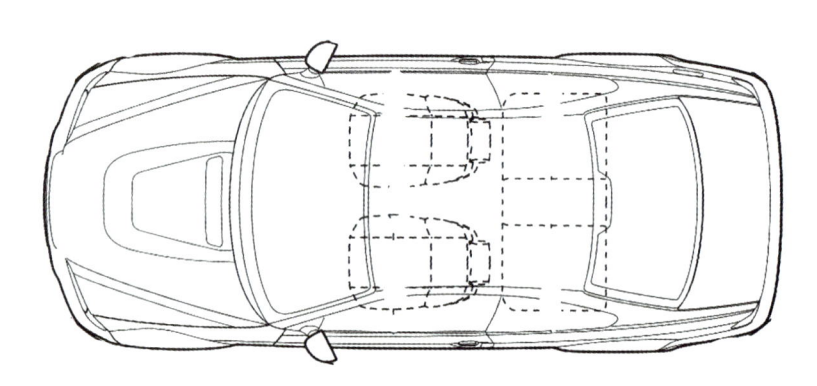

序号	部件名称	功能
1		
2		
3		
4		
5		
6		
7		
8		
9		

（2）点火开关打开置于"ON"挡时，仪表上"READY"指示灯的工作状态怎样？

_____

（3）点火开关打开置于"ON"挡时，听到继电器工作的声音有_____次，_____是否有先后顺序。

（4）"READY"指示灯的工作状态与继电器的工作关系是怎样的？

_____

（5）点火开关由"ON"挡关闭到"ACC"挡时，听到继电器停止工作的声音有_____次，_____是否有先后顺序，仪表上的_____灯熄灭。

（6）思考与讨论。通过以上操作，怎样判断车辆高压电是否上电成功？怎样判断下电是否成功？

_____

五、任务实施评价

综合小组的任务实施情况，对照纯电动汽车基本功能认知考核评价表，对每名学生进行任务实施考核。考核过程参照"1+X"考证要求，同时强调对学生思政方面的考核。学生进行自评、互评，再请教师复评，并将评价结果记录在考核评价表中。

动力电池供电系统认知考核评价表

专业：							
班级：				学号：			
评分细则							
序号	评分项	得分条件	配分	评分标准	自评	互评	师评（校内）	师评（企业）
1	作业安全/职业操守	1. 能进行工位7S操作（3分）； 2. 能进行设备和工具安全检查（3分）； 3. 能进行车辆安全防护操作（3分）； 4. 能进行工具清洁、校准、存放操作（3分）； 5. 能进行三不落地操作（3分）	15	依据得分条件进行评分，扣分不得超过15分				
2	应用技能/操作技能	1. 能正确说出供电系统的组成（10分）； 2. 能正确找出供电系统所有部件的安装位置（10分）； 3. 能正确说出供电系统的作用（10分）； 4. 能正确判断车辆高压电是否上电（10分）； 5. 能正确判断是否下电成功（10分）	50	依据得分条件进行评分，扣分不得超过50分				

续表

序号	评分项	得分条件	配分	评分标准	自评	互评	师评（校内）	师评（企业）
3	工具及设备使用能力	1. 能正确使用专用绝缘工具（5分）； 2. 能正确使用两柱式举升机（5分）	10	依据得分条件进行评分，扣分不得超过10分				
4	资料、信息查询能力	1. 能正确使用维修手册查询资料（6分）； 2. 能在规定时间内查询所需资料（2分）； 3. 能正确记录所需维修信息（2分）	10	依据得分条件进行评分，扣分不得超过10分				
5	检测和诊断分析能力	1. 能判断车辆高压电是否上电（5分）； 2. 能判断是否下电成功（5分）	10	依据得分条件进行评分，扣分不得超过10分				
6	表单填写和报告的撰写能力	1. 语句通顺（2分）； 2. 无错别字（1分）； 3. 无抄袭（2分）	5	依据得分条件进行评分，扣分不得超过5分				
		总评						

六、任务总结

每组派代表陈述实操结果，并利用白板进行展示，学员对结果进行讨论，最后老师进行点评，给出正确答案。

任务2.2　动力电池模组故障检测与维修

一、任务导入

车间主管让维修技师更换动力电池总成中的1个电池模块，如果此任务由你来完成，应该如何执行？王小姐购买了一辆EV160纯电动汽车，已经行驶了6 000 km，有一天发现仪表上显示"动力电池故障"，车辆起动不了。拖到维修站进行维修，维修技师经过检查发现动力电池底部磕碰严重，需要更换动力电池包总成。作为维修站的技师，你知道如何拆装动力电池包吗？你知道拆装动力电池包时有哪些注意事项吗？

二、任务目标

通过本任务的学习，应能：
（1）按照规范的方法拆装动力电池包总成；
（2）说出动力电池模组的组成和结构特点。

三、任务准备

1. 注意事项

（1）规范穿戴安全防护用品，使用专用绝缘工具；
（2）在确保安全以及老师的引导下，完成动力电池包的分解；
（3）断开后的维修开关必须由专人保管并锁在工具箱内。

2. 物料准备

北汽EV160车辆1台、两柱举升机1个、液压举升工具1套、安全防护设备1套、专用绝缘工具1套、常用手动工具1套、万用表1块、探针2根。

四、任务实施

1. 任务指导

完成此任务时，需要查询学习相关的项目内容或信息资源。可通过以下方式进行查找学习：
查阅教材《电动汽车动力系统故障诊断与维修》-项目索引号为"任务2.2"的相关内容；或通过手机登录课程学习平台，学习《新能源汽车检测与维修》-动力电池模组。

2. 任务内容

（1）请写出拆卸动力电池前需要做哪些准备工作。

> **小贴士**
>
> 拆卸后的维修开关，为了防止他人意外安装到动力电池上，造成动力电池处于高压带电状态，需放在工具箱内并上锁。

（2）将车辆安全举升至合理高度，观察动力电池总成的安装位置和固定方式。

_____

_____

_____

（3）拆卸动力电池总成，并记录关键拆卸步骤。

_____

_____

_____

_____

（4）讨论并总结拆卸动力电池总成的注意事项。

_____

_____

（5）观察动力电池总成外观，共_____个连接器，分别有什么功能？

_____

_____

（6）讨论并记录，动力电池总成是否需要撞击防护及严格的密封。观察并记录，电池如何实现撞击防护及密封。

_____

_____

（7）分解动力电池外壳总成，观察其内部结构特点。

> **小贴士**
>
> 分解上盖的动力电池，继续分解内部部件时，必须使用绝缘工具，并戴绝缘手套。遵守高压安全操作规程，设置一名监护员，每次只有一人靠近进行测量，并且只有在老师或监护员的监护下才能操作。

（8）测量动力电池电压。在未插复维修开关时，测量动力电池正、负极的电压为_____V；拔下手动维修开关，测量动力电池正极到手动维修开关的电压为_____V，负极到手动维修开关的电压为_____V。插上手动维修开关，测量动力电池正、负极的电压为_____V。

项目2　动力电池供电系统故障诊断与维修

> **小贴士**
>
> 　　维修开关安装后，动力电池包变得危险，在操作时必须使用绝缘工具，并戴绝缘手套。遵守高压安全操作规程，设置一名监护员，每次只有一人靠近进行测量，并且只有在老师或监护员的监护下才能操作。

（9）通过观察维修开关的连接位置，讨论维修开关是如何起到断电保护作用的？断开维修开关，操作电池内部时，一定是安全的吗？

_____

_____

_____

（10）动力电池共由_____个动力电池模组构成。动力电池共有_____个动力电池模组管理单元。

（11）对照实物画出各动力电池模组的主电路连接走向。

（12）分解一个动力电池模组，观察其内部结构特点。此电池单体属于_____类型，此动力电池模组由_____个单体电池组成，在下面方框中画出电池模组内部单体电池间线路连接走向。

229

（13）用万用表测量此电池模组的总电压为_____V，单体电池的电压为_____V，由此判断，其采用_____类型的锂电池，即此电池模组由_____个单体电池串联组成，结合此动力电池的总电压，推算此动力电池由_____个电池模组串联组成。

（14）执行动力电池包的安装，并记录安装的关键步骤及注意要点。

_____

_____

_____

_____

五、任务实施评价

综合小组的任务实施情况，对照纯电动汽车基本功能认知考核评价表，对每名学生进行任务实施考核。考核过程参照"1+X"考证要求，同时强调对学生思政方面的考核。学生进行自评、互评，再请教师复评，并将评价结果记录在考核评价表中。

动力电池模组故障检测与维修考核评价表

专业：								
班级：					姓名：			
					学号：			
评分细则								
序号	评分项	得分条件	配分	评分标准	自评	互评	师评（校内）	师评（企业）
1	作业安全/职业操守	1. 能进行工位7S操作（3分）； 2. 能进行设备和工具安全检查（3分）； 3. 能进行车辆安全防护操作（3分）； 4. 能进行工具清洁、校准、存放操作（3分）； 5. 能进行三不落地操作（3分）	15	依据得分条件进行评分，扣分不得超过15分				
2	应用技能/操作技能	1. 能正确拆卸动力电池总成（10分）； 2. 能正确分解动力电池外壳总成（10分）； 3. 能正确测量动力电池电压（10分）； 4. 能对照实物画出各动力电池模组的主电路连接走向（10分）； 5. 能正确执行动力电池包的安装（10分）	50	依据得分条件进行评分，扣分不得超过50分				

续表

序号	评分项	得分条件	配分	评分标准	自评	互评	师评（校内）	师评（企业）
3	工具及设备使用能力	1. 能正确使用专用绝缘工具（2分）； 2. 能正确使用两柱式举升机（4分）； 3. 能正确使用万用表等测量工具（4分）	10	依据得分条件进行评分，扣分不得超过10分				
4	资料、信息查询能力	1. 能正确使用维修手册查询资料（6分）； 2. 能在规定时间内查询所需资料（2分）； 3. 能正确记录所需维修信息（2分）	10	依据得分条件进行评分，扣分不得超过10分				
5	检测和诊断分析能力	1. 能判断充电指示灯是否正常（5分）； 2. 能判断仪表指示灯点亮是否正常（5分）	10	依据得分条件进行评分，扣分不得超过10分				
6	表单填写和报告的撰写能力	1. 语句通顺（2分）； 2. 无错别字（1分）； 3. 无抄袭（2分）	5	依据得分条件进行评分，扣分不得超过5分				
		总评						

六、任务总结

每组派代表陈述实操结果，并利用白板进行展示，学员对结果进行讨论，最后老师进行点评，给出正确答案。

任务2.3　动力电池管理系统故障检测与维修

一、任务导入

王先生购买了一辆宝骏 E300 纯电动汽车，已经行驶了 2 000 km，有一天发现车辆无法起动，通过诊断仪诊断，发现动力电池管理系统报"主负继电器故障"。作为维修站的技师，你知道主负继电器的安装位置吗？你知道如何对继电器进行检查和诊断吗？

二、任务目标

通过本任务的学习，应能：
（1）实车认知动力电池管理系统各部件的安装位置；
（2）对高压继电器和保险丝进行检测与维修；
（3）实车认知电流传感器的类型及电路走向；
（4）对电池温度与电压监测线路进行诊断；
（5）对继电器粘连监测进行诊断与维修。

三、任务准备

1. 注意事项

（1）规范穿戴安全防护用品，使用专用绝缘工具；
（2）规范执行操作流程，操作高压线路前确保断开低压蓄电池电路及手动维修开关等。

2. 物料准备

宝骏 E300 车辆 1 台、两柱举升机 1 个、高压安全防护设备 1 套、常用手动工具 1 套、兆欧表 1 个、电流钳 1 个、绝缘工具 1 套、数字万用表 1 个、VDS 诊断设备、套手电筒 1 个。

四、任务实施

1. 任务指导

完成此任务时，需要查询学习相关的项目内容或信息资源。可通过以下方式进行查找学习：

查阅教材《电动汽车动力系统故障诊断与维修》-项目索引号为"任务 2.3"的相关内容；或通过手机登录课程学习平台，学习《新能源汽车检测与维修》-动力电池管理系统。

2. 任务内容

（1）打开动力电池上盖，找到表中部件在动力电池内部的位置，并写出每一个部件的功能。

> **小贴士**
>
> 生命至上，安全第一。
> 请规范穿戴高压安全防护品，使用专用绝缘工具操作。

序号	名称	功能
1	主控管理单元 BMU	
2	从控管理单元 CSC	
3	电能分配中心 BDU	
4	高压接口	
5	低压接口	
6	加热器	
7	维修开关	

（2）打开电能分配单元 BDU 上盖，观察高压线路走向，认知内部各部件的功能，并将部件名称填入下图空白处。

E300 车型：

N300LEV 车型：

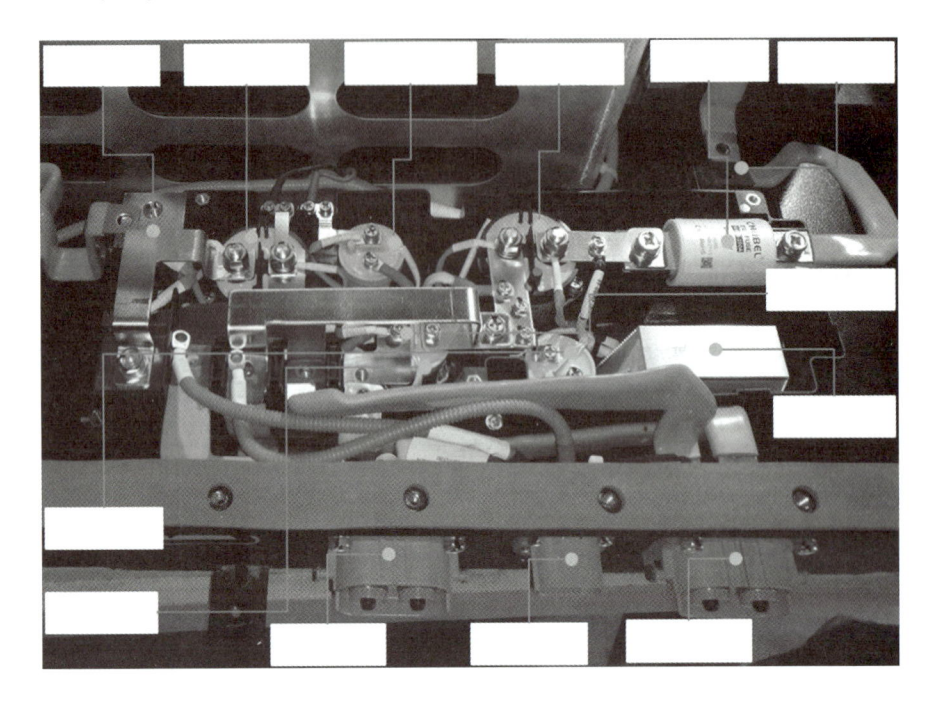

（3）测量动力电池内部高压继电器控制线圈的电阻值，并填写下表。

继电器名称	阻值/Ω
主正继电器	
主负继电器	
预充继电器	

（4）利用 12 V 电源对高压继电器进行加电测试，继电器是否工作　　□是　□否。

（5）使用万用表测量高压保险丝和预充电电阻的阻值，并填写下表。

元件名称	阻值/Ω
高压保险丝	
预充电电阻	

（6）找到电池模组上任意三个电池温度传感器，在当前环境温度条件下测量其电阻值，并填写下表。

名称	当前环境温度	阻值/Ω
温度传感器 1		
温度传感器 2		
温度传感器 3		

（7）在动力电池内部找到预充电电阻和预充电继电器的位置，并画出预充电电路原理图。

| |
| |

（8）在动力电池内部找到电流传感器，并判断其类型。

（9）在动力电池内部找到单体电池电压监测线和动力电池总电压监测线，并写出其检测原理。

（10）在动力电池内部找到继电器断路和粘连监测线，并写出其检测原理。

五、任务实施评价

综合小组的任务实施情况，对照纯电动汽车基本功能认知考核评价表，对每名学生进行任务实施考核。考核过程参照"1+X"考证要求，同时强调对学生思政方面的考核。学生进行自评、互评，再请教师复评，并将评价结果记录在考核评价表中。

动力电池管理系统故障检测与维修考核评价表

专业：							
班级：				学号：			
评分细则							
序号	评分项	得分条件	配分	评分标准	自评	互评	师评（校内）	师评（企业）
1	作业安全/职业操守	1. 能进行工位 7S 操作（3分）； 2. 能进行设备和工具安全检查（3分）； 3. 能进行车辆安全防护操作（3分）； 4. 能进行工具清洁、校准、存放操作（3分）； 5. 能进行三不落地操作（3分）	15	依据得分条件进行评分，扣分不得超过15分				

续表

序号	评分项	得分条件	配分	评分标准	自评	互评	师评（校内）	师评（企业）
2	应用技能/操作技能	1. 能正确找出实习车辆动力电池管理系统各部件的安装位置（10分）； 2. 能对高压继电器和保险丝进行检测与维修（10分）； 3. 能正确对电流传感器进行检测与维修（10分）； 4. 能对电池温度与电压监测线路进行诊断（10分）； 5. 能对继电器粘连监测进行诊断与维修（10分）	50	依据得分条件进行评分，扣分不得超过50分				
3	工具及设备使用能力	1. 能正确使用专用绝缘工具（2分）； 2. 能正确使用两柱式举升机（4分）； 3. 能正确使用万用表进行部件的检测（4分）	10	依据得分条件进行评分，扣分不得超过10分				
4	资料、信息查询能力	1. 能正确使用维修手册查询资料（6分）； 2. 能在规定时间内查询所需资料（2分）； 3. 能正确记录所需维修信息（2分）	10	依据得分条件进行评分，扣分不得超过10分				
5	检测和诊断分析能力	1. 能判断高压继电器是否正常（5分）； 2. 能判断电池电压监测线是否正常（5分）	10	依据得分条件进行评分，扣分不得超过10分				
6	表单填写和报告的撰写能力	1. 语句通顺（2分）； 2. 无错别字（1分）； 3. 无抄袭（2分）	5	依据得分条件进行评分，扣分不得超过5分				
总评								

六、任务总结

每组派代表陈述实操结果，并利用白板进行展示，学员对结果进行讨论，最后老师进行点评，给出正确答案。

任务 2.4　动力电池供电系统综合故障诊断与维修

一、任务导入

一辆宝骏 E300 高压不能上电，进店维修，作为一名技师，你知道如何进行检查和诊断吗？

二、任务目标

通过本任务的学习，应能：
（1）使用故障诊断仪读取动力电池供电系统故障码；
（2）使用故障诊断仪读取动力电池供电系统数据流，并能理解数据流的含义；
（3）使用故障诊断仪对动力电池供电系统的执行元件进行动作测试；
（4）正确分析高压不能上电的原因，并对故障进行诊断与维修。

三、任务准备

1. 注意事项

（1）规范穿戴安全防护用品，使用专用绝缘工具；
（2）规范执行操作流程，操作高压线路前确保断开低压蓄电池电路及手动维修开关等。

2. 物料准备

宝骏 E300 车辆 1 台、两柱举升机 1 个、常用手动工具 1 套、高压安全防护设备 1 套、兆欧表 1 个、电流钳 1 个、绝缘工具 1 套、数字万用表 1 个、VDS 诊断设备 1 套、手电筒 1 个。

四、任务实施

1. 任务指导

完成此任务时，需要查询学习相关的项目内容或信息资源。可通过以下方式进行查找学习：

查阅教材《电动汽车动力系统故障诊断与维修》-项目索引号为"任务 2.4"的相关内容；或通过手机登录课程学习平台，学习《新能源汽车检测与维修》-动力电池供电系统的故障诊断与维修。

2. 任务内容

（1）利用 VDS 诊断设备在车辆"READY"情况下读取 BMS 系统数据流，并填写下表。

序号	数据流项目	数值	说明

（2）观察利用 VDS 诊断仪能对动力电池供电系统的哪些执行元件进行动作测试，选择几个项目进行测试，并将测试结果记录下来。

> **小贴士**
>
> 生命至上，安全第一；安全生产，重在预防。
> 严格按照老师的要求进行操作，禁止随意使用工具进行操作。

（3）如果你遇到高压不能上电故障，应该如何诊断，在下面空白处写出故障原因和诊断步骤。

五、任务实施评价

综合小组的任务实施情况，对照纯电动汽车基本功能认知考核评价表，对每名学生进行任务实施考核。考核过程参照"1+X"考证要求，同时强调对学生思政方面的考核。学生进行自评、互评，再请教师复评，并将评价结果记录在考核评价表中。

动力电池供电系统综合故障诊断与维修考核评价表

专业：				姓名：				
班级：				学号：				
评分细则								
序号	评分项	得分条件	配分	评分标准	自评	互评	师评（校内）	师评（企业）
1	作业安全/职业操守	1. 能进行工位7S操作（3分）； 2. 能进行设备和工具安全检查（3分）； 3. 能进行车辆安全防护操作（3分）； 4. 能进行工具清洁、校准、存放操作（3分）； 5. 能进行三不落地操作（3分）	15	依据得分条件进行评分，扣分不得超过15分				
2	应用技能/操作技能	1. 能正确使用故障诊断仪读取动力电池供电系统故障码（10分）； 2. 能正确使用故障诊断仪读取动力电池供电系统数据流（10分）； 3. 能正确使用故障诊断仪对动力电池供电系统的执行元件进行动作测试（10分）； 4. 能正确分析高压不能上电的原因，并对故障进行诊断与维修（20分）	50	依据得分条件进行评分，扣分不得超过50分				
3	工具及设备使用能力	1. 能正确使用专用绝缘工具（2分）； 2. 能正确使用两柱式举升机（4分）； 3. 能正确使用故障诊断仪和万用表（4分）	10	依据得分条件进行评分，扣分不得超过10分				
4	资料、信息查询能力	1. 能正确使用维修手册查询资料（6分）； 2. 能在规定时间内查询所需资料（2分）； 3. 能正确记录所需维修信息（2分）	10	依据得分条件进行评分，扣分不得超过10分				

续表

序号	评分项	得分条件	配分	评分标准	自评	互评	师评（校内）	师评（企业）
5	检测和诊断分析能力	1. 能用故障诊断仪读取数据流（5分）； 2. 能对高压不能上电的故障进行检测（5分）	10	依据得分条件进行评分，扣分不得超过10分				
6	表单填写和报告的撰写能力	1. 语句通顺（2分）； 2. 无错别字（1分）； 3. 无抄袭（2分）	5	依据得分条件进行评分，扣分不得超过5分				
		总评						

六、任务总结

每组派代表陈述实操结果，并利用白板进行展示，学员对结果进行讨论，最后老师进行点评，给出正确答案。

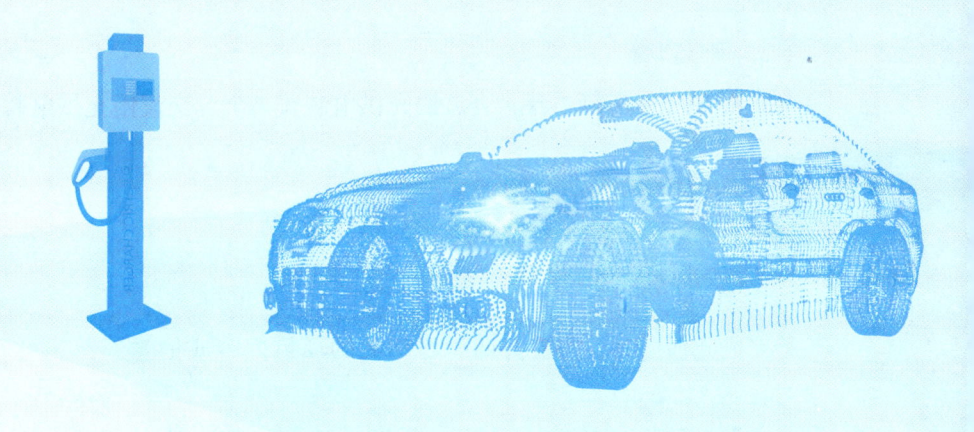

项目3　充配电系统故障诊断与维修

任务3.1　充配电系统认知

一、任务导入

李先生购买了一辆 EV160 纯电动汽车，已经行驶了 10 000 km，有一天，李先生充电时发现交流慢充无法启动，技术经理判断为车载充电机出现了故障，需要进行更换，你知道充电系统由哪些部件组成吗？

二、任务目标

通过本任务的学习，应能：
（1）初步认知充电系统部件的安装位置；
（2）认知充电系统充电接口针脚数量；
（3）认知供电装置的外部特征。

三、任务准备

1. 注意事项

（1）规范穿戴安全防护用品，使用专用绝缘工具；
（2）规范执行操作流程，操作高压线路前确保断开低压蓄电池电路及手动维修开关等；
（3）在没有确定高压线缆及部件是否带有高压电时，不要随意触碰车辆高压线缆及高压部件。

2. 物料准备

北汽 EV160 车辆 1 台、直流快充供电装置 1 个、交流慢充供电装置 1 个、便捷式供电装置 1 个。

四、任务实施

1. 任务指导

完成此任务时，需要查询学习相关的项目内容或信息资源。可通过以下方式进行查找学习：

查阅学员用书《动力系统》–项目索引号为"3.1"的相关内容；或通过手机登录课程学习平台，学习《动力系统》–动力电池充电系统–充电系统概述的相关内容。

2. 任务内容

（1）对着实车，在下图中标注出车载充电机（或 PDU）、直流快充接口、慢充接口、高压分配盒的位置。

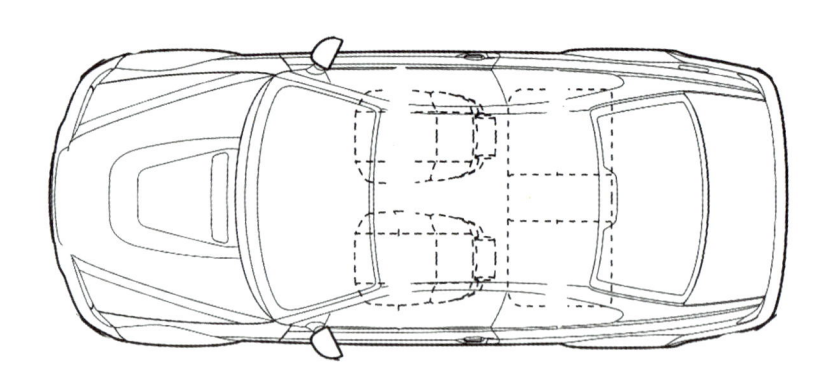

（2）观察交流慢充接口、直流快充接口到车载充电器线路的走向。

（3）观察车载充电机（或者 PDU）上有_____个高压连接器。

（4）观察车辆直流快充接口，其上总共有_____个针脚，其中比较粗的（高压电）的针脚_____个，细（低压）的针脚_____个。

（5）观察车辆交流慢充接口，其上总共有_____个针脚，其中比较粗的（高压电）的针脚_____个，细（低压）的针脚_____个。

（6）观察直流快充供电装置连接器，其上总共有_____个针脚，其中比较粗（高压电）的针脚_____个，细（低压）的针脚_____个。

（7）观察交流慢充供电装置连接器，其上总共有_____个针脚，其中比较粗（高压电）的针脚_____个，细（低压）的针脚_____个。

（8）观察便捷式慢充供电装置连接器，其上总共有_____个针脚，其中比较粗（高压电）的针脚_____个，细（低压）的针脚_____个。充电盒上有_____个指示灯，其 220 V 交流电插头有_____个针脚。

五、任务实施评价

综合小组的任务实施情况，对照纯电动汽车基本功能认知考核评价表，对每名学生进行任务实施考核。考核过程参照"1+X"考证要求，同时强调对学生思政方面的考核。学生进行自评、互评，再请教师复评，并将评价结果记录在考核评价表中。

纯电动汽车充电系统认知考核评价表

专业：			姓名：				
班级：			学号：				
评分细则							
序号	评分项	得分条件	配分	评分标准	自评	互评	师评（校内）	师评（企业）
1	作业安全/职业操守	1. 能进行工位7S操作（3分）； 2. 能进行设备和工具安全检查（3分）； 3. 能进行车辆安全防护操作（3分）； 4. 能进行工具清洁、校准、存放操作（3分）； 5. 能进行三不落地操作（3分）	15	依据得分条件进行评分，扣分不得超过15分				
2	应用技能/操作技能	1. 能正确找出实习车辆的车载充电机（或PDU）、直流快充接口、直流慢充接口、高压分配盒的位置（20分）； 2. 能从外部观察车辆的慢充口和快充口分别有几个针脚（10分）； 3. 能正确执行车辆的充电操作（10分）； 4. 能观察车载充电机（或者PDU）上有几个高压连接器（10分）	50	依据得分条件进行评分，扣分不得超过50分				
3	工具及设备使用能力	1. 能正确使用专用绝缘工具（2分）； 2. 能正确使用两柱式举升机（4分）； 3. 能正确使用便携式充电枪（4分）	10	依据得分条件进行评分，扣分不得超过10分				

续表

序号	评分项	得分条件	配分	评分标准	自评	互评	师评（校内）	师评（企业）
4	资料、信息查询能力	1. 能正确使用维修手册查询资料（6分）； 2. 能在规定时间内查询所需资料（2分）； 3. 能正确记录所需维修信息（2分）	10	依据得分条件进行评分，扣分不得超过10分				
5	检测和诊断分析能力	能判断充电指示灯是否正常（10分）	10	依据得分条件进行评分，扣分不得超过10分				
6	表单填写和报告的撰写能力	1. 语句通顺（2分）； 2. 无错别字（1分）； 3. 无抄袭（2分）	5	依据得分条件进行评分，扣分不得超过5分				
		总评						

六、任务总结

每组派代表陈述实操结果，并利用白板进行展示，学员对结果进行讨论，最后老师进行点评，给出正确答案。

任务 3.2　直流快充系统故障诊断与维修

一、任务导入

李先生购买了一辆 EV160 纯电动汽车，已经行驶了 8 000 km，有一天，李先生充电时发现直流快充无法启动，车辆无法利用直流快充进行充电。技术经理让你对快充电路进行检查，你知道需要检查哪些内容吗？如何检查？

二、任务目标

通过本任务的学习，应能：
（1）对供电装置 CC、PE 的线路进行检查；
（2）认知车辆快充接口的针脚功能，并能进行部件的诊断与维修；
（3）实车进行 CC1、CC2、CP 信号电路的检测；
（4）认知快充继电器安装位置及控制方式；
（5）执行快充继电器及线路的诊断。

三、任务准备

1. 注意事项

（1）若不能确定高压线路或部件有无高压电，则在接触时必须按照规范穿戴安全防护用品，使用专用绝缘工具；
（2）规范执行操作流程，操作高压线路前确保断开低压蓄电池电路及手动维修开关等；
（3）在没有确定高压线缆及部件是否带有高压电时，不要随意触碰车辆高压线缆及高压部件；
（4）测量连接器端子时，不要使用万用表表笔直接接触端子针脚，应使用合适的探针。

2. 物料准备

北汽 EV160 车辆 1 台、快充供电装置 1 个、安全防护设备 1 套、专用绝缘工具 4 套、常用手动工具 1 套、万用表 1 块、探针 2 根、线路图 1 本。

四、任务实施

1. 任务指导

完成此任务时，需要查询学习相关的项目内容或信息资源。可通过以下方式进行查找学习：
请查阅学员用书《动力系统》–项目索引号为"3.2"的相关内容；或通过手机登录课程

学习平台，学习《动力系统》-动力电池充电系统-直流快充系统的诊断与维修的相关内容。

2. 任务内容

（1）观察直流电供电装置上的连接器处各个针脚的名称，记录各个针脚的功能。

针脚	功能
S-	
S+	
CC1	
CC2	
DC-	
DC+	
A-	
A+	
PE	

（2）测量供电装置侧 CC1 与 PE 之间的电压是_____ V，CC2 与 PE 之间的电压是_____ V。测量压板到位（按钮释放）时，CC1 与 PE 之间的电阻是_____ Ω；压板未到位（压下按钮）时，CC1 与 PE 之间的电阻是_____ Ω。测量 CC2 与 PE 之间的电阻是_____ Ω。

（3）在上一步测量 CC1 与 PE 之间的电阻、CC2 与 PE 之间的电阻，测量结果准确吗？为什么？

___CC1 与 PE 之间电阻测量不准，因为其电路上有电压，_____

_____

_____

___CC2 与 PE 之间电阻是准确的，因其电路上没有电压，_____

_____

_____

（4）测量车辆侧快充接口的 CC1 与 PE 之间的电阻是_____ Ω。

（5）参考电路图，CC1 信号提供给_____模块。实车观察_____能否对 CC1 信号进行测量。

（6）参考电路图，CC2 信号提供给_____模块，其针脚号是_____，其线路的颜色是_____。

（7）在 VCU 处测量 CC2 信号，在全车连接器连接到位且车辆正常的情况下，CC2 与搭铁之间的电压是_____ V；插入直流快充连接器但未到位（压下压板按钮）时，CC2 与搭铁之间的电压是_____ V；插入直流快充连接器且到位（释放压板按钮）时，CC2 与搭铁之间的电压是_____V。

（8）借助电路图，A+和 A−的电源由_____提供。电源给了_____模块，其针脚号是_____，其线路的颜色是_____。

（9）在 VCU 处测量 A+和 A−之间的电压，在车辆点火开关"OFF"挡时的电压为_____V，接着在刚插入快充连接器时，电压为_____V，正常开始充电时，电压为_____V。

（10）观察车辆充电时仪表信息指示的变化，在车辆不充电到充电时，其变化特点是什么？请画出仪表上的充电指示灯符号。

_____

_____

（11）拆解 PDU 上盖，实物上查找快充正极继电器、负极继电器、保险丝等元件的安装位置，在下方绘出大概的位置并注明名称。

（12）参考电路图，快充正极和负极继电器线圈由_____模块控制。正极控制线位于其_____针脚，线的颜色是_____；负极控制线位于其_____针脚，线的颜色是_____。正极控制线位于 PDU 模块_____针脚，线的颜色是_____；负极控制线位于 PDU 模块_____针脚，线的颜色是_____。

（13）测量快充正极继电器线圈电阻是_____Ω，负极继电器线圈电阻是_____Ω。

（14）验证快充正极继电器线圈模块是控制_____电源还是接地。快充负极继电器线圈模块是控制_____电源还是接地。

（15）快充正极和负极继电器的电源性质是_____，保险丝编号是_____，继电器由_____控制。

（16）首先确保车辆能正常充电，通过断开蓄电池负极电缆的方法来模拟低压蓄电池亏电，执行车辆的充电操作，车辆能否正常充电？为什么？

_____

_____

（17）首先确保车辆能正常充电，在车辆正在充电的过程中断开 VCU 的所有连接器，车辆能否继续充电？为什么？

_____

_____

（18）首先确保车辆能正常充电，在车辆正在充电过程中将车辆诊断接口处的高压系统CAN线进行互相短路，车辆能否继续充电？为什么？

_____

_____

五、任务实施评价

综合小组的任务实施情况，对照纯电动汽车基本功能认知考核评价表，对每名学生进行任务实施考核。考核过程参照"1+X"考证要求，同时强调对学生思政方面的考核。学生进行自评、互评，再请教师复评，并将评价结果记录在考核评价表中。

直流快充系统的诊断与维修考核评价表

专业：							
班级：				学号：			
评分细则							
序号	评分项	得分条件	配分	评分标准	自评	互评	师评（校内）	师评（企业）
1	作业安全/职业操守	1. 能进行工位7S操作（3分）； 2. 能进行设备和工具安全检查（3分）； 3. 能进行车辆安全防护操作（3分）； 4. 能进行工具清洁、校准、存放操作（3分）； 5. 能进行三不落地操作（3分）	15	依据得分条件进行评分，扣分不得超过15分				
2	应用技能/操作技能	1. 能正确掌握直流电供电装置上连接器处各个针脚的名称（10分）； 2. 能正确测量供电装置侧CC1与PE之间的电压（10分）； 3. 能正确测量车辆侧快充接口CC1与PE之间的电阻（10分）； 4. 能正确在VCU处测量CC2信号（10分）； 5. 能正确在VCU处测量A+和A-之间的电压（10分）	50	依据得分条件进行评分，扣分不得超过50分				

续表

序号	评分项	得分条件	配分	评分标准	自评	互评	师评（校内）	师评（企业）
3	工具及设备使用能力	1. 能正确使用专用绝缘工具（2分）； 2. 能正确使用两柱式举升机（4分）； 3. 能正确使用便携式充电枪（4分）	10	依据得分条件进行评分，扣分不得超过10分				
4	资料、信息查询能力	1. 能正确使用维修手册查询资料（6分）； 2. 能在规定时间内查询所需资料（2分）； 3. 能正确记录所需维修信息（2分）	10	依据得分条件进行评分，扣分不得超过10分				
5	检测和诊断分析能力	能正确判断直流快充充电过程是否正常（10分）	10	依据得分条件进行评分，扣分不得超过10分				
6	表单填写和报告的撰写能力	1. 语句通顺（2分）； 2. 无错别字（1分）； 3. 无抄袭（2分）	5	依据得分条件进行评分，扣分不得超过5分				
总评								

六、任务总结

每组派代表陈述实操结果，并利用白板进行展示，学员对结果进行讨论，最后老师进行点评，给出正确答案。

任务 3.3　交流慢充系统故障诊断与维修

一、任务导入

李先生购买了一辆 EV160 纯电动汽车，已经行驶了 10 000 km，有一天，李先生充电时发现交流慢充无法启动，车辆无法充电。作为维修站的技师，你知道交流慢充系统的工作原理吗？你知道如何对此故障进行诊断和维修吗？

二、任务目标

通过本任务的学习，应能：
（1）实车进行慢充充电电源针脚的认知以及电源的检测；
（2）实车进行便携式充电枪的检测与维修；
（3）实车进行慢充充电接口的检测与维修；
（4）实车进行慢充 CC 信号的检测与维修；
（5）实车进行慢充 CP 信号的检测与维修；
（6）实车识别车载充电机安装位置，并能进行拆装、检测和维修；
（7）对不能充电的故障进行诊断。

三、任务准备

1. 注意事项

（1）若不能确定高压线路或部件有无高压电，则在接触时必须按照规范穿戴安全防护用品，使用专用绝缘工具。
（2）规范执行操作流程，操作高压线路前确保断开低压蓄电池电路及手动维修开关等。
（3）在没有确定高压线缆及部件是否带有高压电时，不要随意触碰车辆高压线缆及高压部件。
（4）测量连接器端子时，不要使用万用表表笔直接接触端子针脚，应使用合适的探针。

2. 物料准备

北汽 EV160 车辆 1 台、安全防护设备 1 套、专用绝缘工具 1 套、常用手动工具 1 套、万用表 1 块、探针 2 根、线路图 1 本。

四、任务实施

1. 任务指导

完成此任务时，需要查询学习相关的项目内容或信息资源。可通过以下方式进行查找学习：

查阅学员用书《动力系统》-项目索引号为"3.3"的相关内容；或通过手机登录课程学习平台，学习《动力系统》-动力电池充电系统-交流慢充系统的诊断与维修的相关内容。

2. 任务内容

（1）观察充电电源插座的三个针脚分别是_____线、_____线、_____线。使用万用表测量火线和零线之间的电压为_____V，火线和地线之间的电压为_____V，零线和地线之间的电压为_____V。根据测量结果判断充电电源是否正常：_____。

（2）观察便捷式交流供电装置上总共有_____个指示灯。

（3）观察便携式充电枪指示灯的点亮情况。将便携式充电枪连接220 V交流电源，观察充电枪哪个指示灯工作：_____；再将充电枪插到车辆上，观察充电枪哪个指示灯工作：_____；正常充电时，观察充电枪哪个指示灯工作：_____。

（4）分解一个便捷式供电装置，观察其内部结构，在内部找到火线、零线继电器，火线、零线电流传感器，变压器，12 V供电模块等部件，将各个元件的布局以简图的形式进行记录。

（5）分解便捷式充电装置连接器，观察自锁压板、压板触点开关和电阻等元件。测量连接器侧CC与PE之间电阻，压板到位时电阻是_____Ω，压下压板（模拟未连接到位）时电阻是_____Ω。如果测量的电阻为穷大，则采取_____等维修措施。

（6）装复便捷式供电装置。

(7) 在交流充电桩式连接器处测量 CC 和 PE 之间的电阻，压板到位时电阻是＿＿＿＿ Ω，压下压板（模拟未连接到位）时电阻是＿＿＿＿ Ω。

(8) 观察车辆慢充充电接口处各个针脚的名称，记录各个针脚的功能。

针脚	功能
L1、L2、L3	
N	
CC	
CP	
PE	

(9) 测量车辆慢充接口 PE 与车身金属之间的电阻是＿＿＿＿ Ω。

(10) 拆卸慢充充电接口车内的内饰板，观察 PE 线与金属车身的连接关系。

(11) 借助线路图，在实车中找到 CC 信号给了＿＿＿＿模块，针脚号是＿＿＿＿；CC 信号给了＿＿＿＿模块，针脚号是＿＿＿＿。

(12) 在供电装置的不同状态下，于车辆上测量 CC 和 CP 信号线的电压变化，分析特点，并填写下表。

项目	供电装置未插入	供电装置插入但未到位（用手压下压板按钮）	供电装置插入到位
CC 线和接地间电压			
CP 线和接地间电压			

(13) 观察车辆充电时仪表信息指示的变化，在车辆不充电到充电时，变化特点是什么？请画出仪表上的充电指示灯符号。

＿＿＿

＿＿＿

＿＿＿

(14) 借助线路图和实车，断开车载充电机或 PDU 模块的低压连接器，在连接器上找到常电源的针脚号是＿＿＿＿，线束颜色为＿＿＿＿；在连接器上找到搭铁线的针脚号是＿＿＿＿，线束颜色为＿＿＿＿；在连接器上找到唤醒线的针脚号是＿＿＿＿，线束颜色为＿＿＿＿；在连接器上找到 CAN 线的针脚号是＿＿＿＿，线束颜色为＿＿＿＿。

(15) 恢复车辆所有连接器，测量唤醒线的信号电压。在点火开关置于"ON"挡时，测量唤醒信号电压为＿＿＿＿ V；在点火开关置于"OFF"挡时，测量唤醒信号电压为＿＿＿＿ V。然后把便捷式供电装置的连接器插入车辆，测量唤醒信号电压为＿＿＿＿ V，再给便捷式供电装置供电，测量唤醒信号电压为＿＿＿＿ V。将车辆诊断接口处的高压系统 CAN 线进行互相短路（模拟 CAN 线互相短路故障），测量唤醒信号电压为＿＿＿＿ V。

（16）通过以上操作，总结唤醒电压输出的条件是什么？唤醒电压是由哪个模块输出的？

_____
_____

（17）拆卸和安装车载充电机（或PDU）总成，并记录拆装要点。安装完毕后执行绝缘性能的检查。

_____
_____

（18）通过断开蓄电池负极电缆的方法来模拟低压蓄电池亏电，执行车辆的充电操作，车辆能否正常充电？为什么？

_____
_____
_____

（19）在车辆正在充电的过程中断开VCU的所有连接器，车辆能否继续充电？为什么？

_____
_____
_____

（20）在车辆正在充电的过程中，将车辆诊断接口处的高压系统CAN线进行互相短路，车辆能否继续充电？为什么？

_____
_____
_____

五、任务实施评价

综合小组的任务实施情况，对照纯电动汽车基本功能认知考核评价表，对每名学生进行任务实施考核。考核过程参照"1+X"考证要求，同时强调对学生思政方面的考核。学生进行自评、互评，再请教师复评，并将评价结果记录在考核评价表中。

直流快充系统的诊断与维修考核评价表

专业：		姓名：	
班级：		学号：	

评分细则							
序号	评分项	得分条件	配分	评分标准	自评	互评	师评（校内）	师评（企业）
1	作业安全/职业操守	1. 能进行工位7S操作（3分）； 2. 能进行设备和工具安全检查（3分）； 3. 能进行车辆安全防护操作（3分）； 4. 能进行工具清洁、校准、存放操作（3分）； 5. 能进行三不落地操作（3分）	15	依据得分条件进行评分，扣分不得超过15分				
2	应用技能/操作技能	1. 能正确使用万用表测量火线和零线之间的电压、火线和地线之间的电压、零线和地线之间的电压（10分）； 2. 能正确分解一个便捷式供电装置，观察内部零件（10分）； 3. 能正确恢复便捷式供电装置（10分）； 4. 能正确测量车辆慢充接口PE与车身金属之间的电阻（10分）； 5. 能正确拆卸慢充充电接口车内的内饰板，观察PE线与金属车身的连接关系（10分）	50	依据得分条件进行评分，扣分不得超过50分				
3	工具及设备使用能力	1. 能正确使用专用绝缘工具（2分）； 2. 能正确使用两柱式举升机（3分）； 3. 能正确使用便携式充电枪（3分）； 4. 能正确使用万用表和探针（2分）	10	依据得分条件进行评分，扣分不得超过10分				

续表

序号	评分项	得分条件	配分	评分标准	自评	互评	师评（校内）	师评（企业）
4	资料、信息查询能力	1. 能正确使用维修手册查询资料（6分）； 2. 能在规定时间内查询所需资料（2分）； 3. 能正确记录所需维修信息（2分）	10	依据得分条件进行评分，扣分不得超过10分				
5	检测和诊断分析能力	能正确判断交流慢充充电过程是否正常（10分）	10	依据得分条件进行评分，扣分不得超过10分				
6	表单填写和报告的撰写能力	1. 语句通顺（2分）； 2. 无错别字（1分）； 3. 无抄袭（2分）	5	依据得分条件进行评分，扣分不得超过5分				
总评								

六、任务总结

每组派代表陈述实操结果，并利用白板进行展示，学员对结果进行讨论，最后老师进行点评，给出正确答案。

任务 3.4 低压电池充电系统故障诊断与维修

一、任务导入

王先生购买了一辆 EV160 纯电动汽车，已经行驶了 16 000 km，有一天，王先生发现全车用电设备都无法工作，车辆无法起动。经过测量，为低压蓄电池电压过低导致，进一步确认是在点火开关置于"ON"挡时，不能给低压蓄电池充电。导致此故障的原因有哪些？应如何进行检查？

二、任务目标

通过本任务的学习，应能：
（1）认知低压蓄电池的供电电路走向；
（2）认知使能、反馈线路的针脚位置及信号特征。

三、任务准备

1. 注意事项

（1）若不能确定高压线路或部件有无高压电，则在接触时必须按照规范穿戴安全防护用品，使用专用绝缘工具。
（2）规范执行操作流程，操作高压线路前确保断开低压蓄电池电路及手动维修开关等。
（3）在没有确定高压线缆及部件是否带有高压电时，不要随意触碰车辆高压线缆及高压部件。
（4）测量连接器端子时，不要使用万用表表笔直接接触端子针脚，应使用合适的探针。

2. 物料准备

北汽 EV160 车辆 1 台、安全防护设备 1 套、常用手动工具 1 套、万用表 1 块、探针 2 根、线路图 1 本。

四、任务实施

1. 任务指导

完成此任务时，需要查询学习相关的项目内容或信息资源。可通过以下方式进行查找学习：
查阅学员用书《动力系统》-项目索引号为"3.4"的相关内容；或通过手机登录课程学习平台，学习《动力系统》-动力电池充电系统-低压电池充电系统的诊断与维修的相关内容。

2. 任务内容

（1）找到低压蓄电池的安装位置，观察 DC/DC 转换器（或 PDU）输出的低压正极、负极的线路走向，观察负极的接地位置。

（2）关闭点火开关，使用万用变测量蓄电池正极和负极之间的电压为_____V；打开点火开关到"ON"挡，使用万用变测量蓄电池正极和负极之间的电压为_____V。

（3）可选择性做本任务。检查低压蓄电池外观_____是否有开裂、鼓包、桩头，_____有无腐蚀现象，蓄电池_____是否正常。使用低压蓄电池测试仪对蓄电池进行检查，判断蓄电池是否正常_____。

（4）打开点火开关，使用电流钳在蓄电池正极线位置检查 DC/DC 转换器的充电电流是_____A。

（5）使用电流钳在 PDU 输出正极线位置检查 DC/DC 转换器的供电电流，并填写下表。

序号	工作条件	电流值/A
1	关闭点火开关	
2	打开点火开关"ON"，关闭所有用电设备	
3	接上一步，打开前照灯	
4	接上一步，打开空调鼓风机到最高挡	

（6）参考电路图，DC/DC 使能线由_____模块提供电源，此模块的针脚号是_____，线的颜色是_____。其位于 PDU 连接器的针脚号是_____，线的颜色是_____。

（7）在未打开点火开关且不断开任何连接器的状态下，测量 DC/DC 使能线电压是_____V。在打开点火开关到"ON"挡时，测量 DC/DC 使能线电压是_____V。

（8）参考电路图，DC/DC 反馈线给了_____模块。在打开点火开关的状态下，将 DC/DC 转换器或 PDU 处将该线路搭铁，仪表_____变化；将 VCU 处的反馈线搭铁，仪表_____变化。

（9）思考与讨论：如果反馈线对地短路，会出现哪种故障？
车辆低压蓄电池正常充电，但仪表指示低压蓄电池充电故障：_____
_____
_____

（10）可选择性做本任务。利用实训箱，分别断开使能线和故障线，观察 DC/DC 转换器是否能够正常工作，并填写下表。

项目	DC/DC 是否能够正常工作	故障码
断开使能线		
断开故障反馈线		

五、任务实施评价

综合小组的任务实施情况，对照纯电动汽车基本功能认知考核评价表，对每名学生进行任务实施考核。考核过程参照"1+X"考证要求，同时强调对学生思政方面的考核。学生进行自评、互评，再请教师复评，并将评价结果记录在考核评价表中。

低压电池充电系统的诊断与维修考核评价表

专业：						姓名：		
班级：						学号：		
评分细则									
序号	评分项	得分条件	配分	评分标准	自评	互评	师评（校内）	师评（企业）
1	作业安全/职业操守	1. 能进行工位 7S 操作（3分）； 2. 能进行设备和工具安全检查（3分）； 3. 能进行车辆安全防护操作（3分）； 4. 能进行工具清洁、校准、存放操作（3分）； 5. 能进行三不落地操作（3分）	15	依据得分条件进行评分，扣分不得超过15分				
2	应用技能/操作技能	1. 能正确检查低压蓄电池外观及电压是否正常（10分）； 2. 能正确使用电流钳在蓄电池正极线位置检查DC/DC转换器的充电电流（10分）； 3. 能正确使用电流钳在PDU输出正极线位置检查DC/DC转换器的供电电流（20分）； 4. 能在未打开点火开关且不断开任何连接器的状态下，正确测量DC/DC使能线电压（10分）	50	依据得分条件进行评分，扣分不得超过50分				
3	工具及设备使用能力	1. 能正确使用专用绝缘工具（2分）； 2. 能正确使用两柱式举升机（3分）； 3. 能正确使用便携式充电枪（3分）； 4. 能正确使用万用表和探针（2分）	10	依据得分条件进行评分，扣分不得超过10分				

续表

序号	评分项	得分条件	配分	评分标准	自评	互评	师评（校内）	师评（企业）
4	资料、信息查询能力	1. 能正确使用维修手册查询资料（6分）； 2. 能在规定时间内查询所需资料（2分）； 3. 能正确记录所需维修信息（2分）	10	依据得分条件进行评分，扣分不得超过10分				
5	检测和诊断分析能力	能正确判断低压电池充电系统是否正常（10分）	10	依据得分条件进行评分，扣分不得超过10分				
6	表单填写和报告的撰写能力	1. 语句通顺（2分）； 2. 无错别字（1分）； 3. 无抄袭（2分）	5	依据得分条件进行评分，扣分不得超过5分				
		总评						

六、任务总结

每组派代表陈述实操结果，并利用白板进行展示，学员对结果进行讨论，最后老师进行点评，给出正确答案。

任务 3.5　DC/AC 系统故障诊断与维修

一、任务导入

王先生购买了一辆 EV160 纯电动汽车，已经行驶了 20 000 km，有一天，王先生发现整车动力出现故障，车辆无法正常提速。经过测量是 DC/AC 系统出现故障，导致无法给电动机提供充足的交流电。导致此故障的原因有哪些？应如何进行检查？

二、任务目标

通过本任务的学习，应能：
（1）掌握 DC/AC 系统的组成部件以及在车上的安装位置；
（2）掌握 DC/AC 系统的故障诊断方法。

三、任务准备

1. 注意事项

（1）若不能确定高压线路或部件有无高压电，则在接触时必须按照规范穿戴安全防护用品，使用专用绝缘工具；
（2）规范执行操作流程，操作高压线路前确保断开低压蓄电池电路及手动维修开关等；
（3）在没有确定高压线缆及部件是否带有高压电时，不要随意触碰车辆高压线缆及高压部件；
（4）测量连接器端子时，不要使用万用表表笔直接接触端子针脚，应使用合适的探针。

2. 物料准备

北汽 EV160 车辆 1 台、安全防护设备 1 套、常用手动工具 1 套、万用表 1 块、探针 2 根、线路图 1 本、VDS 诊断设备、手电筒。

四、任务实施

1. 任务指导

完成此任务时，需要查询学习相关的项目内容或信息资源。可通过以下方式进行查找学习：

查阅学员用书《动力系统》-项目索引号为"3.5"的相关内容；或通过手机登录课程学习平台，学习《动力系统》-充配电系统故障诊断与维修-DCAC 系统故障诊断与维修。

2. 任务内容

（1）在实车上找到 DC/AC 系统相关部件，并测量 DC/AC 系统输出电压＿＿＿＿＿ V。

（2）可选择性做本任务。检查 DC/AC 系统相关部件外观是否正常。

（3）在下面画出 DC/AC 系统电路图。

（4）可选择性做本任务，如果你遇到 DC/AC 不能工作故障，应该如何诊断，在下面空白处写出故障原因和诊断步骤。

五、任务实施评价

综合小组的任务实施情况，对照纯电动汽车基本功能认知考核评价表，对每名学生进行任务实施考核。考核过程参照"1+X"考证要求，同时强调对学生思政方面的考核。学生进行自评、互评，再请教师复评，并将评价结果记录在考核评价表中。

DC/AC 系统故障诊断与维修考核评价表

专业：				姓名：				
班级：				学号：				
评分细则								
序号	评分项	得分条件	配分	评分标准	自评	互评	师评（校内）	师评（企业）
1	作业安全/职业操守	1. 能进行工位 7S 操作（3分）； 2. 能进行设备和工具安全检查（3分）； 3. 能进行车辆安全防护操作（3分）； 4. 能进行工具清洁、校准、存放操作（3分）； 5. 能进行三不落地操作（3分）	15	依据得分条件进行评分，扣分不得超过15分				
2	应用技能/操作技能	1. 能正确检查 DC/AC 系统相关部件外观、电压是否正常（10分）； 2. 能正确测量 DC/AC 系统输出电压（10分）； 3. 能正确画出 DC/AC 系统电路图（20分）； 4. 能正确诊断 DC/AC 系统故障（10分）	50	依据得分条件进行评分，扣分不得超过50分				
3	工具及设备使用能力	1. 能正确使用专用绝缘工具（2分）； 2. 能正确使用两柱式举升机（3分）； 3. 能正确使用便携式充电枪（3分）； 4. 能正确使用万用表和探针（2分）	10	依据得分条件进行评分，扣分不得超过10分				
4	资料、信息查询能力	1. 能正确使用维修手册查询资料（6分）； 2. 能在规定时间内查询所需资料（2分）； 3. 能正确记录所需维修信息（2分）	10	依据得分条件进行评分，扣分不得超过10分				

续表

序号	评分项	得分条件	配分	评分标准	自评	互评	师评（校内）	师评（企业）
5	检测和诊断分析能力	能正确判断DC/AC系统是否正常（10分）	10	依据得分条件进行评分，扣分不得超过10分				
6	表单填写和报告的撰写能力	1. 语句通顺（2分）； 2. 无错别字（1分）； 3. 无抄袭（2分）	5	依据得分条件进行评分，扣分不得超过5分				
总评								

六、任务总结

每组派代表陈述实操结果，并利用白板进行展示，学员对结果进行讨论，最后老师进行点评，给出正确答案。

项目 4　驱动电机系统故障诊断与维修

任务 4.1　驱动电机系统认知

一、任务导入

张先生新买了一辆 EV160 纯电动汽车，作为维修站的员工，你知道 EV160 电机驱动系统的组成吗？分别安装在什么位置？

二、任务目标

通过本任务的学习，应能：
(1) 实车认知电机驱动系统各个部件的安装位置；
(2) 实车认知各个部件的外观特征。

三、任务准备

1. 注意事项

(1) 规范穿戴安全防护用品，使用专用绝缘工具；
(2) 规范执行操作流程，操作高压线路前确保断开低压蓄电池电路及手动维修开关等；
(3) 不要触碰高压导线及高压用电设备。

2. 物料准备

北汽 EV160 车辆 1 台、高压安全防护设备 1 套、专用绝缘工具 1 套、常用手动工具

1套、手电筒1个。

四、任务实施

1. 任务指导

完成此任务时，需要查询学习相关的项目内容或信息资源。可通过以下方式进行查找学习：

查阅教材《电动汽车动力系统故障诊断与维修》-项目索引号为"任务4.1"的相关内容；或通过手机登录课程学习平台，学习《电动汽车动力系统故障诊断与维修》-基础知识-驱动电机系统认知。

2. 任务内容

（1）在实车上找到下图中所示元件的位置，并填写下表。

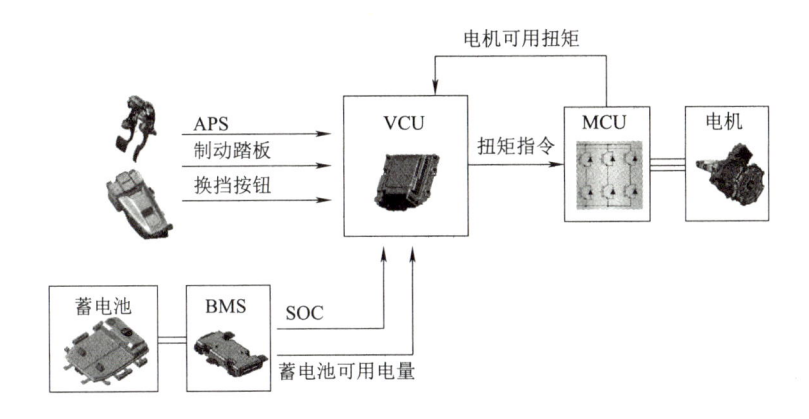

名称	功能
APS（加速踏板）	
制动踏板	
换挡开关	
VCU（整车控制模块）	
MCU（电机控制器）	
驱动电机	
动力电池	
BMS（动力电池管理系统）	

（2）观察驱动电机上有_____根高压线，从_____模块输出给驱动电机，有_____根低压线。

（3）观察电机控制模块输入的高压线。有_____根橙色的高压线，由_____输出给到电机控制模块；有_____个低压连接器，每个连接器上有_____根低压线。

> **小贴士**
>
> 生命至上，安全第一；安全生产，重在预防。
> 严格按照老师的要求进行操作，禁止随意使用工具进行操作。

（4）观察加速踏板传感器有_____根低压线、制动开关有_____根低压线。

（5）拆卸副仪表板总成。观察挂挡手柄开关有_____根低压线。

（6）观察驱动电机铭牌，了解实习车辆驱动电机属于哪一种类型。

五、任务实施评价

综合小组的任务实施情况，对照驱动电机系统认知考核评价表，对每名学生进行任务实施考核。考核过程参照"1+X"考证要求，同时强调对学生思政方面的考核。学生进行自评、互评，再请教师复评，并将评价结果记录在考核评价表中。

驱动电机系统认知考核评价表

专业：				姓名：			
班级：				学号：			
评分细则								
序号	评分项	得分条件	配分	评分标准	自评	互评	师评（校内）	师评（企业）
1	作业安全/职业操守	1. 能进行工位 7S 操作（3分）； 2. 能进行设备和工具安全检查（3分）； 3. 能进行车辆安全防护操作（3分）； 4. 能进行工具清洁、校准、存放操作（3分）； 5. 能进行三不落地操作（3分）	15	依据得分条件进行评分，扣分不得超过15分				
2	应用技能/操作技能	1. 能正确找出实习车辆驱动系统各部件的安装位置（10分）； 2. 能正确区分电机控制模块的高、低压线（10分）； 3. 能正确观察电机控制模块输入的高压线，并加以说明（10分）； 4. 能观察驱动电机的相关系统（10分）； 5. 能正确观察驱动电机的铭牌信息（10分）	50	依据得分条件进行评分，扣分不得超过50分				

续表

序号	评分项	得分条件	配分	评分标准	自评	互评	师评（校内）	师评（企业）
3	工具及设备使用能力	1. 能正确使用专用绝缘工具（2分）； 2. 能正确使用两柱式举升机（4分）； 3. 能正确使用相关工具（4分）	10	依据得分条件进行评分，扣分不得超过10分				
4	资料、信息查询能力	1. 能正确使用维修手册查询资料（6分）； 2. 能在规定时间内查询所需资料（2分）； 3. 能正确记录所需维修信息（2分）	10	依据得分条件进行评分，扣分不得超过10分				
5	检测和诊断分析能力	1. 能判断驱动电机是否工作正常（5分）； 2. 能判断仪表指示灯是否正常（5分）	10	依据得分条件进行评分，扣分不得超过10分				
6	表单填写和报告的撰写能力	1. 语句通顺（2分）； 2. 无错别字（1分）； 3. 无抄袭（2分）	5	依据得分条件进行评分，扣分不得超过5分				
总评								

六、任务总结

每组派代表陈述实操结果，并利用白板进行展示，学员对结果进行讨论，最后老师进行点评，给出正确答案。

任务4.2 驱动电机系统部件的原理与诊断

一、任务导入

刘先生购买了一辆 EV160 纯电动汽车，已经行驶了 19 000 km，有一天，车辆驱动电机出现异响，经过维修技师的检查，车辆需要更换驱动电机。作为维修站的技师，你知道如何对驱动电机总成进行更换吗？

二、任务目标

通过本任务的学习，应能：
（1）实车进行电机总成的拆装；
（2）实车进行电机绕组电阻和绝缘性能的检测。

三、任务准备

1. 注意事项

（1）规范穿戴安全防护用品，使用专用绝缘工具；
（2）规范执行操作流程，操作高压线路前确保断开低压蓄电池电路及手动维修开关等；
（3）不要触碰高压导线及高压用电设备。

2. 物料准备

北汽 EV160 车辆 1 台、两柱举升机 1 个、液压举升工具 1 套、安全防护设备 1 套、专用绝缘工具 1 套、常用手动工具 1 套、万用表 1 个、接水盆 1 个、空调冷媒回收机 1 台、球头取出器 1 个、分解或解剖后的异步电机 1 台、分解或解剖后的同步电机 1 台。

四、任务实施

1. 任务指导

完成此任务时，需要查询学习相关的项目内容或信息资源。可通过以下方式进行查找学习：

查阅教材《电动汽车动力系统故障诊断与维修》-项目索引号为"任务4.2"的相关内容；或通过手机登录课程学习平台，学习《电动汽车动力系统故障诊断与维修》-基础知识-驱动电机系统部件的原理与诊断。

2. 任务内容

（1）观察已经分解的永磁驱动电机或解剖过的驱动电机，再实物观察定子、转子、轴承、电机转速位置传感器、电机温度传感器等部件的安装位置及外观特征。

（2）观察已经分解的异步驱动电机或解剖过的驱动电机，再实物观察定子、转子、轴承、电机转速位置传感器、电机温度传感器等部件的安装位置及外观特征。

（3）观察同步电机和异步电机，它们最大的区别是_____。

（4）观察电机定子绕组标注的名称为_____，共有_____组线圈。利用数字万用表分别测量电机三相绕组之间的电阻，并根据测量结果填写下表。

绕组	阻值/mΩ	是否正常
U相和V相		
U相和W相		
V相和W相		

（5）利用绝缘表测量3组线圈对电机壳体的绝缘阻值，并将测量结果填入下表。

绕组	阻值/MΩ	是否正常
U相		
V相		
W相		

（6）按照规范的步骤拆装驱动电机总成。

（7）按照规范执行高压电的断电操作。

> **小贴士**
>
> 生命至上，安全第一。
> 请规范穿戴高压安全防护品，使用专用绝缘工具操作。

（8）对空调系统冷媒进行回收。

（9）拆卸空调压缩机及其管路，注意密封空调管路及压缩机。

（10）排泄冷却液，并拆卸驱动电机的水管。注意对冷却液进行收集。

> **小贴士**
>
> 环境保护，人人有责。
> 正确回收废弃油液，禁止随意倒放。

（11）断开电机控制器上的高压输出连接器。

（12）断开驱动电机上的所有低压连接器。

（13）拆卸两前轮胎。

（14）拆卸两侧三角臂球头紧固螺栓，并将球头从转向节臂处分离。

（15）使用合适的撬棍，将差速器两侧的半轴进行分类。注意，不要大幅度地摆动差速器，否则可能导致差速器漏机油。

（16）用液压千斤顶顶住驱动电机和差速器总成。

（17）拆卸所有固定驱动电机和差速器的螺栓。

（18）小心降下举升设备，把驱动电机和差速器放置于工作台上，拆卸所有驱动电机与差速器之间的固定螺栓。

（19）按照相反的顺序装复零部件。

（20）加注冷却液和冷媒。注意，多组轮流进行拆装时，冷却液和冷媒暂时不加注，最后一组人员完成后，所有同组人员一起讨论进行冷却液和冷媒加注的步骤及注意事项。

（21）记录关键步骤及注意事项。

_____
_____
_____
_____
_____

五、任务实施评价

综合小组的任务实施情况，对照驱动电机系统的拆装与检测考核评价表，对每名学生进行任务实施考核。考核过程参照"1+X"考证要求，同时强调对学生思政方面的考核。学生进行自评、互评，再请教师复评，并将评价结果记录在考核评价表中。

驱动电机系统的拆装与检测考核评价表

专业：					姓名：				
班级：					学号：				
评分细则									
序号	评分项	得分条件	配分	评分标准	自评	互评	师评（校内）	师评（企业）	
1	作业安全/职业操守	1. 能进行工位 7S 操作（3分）； 2. 能进行设备和工具安全检查（3分）； 3. 能进行车辆安全防护操作（3分）； 4. 能进行工具清洁、校准、存放操作（3分）； 5. 能进行三不落地操作（3分）	15	依据得分条件进行评分，扣分不得超过15分					

续表

序号	评分项	得分条件	配分	评分标准	自评	互评	师评（校内）	师评（企业）
2	应用技能/操作技能	1. 能正确使用仪器测量相关数据（5分）； 2. 能按照规范步骤拆卸驱动电机总成（10分）； 3. 能按照规范操作执行高压电断电操作（10分）； 4. 能正确拆卸驱动电机水管，并回收冷却液（10分）； 5. 能正确拆卸驱动电机附件（5分）； 6. 能正确装复驱动电机（10分）	50	依据得分条件进行评分，扣分不得超过50分				
3	工具及设备使用能力	1. 能正确使用专用绝缘工具（2分）； 2. 能正确使用两柱式举升机（4分）； 3. 能正确使用拆卸工具（4分）	10	依据得分条件进行评分，扣分不得超过10分				
4	资料、信息查询能力	1. 能正确使用维修手册查询资料（6分）； 2. 能在规定时间内查询所需资料（2分）； 3. 能正确记录所需维修信息（2分）	10	依据得分条件进行评分，扣分不得超过10分				
5	检测和诊断分析能力	1. 能正确拆卸驱动电机（5分）； 2. 能正确测量驱动电机电阻，判断其好坏（5分）	10	依据得分条件进行评分，扣分不得超过10分				
6	表单填写和报告的撰写能力	1. 语句通顺（2分）； 2. 无错别字（1分）； 3. 无抄袭（2分）	5	依据得分条件进行评分，扣分不得超过5分				
总评								

六、任务总结

每组派代表陈述实操结果，并利用白板进行展示，学员对结果进行讨论，最后老师进行点评，给出正确答案。

任务 4.3 驱动电机系统的故障诊断与维修

一、任务导入

一辆 EV160 纯电动汽车，已经行驶了 19 000 km，报驱动电机温度过高故障，作为一名技师，你知道如何检查和诊断吗？

二、任务目标

通过本任务的学习，应能：
（1）使用 VDS 诊断设备读取电机驱动系统的数据流，并能理解数据流的含义；
（2）使用 VDS 的强制驱动功能对电机驱动系统进行检测。

三、任务准备

1. 注意事项

（1）规范穿戴安全防护用品，使用专用绝缘工具；
（2）规范执行操作流程，操作高压线路前确保断开低压蓄电池电路及手动维修开关等；
（3）不要触碰高压导线及高压用电设备。

2. 物料准备

北汽 EV160 车辆 1 台、两柱举升机 1 个、高压安全防护设备 1 套、专用绝缘工具 1 套、常用手动工具 1 套、万用表 1 个、VDS 诊断设备 1 套、手电筒 1 个。

四、任务实施

1. 任务指导

完成此任务时，需要查询学习相关的项目内容或信息资源。可通过以下方式进行查找学习：

查阅教材《电动汽车动力系统故障诊断与维修》-项目索引号为"任务 4.2"的相关内容；或通过手机登录课程学习平台，学习《电动汽车动力系统故障诊断与维修》-基础知识-驱动电机系统部件的原理与诊断。

2. 任务内容

（1）利用 VDS 诊断设备在车辆"READY"状态下读取电机控制器 MCU 的数据流，并填写下表。

序号	数据流项目	数值	说明

> **小贴士**
>
> 生命至上，安全第一。
> 请规范穿戴高压安全防护品，使用专用绝缘工具操作。

（2）观察利用 VDS 诊断仪能对驱动电机系统的哪些执行元件进行动作测试，选择几个项目进行测试。

_____

_____

五、任务实施评价

综合小组的任务实施情况，对照驱动电机系统的故障诊断考核评价表，对每名学生进行任务实施考核。考核过程参照"1+X"考证要求，同时强调对学生思政方面的考核。学生进行自评、互评，再请教师复评，并将评价结果记录在考核评价表中。

驱动电机系统的故障诊断考核评价表

专业：				姓名：				
班级：				学号：				
评分细则									
序号	评分项	得分条件	配分	评分标准	自评	互评	师评（校内）	师评（企业）
1	作业安全/职业操守	1. 能进行工位 7S 操作（3分）； 2. 能进行设备和工具安全检查（3分）； 3. 能进行车辆安全防护操作（3分）； 4. 能进行工具清洁、校准、存放操作（3分）； 5. 能进行三不落地操作（3分）	15	依据得分条件进行评分，扣分不得超过 15 分				

续表

序号	评分项	得分条件	配分	评分标准	自评	互评	师评（校内）	师评（企业）
2	应用技能/操作技能	1. 能正确使用诊断设备进行诊断（20分）； 2. 能按照规范步骤进行测量（10分）； 3. 能正确排除故障（20分）	50	依据得分条件进行评分，扣分不得超过50分				
3	工具及设备使用能力	1. 能正确使用专用绝缘工具（2分）； 2. 能正确使用两柱式举升机（4分）； 3. 能正确使用拆卸工具（4分）	10	依据得分条件进行评分，扣分不得超过10分				
4	资料、信息查询能力	1. 能正确使用维修手册查询资料（6分）； 2. 能在规定时间内查询所需资料（2分）； 3. 能正确记录所需维修信息（2分）	10	依据得分条件进行评分，扣分不得超过10分				
5	检测和诊断分析能力	1. 能正确诊断驱动电机系统故障（5分）； 2. 能正确排除驱动电机系统故障（5分）	10	依据得分条件进行评分，扣分不得超过10分				
6	表单填写和报告的撰写能力	1. 语句通顺（2分）； 2. 无错别字（1分）； 3. 无抄袭（2分）	5	依据得分条件进行评分，扣分不得超过5分				
		总评						

六、任务总结

每组派代表陈述实操结果，并利用白板进行展示，学员对结果进行讨论，最后老师进行点评，给出正确答案。

项目 5 热管理系统故障诊断与维修

任务 5.1 热管理系统认知

一、任务导入

李先生购买了一辆 EV160 纯电动汽车，已经行驶了 20 000 km，有一天，李先生在行驶过程中发现仪表驱动电机过热警告灯点亮，车辆加速无力。作为维修站的技师，你知道纯电动汽车热管理系统都由哪些部件组成吗？都有什么功能？

二、任务目标

通过本任务的学习，应能：
（1）实车认知新能源汽车热管理系统各个部件的安装位置；
（2）实车认知各个部件的外观特征。

三、任务准备

1. 注意事项

（1）规范穿戴安全防护用品，使用专用绝缘工具；
（2）操作动力电池箱内部时，一定要使用绝缘工具，并戴好绝缘手套；
（3）不要使用万用表表笔直接接触连接器端子，应使用粗细合适的探针。

2. 物料准备

北汽 EV160 车辆 1 台、高压安全防护设备 1 套、专用绝缘工具 1 套、常用手动工具 1 套、手电筒 1 个。

四、任务实施

1. 任务指导

完成此任务时，需要查询学习相关的项目内容或信息资源。可通过以下方式进行查找学习：

查阅教材《电动汽车动力系统故障诊断与维修》-项目索引号为"任务 5.1"的相关内容；或通过手机登录课程学习平台，学习《电动汽车动力系统故障诊断与维修》-基础知识-热管理系统认知。

2. 任务内容

（1）实车观察实训车辆的驱动电机的属于_____散热方式，前舱电控单元属于_____散热方式，动力电池属于_____散热方式。

（2）实车观察并写出下列部件的安装位置。

电动水泵：_____。
散热器：_____。
散热风扇：_____。
膨胀水壶：_____。

（3）实车观察散热风扇有_____个。

> **小贴士**
>
> 生命至上，安全第一；安全生产，重在预防。
> 严格按照老师的要求进行操作，禁止随意使用工具进行操作。

五、任务实施评价

综合小组的任务实施情况，对照热管理系统认知考核评价表，对每名学生进行任务实施考核。考核过程参照"1+X"考证要求，同时强调对学生思政方面的考核。学生进行自评、互评，再请教师复评，并将评价结果记录在考核评价表中。

热管理系统认知考核评价表

专业:				姓名:			
班级:				学号:			
评分细则							
序号	评分项	得分条件	配分	评分标准	自评	互评	师评（校内）	师评（企业）
1	作业安全/职业操守	1. 能进行工位7S操作（3分）； 2. 能进行设备和工具安全检查（3分）； 3. 能进行车辆安全防护操作（3分）； 4. 能进行工具清洁、校准、存放操作（3分）； 5. 能进行三不落地操作（3分）	15	依据得分条件进行评分，扣分不得超过15分				
2	应用技能/操作技能	1. 能正确找出实习车辆热管理系统安装位置（20分）； 2. 能正确找出热管理系统各部件，并加以说明（30分）	50	依据得分条件进行评分，扣分不得超过50分				
3	工具及设备使用能力	1. 能正确使用专用绝缘工具（2分）； 2. 能正确使用两柱式举升机（4分）； 3. 能正确使用相关工具（4分）	10	依据得分条件进行评分，扣分不得超过10分				
4	资料、信息查询能力	1. 能正确使用维修手册查询资料（6分）； 2. 能在规定时间内查询所需资料（2分）； 3. 能正确记录所需维修信息（2分）	10	依据得分条件进行评分，扣分不得超过10分				
5	检测和诊断分析能力	1. 能判断热管理系统是否工作正常（5分）； 2. 能判断热管理系统类型（5分）	10	依据得分条件进行评分，扣分不得超过10分				
6	表单填写和报告的撰写能力	1. 语句通顺（2分）； 2. 无错别字（1分）； 3. 无抄袭（2分）	5	依据得分条件进行评分，扣分不得超过5分				
总评								

六、任务总结

每组派代表陈述实操结果,并利用白板进行展示,学员对结果进行讨论,最后老师进行点评,给出正确答案。

任务 5.2　电机和电控的散热系统故障诊断与维修

一、任务导入

一辆 EV160 进店维修，报电机控制器温度过高故障，作为一名技师，你知道如何检查和诊断吗？

二、任务目标

通过本任务的学习，应能：
（1）掌握电机和电控热管理系统的组成部件；
（2）掌握电机和电控热管理系统的诊断方法。

三、任务准备

1. 注意事项

（1）规范穿戴安全防护用品，使用专用绝缘工具；
（2）规范执行操作流程，操作高压线路前确保断开低压蓄电池电路及手动维修开关等；
（3）不要触碰橙色高压导线及高压用电设备。

2. 物料准备

北汽 EV160 车辆 1 台、高压安全防护设备 1 套、专用绝缘工具 1 套、常用手动工具 1 套、万用表 1 个、电流钳 1 个、手电筒 1 个。

四、任务实施

1. 任务指导

完成此任务时，需要查询学习相关的项目内容或信息资源。可通过以下方式进行查找学习：

查阅教材《电动汽车动力系统故障诊断与维修》-项目索引号为"任务 5.2"的相关内容；或通过手机登录课程学习平台，学习《电动汽车动力系统故障诊断与维修》-基础知识-电机和电控的散热系统故障诊断与维修。

2. 任务内容

（1）观察实习车辆电机和电控热管理系统采用哪种热管理方式。

（2）实习车辆电机和电控热管理系统由哪些部件组成？

> **小贴士**
>
> 生命至上，安全第一；安全生产，重在预防。
> 严格按照老师的要求进行操作，禁止随意使用工具进行操作。

（3）在实车上找到下列部件，并填写下表。

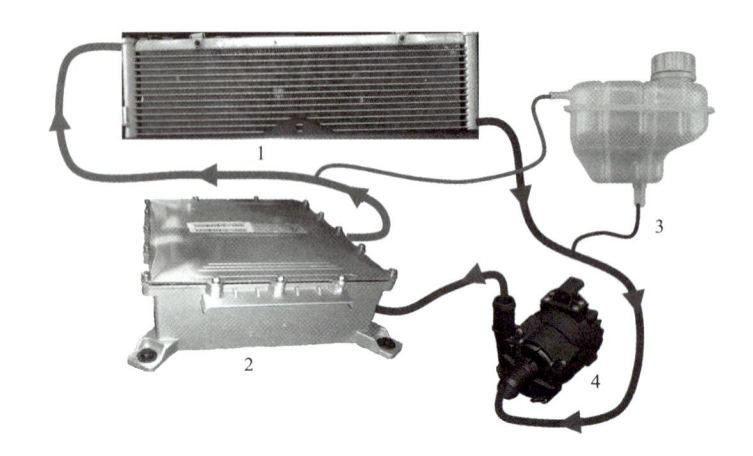

序号	名称	功能
1		
2		
3		
4		

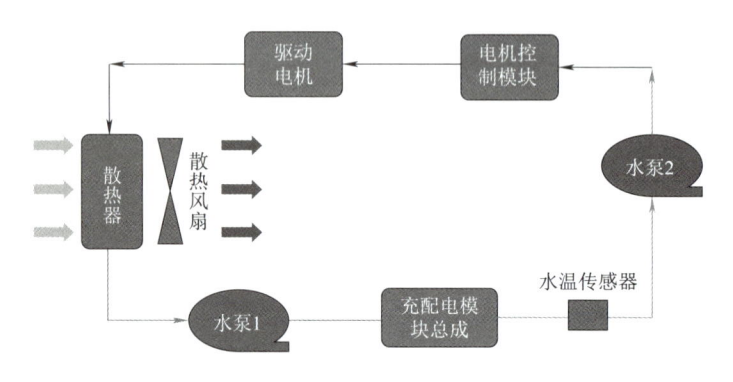

序号	名称	功能
1	水泵1	
2	水泵2	
3	水温传感器	
4	散热器和散热风扇	

（4）在下面空白处画出电动水泵电路图。

（5）利用数字万用表测量电动水泵三根线的电压并填写下表。

针脚号	功能	上电后拔下插头	上电后插上插头
1			
2			
3			

（6）利用示波器测量转速控制和故障反馈信号线的波形，了解其波形特点，并在下面空白处画出其波形。

（7）进入车辆的相关系统，找出与电机和电控部件冷却系统相关的所有数据项，读取其数据，并填入下表。

序号	数据项名称	数值	说明

（8）观察利用 VDS 诊断仪能对电机和电控热管理系统哪些执行元件进行动作测试，选择几个项目进行测试。

_____

_____

_____

_____

_____

五、任务实施评价

综合小组的任务实施情况，对照电机和电控的散热系统故障诊断与维修考核评价表，对每名学生进行任务实施考核。考核过程参照"1+X"考证要求，同时强调对学生思政方面的考核。学生进行自评、互评，再请教师复评，并将评价结果记录在考核评价表中。

电机和电控的散热系统故障诊断与维修考核评价表

专业：				姓名：			
班级：				学号：			
评分细则							
序号	评分项	得分条件	配分	评分标准	自评	互评	师评（校内）	师评（企业）
1	作业安全/职业操守	1. 能进行工位7S操作（3分）； 2. 能进行设备和工具安全检查（3分）； 3. 能进行车辆安全防护操作（3分）； 4. 能进行工具清洁、校准、存放操作（3分）； 5. 能进行三不落地操作（3分）	15	依据得分条件进行评分，扣分不得超过15分				
2	应用技能/操作技能	1. 能正确找出实习车辆电机热管理系统部件（10分）； 2. 能正确找出实习车辆电控热管理系统部件（10分）； 3. 能正确读取电机和电控数据（10分）； 4. 能正确使用示波器测量波形（10分）； 5. 能正确使用诊断仪测量数据（10分）	50	依据得分条件进行评分，扣分不得超过50分				
3	工具及设备使用能力	1. 能正确使用专用绝缘工具（2分）； 2. 能正确使用两柱式举升机（4分）； 3. 能正确使用相关工具（4分）	10	依据得分条件进行评分，扣分不得超过10分				
4	资料、信息查询能力	1. 能正确使用维修手册查询资料（6分）； 2. 能在规定时间内查询所需资料（2分）； 3. 能正确记录所需维修信息（2分）	10	依据得分条件进行评分，扣分不得超过10分				
5	检测和诊断分析能力	1. 能分析电机和电控热管理系统（5分）； 2. 能判断电机和电控热管理系统是否正常（5分）	10	依据得分条件进行评分，扣分不得超过10分				
6	表单填写和报告的撰写能力	1. 语句通顺（2分）； 2. 无错别字（1分）； 3. 无抄袭（2分）	5	依据得分条件进行评分，扣分不得超过5分				
总评							

六、任务总结

每组派代表陈述实操结果,并利用白板进行展示,学员对结果进行讨论,最后老师进行点评,给出正确答案。

任务 5.3　动力电池的散热系统故障诊断与维修

一、任务导入

一辆 EV160 纯电动汽车进店维修，报动力电池温度过高故障，作为一名技师，你知道如何检查和诊断吗？

二、任务目标

通过本任务的学习，应能：
（1）掌握纯电动汽车动力电池散热系统的组成部件和原理；
（2）掌握纯电动汽车动力电池散热系统的诊断方法。

三、任务准备

1. 注意事项

（1）规范穿戴安全防护用品，使用专用绝缘工具；
（2）规范执行操作流程，操作高压线路前确保断开低压蓄电池电路及手动维修开关等；
（3）不要触碰橙色高压导线及高压用电设备。

2. 物料准备

北汽 EV160 车辆 1 台、高压安全防护设备 1 套、专用绝缘工具 1 套、常用手动工具 1 套、万用表 1 个、电流钳 1 个、手电筒 1 个。

四、任务实施

1. 任务指导

完成此任务时，需要查询学习相关的项目内容或信息资源。可通过以下方式进行查找学习：

查阅教材《电动汽车动力系统故障诊断与维修》-项目索引号为"任务 5.3""任务 5.4"的相关内容；或通过手机登录课程学习平台，学习《电动汽车动力系统故障诊断与维修》-基础知识-动力电池散热系统故障诊断与维修/动力电池加热系统故障诊断与维修。

2. 任务内容

（1）观察实习车辆动力电池采用哪种热管理方式。

（2）实习车辆动力电池散热系统由哪些部件组成？

（3）车辆上电后，进入纯电动汽车的 BMS 系统，找出与动力电池温度控制相关的所有数据项，并读取其数据，记录在下表中。

序号	数据项名称	数值	说明

> **小贴士**
>
> 生命至上，安全第一；安全生产，重在预防。
> 严格按照老师的要求进行操作，禁止随意使用工具进行操作。

（4）观察利用 VDS 诊断仪能对动力电池散热系统哪些执行元件进行动作测试，选择几个项目进行测试。

_____

_____

_____

_____

五、任务实施评价

综合小组的任务实施情况，对照动力电池散热系统故障诊断与维修考核评价表，对每名学生进行任务实施考核。考核过程参照"1+X"考证要求，同时强调对学生思政方面的考核。学生进行自评、互评，再请教师复评，并将评价结果记录在考核评价表中。

动力电池散热系统故障诊断与维修考核评价表

专业：			姓名：			
班级：			学号：			
评分细则							

序号	评分项	得分条件	配分	评分标准	自评	互评	师评（校内）	师评（企业）
1	作业安全/职业操守	1. 能进行工位7S操作（3分）； 2. 能进行设备和工具安全检查（3分）； 3. 能进行车辆安全防护操作（3分）； 4. 能进行工具清洁、校准、存放操作（3分）； 5. 能进行三不落地操作（3分）	15	依据得分条件进行评分，扣分不得超过15分				
2	应用技能/操作技能	1. 能正确找出实习车辆动力电池散热系统部件（10分）； 2. 能正确读取与动力电池温度控制相关的所有数据（20分）； 3. 能使用VDS诊断仪对动力电池散热系统执行元件进行动作测试（20分）	50	依据得分条件进行评分，扣分不得超过50分				
3	工具及设备使用能力	1. 能正确使用专用绝缘工具（2分）； 2. 能正确使用两柱式举升机（4分）； 3. 能正确使用相关工具（4分）	10	依据得分条件进行评分，扣分不得超过10分				
4	资料、信息查询能力	1. 能正确使用维修手册查询资料（6分）； 2. 能在规定时间内查询所需资料（2分）； 3. 能正确记录所需维修信息（2分）	10	依据得分条件进行评分，扣分不得超过10分				
5	检测和诊断分析能力	1. 能分析动力电池散热系统（5分）； 2. 能判断散热系统是否正常（5分）	10	依据得分条件进行评分，扣分不得超过10分				
6	表单填写和报告的撰写能力	1. 语句通顺（2分）； 2. 无错别字（1分）； 3. 无抄袭（2分）	5	依据得分条件进行评分，扣分不得超过5分				
总评								

六、任务总结

每组派代表陈述实操结果,并利用白板进行展示,学员对结果进行讨论,最后老师进行点评,给出正确答案。

任务5.4　动力电池的加热系统故障诊断与维修

一、任务导入

一辆 EV160 纯电动汽车进店维修，报动力电池温度过高故障，作为一名技师，你知道如何检查和诊断吗？

二、任务目标

通过本任务的学习，应能：
(1) 掌握纯电动汽车动力电池加热系统的组成部件和原理；
(2) 掌握纯电动汽车动力电池加热系统的诊断方法。

三、任务准备

1. 注意事项

(1) 规范穿戴安全防护用品，使用专用绝缘工具；
(2) 规范执行操作流程，操作高压线路前确保断开低压蓄电池电路及手动维修开关等；
(3) 不要触碰橙色高压导线及高压用电设备。

2. 物料准备

北汽 EV160 车辆 1 台、高压安全防护设备 1 套、专用绝缘工具 1 套、常用手动工具 1 套、万用表 1 个、电流钳 1 个、手电筒 1 个。

四、任务实施

1. 任务指导

完成此任务时，需要查询学习相关的项目内容或信息资源。可通过以下方式进行查找学习：

查阅教材《电动汽车动力系统故障诊断与维修》-项目索引号为"任务5.3""任务5.4"的相关内容；或通过手机登录课程学习平台，学习《电动汽车动力系统故障诊断与维修》-基础知识-动力电池加热系统故障诊断与维修/动力电池的加热系统故障诊断与维修。

2. 任务内容

(1) 观察实习车辆动力电池，指出实习车辆动力电池加热系统由哪些部件组成。

(2) 车辆上电后，进入纯电动汽车的 BMS 系统，找出与动力电池温度控制相关的所有数据项，并读取其数据，记录在下表中。

序号	数据项名称	数值	说明

> **小贴士**
>
> 生命至上，安全第一；安全生产，重在预防。
> 严格按照老师的要求进行操作，禁止随意使用工具进行操作。

（3）观察利用VDS诊断仪能对动力电池加热系统的哪些执行元件进行动作测试，选择几个项目进行测试。

_____
_____
_____
_____
_____
_____
_____

五、任务实施评价

综合小组的任务实施情况，对照动力电池加热系统故障诊断与维修考核评价表，对每名学生进行任务实施考核。考核过程参照"1+X"考证要求，同时强调对学生思政方面的考核。学生进行自评、互评，再请教师复评，并将评价结果记录在考核评价表中。

动力电池加热系统故障诊断与维修考核评价表

专业：				姓名：			
班级：				学号：			
评分细则							

序号	评分项	得分条件	配分	评分标准	自评	互评	师评（校内）	师评（企业）
1	作业安全/职业操守	1. 能进行工位7S操作（3分）； 2. 能进行设备和工具安全检查（3分）； 3. 能进行车辆安全防护操作（3分）； 4. 能进行工具清洁、校准、存放操作（3分）； 5. 能进行三不落地操作（3分）	15	依据得分条件进行评分，扣分不得超过15分				
2	应用技能/操作技能	1. 能正确找出实习车辆动力电池加热系统部件（10分）； 2. 能正确读取与动力电池温度控制相关的所有数据（20分）； 3. 能使用VDS诊断仪对动力电池加热系统执行元件进行动作测试（20分）	50	依据得分条件进行评分，扣分不得超过50分				
3	工具及设备使用能力	1. 能正确使用专用绝缘工具（2分）； 2. 能正确使用两柱式举升机（4分）； 3. 能正确使用相关工具（4分）	10	依据得分条件进行评分，扣分不得超过10分				
4	资料、信息查询能力	1. 能正确使用维修手册查询资料（6分）； 2. 能在规定时间内查询所需资料（2分）； 3. 能正确记录所需维修信息（2分）	10	依据得分条件进行评分，扣分不得超过10分				
5	检测和诊断分析能力	1. 能分析动力电池加热系统（5分）； 2. 能判断加热系统是否正常（5分）	10	依据得分条件进行评分，扣分不得超过10分				
6	表单填写和报告的撰写能力	1. 语句通顺（2分）； 2. 无错别字（1分）； 3. 无抄袭（2分）	5	依据得分条件进行评分，扣分不得超过5分				
总评							

六、任务总结

每组派代表陈述实操结果,并利用白板进行展示,学员对结果进行讨论,最后老师进行点评,给出正确答案。